U0144952

法律的概念
——「古典爭議」的終結

戚淵 著

五南圖書出版公司 印行

自序

　　自不才第一篇法理學大塊文章發表至今已有十個年頭。從當年投稿的
「新秀」到當前彙編法理學文集的「老者」，此時此刻，思想難免爲之震
撼，心中難免有些感慨。

　　奉獻給讀者的這些文字得力於教學與餐聚。

　　數年來，我在大學講授憲法學、行政法學課程的同時，也向本科生和
碩士生傳授法理學知識。由於教非所學，故在授課之前，必須花費時間做
些準備。而與其說是準備，還不如說就是閱讀。在閱讀中，時有發現新知
之喜悅、獲得靈感之激動、引起深思之痛苦、形成己見之凝重。「深思」
必然產生「己見」。古希臘修辭學的一條基本原理是：「眞理與智慧齊頭
並進。」言即，在追求眞理、表達眞理的同時，人會增長智慧。而「己
見」是否爲眞理，我的智慧是論證。論證是修辭學的精髓。論證可以產生
理性、邏輯、思辨、說服、感化、同化等各種力量。而對於聽眾的說服、
感化、同化乃是論證的最高境界，亦是合理性判準的依據。對於聽眾的說
服、感化、同化本身即具有高超的道德意義。從聽眾的立場觀察，他們所
接受和認同者，乃具有自然法則之意義。[1]所以，論證將法律與道德連結
起來，論證是實證法和自然法的彙集之處，論證是將知識和理論置於宇宙
整體和人類自身合而爲一的思想體系之中，使聽眾得以清晰地甄別所論證
的知識與理論是否爲眞理。

　　論證使我獲得了大量成果：

1.與眾不同的課程體系
　　我將法理學課程內容確定爲「法律規則」、「法律原則」和「法理」

1　Chaim Perelman, *Justice, Law, and Argument: Essays on Moral and Legal Reasoning*, D. Reidel
　　Publishing Company, 1980, pp. 68, 71-76, 81, 120-124.

三個部分，它們也是法律的範圍；將哲學分析法學、社會學分析法學、經濟學分析法學確定爲法學方法論的範疇；將憲法學課程內容確定爲「憲法」、「國家」、「人民」和「選舉」四個概念；將行政法學課程內容確定爲「民主」、「稅賦」和「比例性」三個概念。（參見論文〈論法理學的範圍〉、〈論憲法學的範圍〉、〈論行政法學的範圍〉，以及「法理學課程大綱及綱要」、「憲法學課程大綱及綱要」、「行政法學課程大綱及綱要」。）

2.刷新了一百多年來的憲法分類理論和兩千多年來的法律概念理論，建構起我自己的憲法分類理論和法律概念理論。（參見「憲法新分類及其意義」、「法律的概念——『古典爭議』的終結」。）

3.與學術大家平等交流

　　數年來，我的閱讀範圍涉及到社會科學的各個領域，特別是古希臘哲學和德國古典哲學對我認識、研究和形成法律本體論和法學方法論產生了決定性的影響。而在法學領域，我從古今中外諸位學術前輩的理論和思想中獲得了各類知識和思想啓迪。也是由於論證，課堂上，文集中，他們中數位大家的理論也被我系統地剖析、批判和否定。在否定的同時，相應地建構起我自己的理論體系。（參見〈憲法新分類及其意義〉、〈論法律科學中的解釋與詮釋〉、〈論Geltung〉、〈法律的概念——『古典爭議』的終結〉、〈再論法律實證主義〉、〈論基本權的結構與功能〉、〈論基本權的效力〉等文。）

4.培育起尊重聽眾的習慣

　　著名俄國教育家蘇霍姆林斯基説過：「教育成功的秘密在於尊重學生。」在課堂上論證就是尊重學生，將學生提升爲與自己同在。所以，從我到大學任教的第一個學期至今，從每一個學期的第一次課到最後一次課，我的法理學（含法學方法）課堂、憲法學課堂、行政法學課堂總是滿員。當我的論證引起聽眾聚精會神時，當我的論證結果獲得聽眾會心認同時，當聽眾表示透過我的課程發現了法學的美時，總有一種成就感在我的

心中蕩漾。相應地，課堂上那無數少男少女在接受知識、理論和思想的過程中所表現出來的人性、靈氣、聰穎、稚氣、善意、情誼、笑容、可愛、通達、理解、執著和正直，彷彿在我的肌體中注入了青春的血液，都是支撐我講好每一次課的精神力量。我的上述成果中當然地包含著他（她）們的因素。

5.努力成為優秀的人

優秀的人不僅是一個有知識和理智的人，而且是一個正義、公正之人，是一個力求使他人成為正義、公正之人的政治家和教育家，是一個不僅考察自己和他人以求靈魂的完善，而且喚起每一個人為追求自己的靈魂完善而努力奮鬥的哲學家。[2]論證使一個人秉持終極道德原則、主持正義、敢於負責、思維縝密並且富有理性。近幾年來，在建立多極世界的過程中，我從多位外國領導人的理念、人格、思想和行動中學到了很多做人和做事的方法，他們都是值得我永遠尊敬和學習的當今世界的偉大政治家！世界多極化的過程賦予我的整體思維加速了我的學術前沿化！

學術進步需要思想交流。我不常與會，但並不缺乏交流。除了透過書卷與多位思想大家、學術前輩進行「古典式」的交流外，餐聚則是一種經常的現代交流方式。我與法學界的多位良師益友不時地聚餐。觀點，隨著一道道美味佳餚，徐徐展開；思想，和著一次次杯盞聚碰，相互激盪。我們，時而茗茶挾煙細聲摹談，時而擲杯振臂激烈舌戰。每每切磋，均有收獲。餐聚式研討形成的「餐聚學派」是沒有學派的大陸法學界的唯一學派。

作為一名憲法學愛好者，我重視與法學家們交流。除餐聚外，我也透過電子郵箱和電話向法理學、憲法學和行政法學界及其他部門法學界的法學家們請教，與他們切磋。我保存著上千位老中青法學家的聯繫方式。近年來，我將我的法理學、憲法學、行政法學三個課程講義奉送給全國一百多個法學院的數百位法學家，供他們指教、參考和使用。在與他們的交流

2　Plato, *The Republic*, VI, IV. Norton and Co., Inc., 1985.

中，老當益壯的老年法學家促使我「不用揚鞭自奮踢」；血氣方剛的中年法學家引發我「心事浩茫連廣宇」；而底蘊深厚、內涵豐富、心懷良知的青年法學家則生起我內心世界的無限好感！

2012年1月22日

目錄

第一章　論法律與法學的基石範疇[*]

進入法學復興時期，大陸主流法理學一直將「權利─義務」作爲法學研究的興奮點。他們時而將「權利─義務」作爲法律的核心內容，將全部法律問題歸結爲「權利─義務」問題；時而又把「權利─義務」作爲法學的基石範疇，並主張以「權利─義務」爲基石範疇建構新時期的法學理論。這些觀點至今仍是法理學界的通說，充斥在各類教科書中。既然「權利─義務」如此重要，那麼對其深入研究顯然是有意義的。本文無意對此作全面論述，僅對法律和法學的基石範疇及其相關命題，作些微片論，以求教主流法理學圈內的各位師長。本文的基本觀點是：法律的基石範疇是「權利─權利」和「權利─權力」；[1]法學的基石範疇是「自然法論與法律實證主義」。

—

任何科學研究的目的都是爲了求「眞」，一個命題是否「眞」，或者是否接近「眞」，應該考察它在事實[2]與邏輯兩方面是否同時爲「眞」。我們知道，哲學中的「範疇」來自於對事物的本質和關係的概括；範疇爲形成關於事物本質問題提供概念的參照標準。範疇的本質通過構成範疇的

---

[*] 本文是作者向亞洲第三屆法哲學大會提交的論文，已收入公丕祥主編，《21世紀的亞洲與法律發展》，南京師範大學出版社，2001年版。

1 本文作者曾於1996年提出這種觀點。參見李德順、戚淵，〈關於法的價值的對話〉，載《中國法學》，1996年第5期，第38-41頁。

2 美國語言學家Searle把世界上的事實分爲物質性事實（brute facts）和制度性事實（institutional facts）兩類，前者只與物質世界的有形存在有關；而後者則是指人類實踐活動或其結果的事實，又被稱爲以人爲條件的事實。事實的存在僅僅是因爲規則的存在才有意義，規則構成制度的核心內容。（J. R. Searle, *The Construction of Social Reality*, London: Allen Lane, The Penguin, 1995, p. 2; What Is a Speech Act, in Black, Max ed. Philosophy in America; Ithaca, N.Y.: Cornell University Press, London: Allen N. Unwin, 1965; and *Speech Acts, An essay in the Philosophy of Language*, New York: Cambridge University Press, 1969.）本文中的事實顯然是指制度性事實。

各要素之間的關係結構反映出來。[3]

　　法律發展的歷史事實表明，法起源於權利意識，而權利意識起源於人性的自覺。儘管人同於萬物的特質也是人性的一部分（如食色之性），但人文意義上的人性是人異於萬物的特質（才能、思想和智慧等）。人性的自覺是人自己對其「人之為人」的特質加以體認和肯定，即對自我價值的肯定，並基於此進而維護自我的需要和自由意志，這就是權利意識。權利意識是人性自覺的本質特徵。人人都可以有人性的自覺，人文世界將人性的自覺視為一項普遍原則，即人人都是權利主體。順便指出，權利意識的產生早於商品經濟的產生，後者的產生只是使權利意識變成現實權利成為可能。

　　從人性的自覺中引導出權利意識是由於人的理性作用。理性的作用不是違反人性，而是通過實現權利使人性更加完美。人生而有理性與人生而有人性一樣，人性是理性的基礎，否則，理性會流入空洞，成為沒有意義的形式。同時，沒有理性給予引導，人性就有可能造成無知性的殘酷行為。人性與理性的結合，使權利意識外化為行為要求。人人都可以有行為要求，人與人之間的行為要求構成就是「權利─權利」關係。權利的載體是個體，「權利─權利」關係是個體─個體之間的關係，個體的集合構成社會。所以社會是在「權利─權利」關係的基礎上所形成的相互聯繫著的人類生活共同體。

　　法在這裡的意義是什麼呢？西語jus一詞兼有法、權利、正義的含義[4]可以給我們如下啟示：權利是法的邏輯起點，權利指向他人就構成「權利─權利」關係，法的意義是使「權利─權利」關係的存在和行使符合正義。

3　Nicholas Rescher, *Cognitive Pragmatism: The Theory of Knowledge in Pragmatic Perspective*, University of Pittsburgh Press, 2001, pp. 46-51; *The Complete Works of Aristotle, Categoires*, 11b-13b.

4　Adolf Berger, *Encyclopedic Dictionary of Roman Law*, Transactions of the American Philosophical Society held at Philadelphia for promoting useful Knowledge, New Series-volume 43, Part 2, 1953, pp. 525-526.

　　不用太多的考察就可以知道，符合法之正義的「權利—權利」關係進入法律並不是一帆風順的。歷史上，不同時空的法律並不總是含有（以主體平等爲前提的）「權利—權利」關係的。人類與法律的關係只有兩種可能性：一是人遊離於法律之外，成爲法律的「客體」；一是人存在於法律之中，是法律的價值主體。以歐洲法律史爲考察線索，我們可以知道：奴隸制社會的法律，由於社會被淹埋在國家之中，作爲社會成員主體的奴隸，在法律上處於無權地位。在社會層面上，總的來說，不存在「權利—義務」關係（奴隸也不是義務主體），更談不上「權利—權利」關係。社會成員，除了極少數特權者以外，都是法律的客體。儘管有的法律規定，奴隸有自然權利和義務；工業奴隸可以有自己的家庭和實際獨立的家計，取得自由和財產；家僕奴隸可以有一份工作或經營一些產業，可以以錢贖身，躋身於自由民行列；債務奴隸在一定期限內償還了債務，可以重新成爲自由人等等，[5]但這些特例不能否定大多數奴隸的無權地位。

　　中世紀封建社會的法律[6]儘管有較多的權利規定，但仍未能形成「權利—權利」關係，其特徵在於由義務來支援權利，通常權利的賦予都是建立在一個期待上，即期待獲得權利的人均能負起義務而忠實地行使其權利，這樣的權利如能發揮作用，須以風俗習慣和宗教拘束、並與義務相結合爲前提。實際上，中世紀歐洲的社會秩序就是建立在這種以義務爲本位的對人觀上的。

　　文藝復興、宗教革命、羅馬法繼受的結果，個人從共同體生活中獲得解放。作爲法律出發點的個人，已經不再是以義務，而是以利益爲行爲準則。在法律上這種新的對人觀是完全以對利潤念念不忘的商人爲模型而形成的。一切人均被視爲商人，人的意思始成爲法律的天堂，人際關係始變成互利互惠的「權利—權利」關係。這種「人」的類型，已不僅僅是一種理論的假設，更是現實生活中的平均類型。除法律本身的規定外，一切限

5　D. 44. 7. 14; 12. 6. 13 pr; C. 7. 9; Theodor Mommsen, *The History of Rome*, Book Third, London & Toronto Published by J. M. Dent & Sons Ltd., 1920, p. 358; N. Harris, *History of Ancient Rome*, Hamlyn, 2000, Cha. 2, Section 2; Fr. D. 16; D. 40. 9. 26.

6　有學者認爲，在中國，秦朝統一後，封建社會即已終止，此後相當長的時間裡，中國社會是皇權專制社會。所以，這裡描述的封建社會的法律特徵，不含中國社會。

制均被人忽視，並且將法律上的可能性與事實上的可能性視爲相同。人以個人主義、主知主義[7]的類型出現在法律之中。值得注意的是，這種對人觀直到現在還支配著西方社會的法律思想。僅在法律制度的一隅——家庭親屬法領域，仍然允許由義務支持權利。

　　體現法之正義的「權利—權利」關係，從社會層面上進入法律是人性與理性結合並發展的必然結果。事實上的「眞」爲我們探求邏輯上的「眞」提供了經驗的依據。基此，本文認爲：

1. 「權利—義務」不構成法律調整的終極行為關係

　　根據「範疇」的定義，我們可以知道，正是「範疇」的概括性，表明「範疇」存在於事物整體性和內在關係的一定體系中，進而：（1）「基石範疇」必須反映事物的本質和本質各要素之間的關係；（2）「一定體系中」的「基石範疇」不表述其他範疇，而「一定體系中」的其他範疇都是表述「基石範疇」的。「基石範疇」是變中的不變。

　　在法律結構中，「關係」乃是兩極性的概念。「權利—義務」不構成法律調整的行為關係，因爲任何主體均享有權利並且負有義務，即任何主體既是權利主體，也是義務主體，兩種主體乃是同一載體，並以個體化形式存在於法律之中。沒有個體就沒有什麼東西來發生關係。正如Hegel所說：「契約當事人互以直接獨立的個人相對待，……通過契約達到定在的同一意志只由雙方當事人設定。」[8]在「人」的個體性當中只能引出主體性，而不能引出客體性，「人」不能成爲客體，「人」在法的基石範疇中是法本質的載體——權利主體，兩個主體之間的終極行爲關係就是「權利—權利」關係，圖示如下：

7　Subjecognitionism 是本文作者用subject, cognition 和 ism構築的新詞，用來表示作爲自然人的主體與生俱有的認知特性和認識能力。

8　Hegel，《法哲學原理》，範揚、張企泰譯，商務印書館，1961年，第82頁。

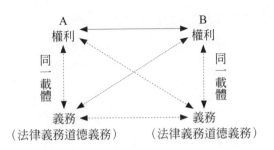

在A、B之間，一個完整的契約關係應是：A對B有權利意識，也瞭解對B的義務，A履行對B的義務是爲了實現A自己的權利；同時A瞭解B對自己有另外的義務，也應瞭解B對自己有另外的權利，B對A履行義務，也是爲了實現其自己的權利。但在人性他覺和人性互覺屬於權利實現的理想圖景時（之所以說是理想圖景，是因爲有人性之惡存在），即希望A履行法律義務和道德義務去實現B的權利、增進B的福利尚屬理想圖景時，法律以保障A、B雙方同時實現權利、增進福利爲旨歸，而以強制爲後盾保證A、B雙方履行義務爲手段，A、B雙方的「權利—權利」關係是法作用於法律的終極目的（主體雙方互爲目的，反之，在「權利—義務」關係中總有一方主體將他人作爲手段）。這是人性自覺對法律的要求，法律只有具備了這樣的功用，才能符合自然法精神。

在這一完整的契約關係中，「權利—權利」是主幹與基礎，「權利—權利」關係是法的基石範疇，「權利—義務」關係、「義務—義務」關係是一定體系中的其他範疇，「權利—權利」關係不表述「權利—義務」關係和「義務—義務」關係，而後者都是表述前者的。「權利—義務」關係和「義務—義務」關係存在於「權利—權利」關係之中，即前者只能依附後者而存在，不能與後者相分離、獨立而存在，只有後者才可以與前者相分離、獨立存在於前者之上，因爲在前者變化和消失時，基石範疇作爲主幹和基礎是保持不變的。基石範疇是變中的不變。只有這樣，我們才可以理解由於人性的自覺而引起的人在法律中的主體性和獨立性地位。「人是目的」只有在這樣的法律結構中才得以體現。

2. 「權利—義務」統一說不是邏輯上的必然命題

　　主流法理學對「權利—義務」關係的研究成果是將「權利—義務」關係表述為：結構上的相關關係、數量上的等值關係、功能上的互補關係和價值上的主次關係。要言之，「權利—義務」是統一的。本文認為，這樣的概括存在諸多問題。首先，沒有說明「權利—義務」在結構上的相關關係，是正相關，還是負相關。顯然正相關是以權利為本位，負相關則以義務為本位。可是，價值上的主次關係這一概括正好修改了第一個概括，因為後者指明權利的主導地位、義務的次要地位；其次，第二個概括將「權利—義務」量化顯然是不正確的，「權利—義務」在數量上不可能等值。按照主流法理學的解釋，權利是正數，義務是負數，絕對值等於零，總量相等。如此，主體獲得的財產全部用來履行其納稅的義務。試想，這種概括如果成立，豈有人類財富的增長和社會的進步。顯然，社會是在社會全體成員不斷地實現自己的權利的狀況下向前邁進的；第三，「權利—義務」發揮功用必然借助法律關係，問題是在很多情況下，個人的權利並不是必須以履行其本人的義務為條件（如果是，以義務支持權利則又否定了主流法理學的權利本位論），當一個人任意地轉向另一個人時，他的義務是什麼？顯然，選擇權是不與義務相對應的。再如，生存權的相對義務是什麼？對作為普遍權利的生存權所承擔的義務往往被理解為對一種差不多是模糊理想的認可。[9]「當饑荒時，一個人的生存權是否可以合理地包括強取另一個人所貯藏的糧食的方式而侵犯另一個人的財產權。」[10]此時，是什麼類型的義務禁止他不合法地侵犯他人的權利。這在自然法的領域裡是找不到答案的。

　　本文認為，「權利—義務」統一首先是表現在「自律」的道德概念而非法律概念之中，它與作為法律概念的義務本位毫無關係。正是在此意義上，個人才與其自身構成「關係」。顯然，個人是以兩種身分存在於社會

---

9 Joel Feinberg, *Social Philosophy*, Prentice-hall, Inc. 1973, p. 71.

10 S. I. Benn and Richard Peter, *Social Pinciples and the Democratic State*, London, Allen & Unwin, 1959, p. 96.

之中的，法律只調整其中一種關係，[11]即個人與個人之間的法律關係而非道德關係。在這一關係中，相對人的義務是幫助其實現權利的，而自己的義務可以成爲約束自己的力量，但卻不是幫助實現自己權利的邊界，[12]不是A的義務構成B的權利邊界，而是A的權利成爲B的權利邊界，這是權利本位論在法律上的反映。據此，本文認爲，「權利—義務」統一說是既否定權利本位也否定義務本位的；同時又是既肯定權利本位也肯定義務本位的。人在這一命題中既是目的也是手段，它可以靈活地變幻爲：在此是目的，在彼爲手段；有時是目的，有時是手段；有的人是目的，有的人是手段；有的人對A是目的，對B是手段；或者相反。在不變（「權利—義務」統一）中可變，與在變中保持不變的「基石範疇」（「權利—權利」關係）適成否證。

<h2 style="text-align:center">二</h2>

以經驗事實爲基礎的理論有可能是「眞」，也有可能是或然的「眞」。因爲有例常必有例外，例外不是一般。在經驗事實的「眞」的基礎上，通過邏輯求證得到的「眞」是令我們確信的必然的「眞」。上面小心求證的只是法律在社會層面（即法（jus）作用於私法）的基石範疇。我們知道，從人性的自覺中引導出的權利意識與人的理性需要結合而產生的權利行爲不止於指向他人，而且還指向國家從而構成「權利—權力」關係，這是法作用於公法的基石範疇。法在這裡的意義是使「權利—權力」關係的存在和運行符合正義。

「權利—權力」關係之所以是法作用於公法領域的基石範疇，既有經驗的歷史事實，也可獲得邏輯證明。

---

11 一個主體（無論是權利主體還是義務主體），自身如果能構成「關係」的話，那就是其自己的思想（觀念）與行爲的關係，這種關係不是法律意義上的「關係」，因爲法律不規範思想而只規範行爲。顯然，一個主體的行爲只有與另一個主體的行爲的發生「交往」時才構成法律意義上的關係，法律規範的是後者而不是前者。

12 主體自身相對於權利的義務對其行使權利起著一種約束作用，只要主體行使權利沒有超越另一主體的權利所設定的界限，法律是「無所作爲的」。也就是說，法律只規範「主體—主體」之間的權利關係。

　　社會發展史表明，「國家是社會在一定發展階段上的產物，國家的出現是承認這樣一個事實，即社會已經陷入自己無法解決的矛盾之中，分裂爲不可調和而又無法擺脫的對立勢力，而爲使這些對立勢力、這些經濟利益互相衝突的各個階級，不致在無謂的鬥爭中把自己和社會消滅，一種表面上淩駕於社會之上的力量成爲必要，爲的是緩合衝突，把衝突維持在『秩序』的範圍內；這種從社會中產生但又居於社會之上並日益使自己從社會中脫離出來的力量就是國家」。[13]可見，社會這個概念在邏輯上並不像我們通常所理解的那樣包含著國家。如前文所說，社會是在「權利─權利」關係基礎上所形成的相互聯繫著的人類生活共同體。社會是權利的載體。在社會領域裡，是權利的一統天下。理想的社會狀態就是社會成員之間的「權利─權利」關係的存在與行使能符合法之正義。可是，由於有人性惡的存在，這種神合的狀態會不斷地被打破，這說明社會成員的「權利─權利」關係並不能單靠社會自身來維持，公共權力的介入是社會發展到一定階段上的必然結果。於是，國家作爲公共權力的載體必然與社會發生某種關係，這種關係就是「權利─權力」的關係。社會與國家之間的「權利─權力」關係以互相排斥開始，到對立統一爲止。[14]後者須在國家與社會二元並進的結構中才得以展現出來。這一結果取決於國家與社會各自的特性：

　　第一，國家是普遍性領域，社會是特殊性領域。國家是社會普遍利益和普遍意志的代表而抽象地淩駕於社會之上。正如國家來源於社會一樣，具體化的國家權力，也是源於具體的社會權利。國家與社會的相對分離正是爲了使社會權利制約國家權力成爲可能。

　　第二，國家是自爲性領域，社會是自在性領域。國家作爲管理社會的公共權力機關，其一切活動不是任意的，而是自覺地通過一整套法律制度將社會活動限制在一定的「秩序」內。社會作爲自在性領域，其一切活動則是任意的、自發的，社會的行爲準則只有約定作用，而沒有像國家法律

13　F. Engels,*The Origin of the Family, Private Property and the State*, Foreign Langudges Publishing House, Moscow, 1954, pp. 277-278.
14　戚淵，〈論憲法關係〉，載《中國社會科學》，1996年第2期，第112-125頁。

那樣的強制作用。社會的自在性表明，國家權力不可以無孔不入地滲透到社會的一切領域。一方面，國家通過法治將社會規範在一定的秩序之內；另一方面，國家對社會的管理權力也必須由法律事先確定其權力邊界，從而不至於阻礙社會正常的發展過程。

第三，國家是承擔權力的載體，社會是享有權利的載體。國家一切活動的最主要特徵是它的權力性質。「權力是國家的特質，國家是權力的表示」，[15]沒有權力就沒有國家。在國家領域內，其主要矛盾表現爲權力鬥爭，其構成的任何關係都是「權力—權力」制衡關係，國家管理社會的手段主要是運用權力；而社會活動的基礎是權利運動，沒有權利就沒有社會，社會的基本關係是「權利—權利」互惠關係，國家與社會的矛盾實質上就是權力與權利的矛盾，國家與社會的關係實質上也就是「權力—權利」關係。

顯然，在漫漫的歷史長河中，人類經歷過無國家的社會、社會與國家一體化的歷史形態。接著，經過宗教改革，資產階級革命，人類終於進入社會與國家二元並進的歷史形態，並在國家—社會對立統一的二元結構中不斷演進，表現在法律上，國家與社會的對立統一關係是通過「權利—權力」對立統一關係體現出來的。其統一關係是：

1. 「權利—權力」相互依存

權利儘管是法律的終極價值，但在國家與社會的二元結構中，它的存在也需要權力的存在。權力的產生和發展變化不可能是單獨的、孤立的。權利的行使和實現需要權力以及具體化和個別化的權力行爲的支持和保障。沒有保障就沒有權利；而權力的存在、運作和發展又是以權利的存在爲基礎的。權力的存在需要權利的認可，權力的運作需要權利的接受乃至配合，權力的發展需要權利的進化（在內涵上深化，在外延上擴大），並與之互爲消長。在二元並進的結構中，「權利—權力」雙方中的每一方都不能離開對方而存在。但必須指出，只有當雙方的價值取向基本一致時，它們才可以相互依存，從而形成它們之間的統一結構。

15　Hugo Krabbe, *The modern idea of the state*, New York: D. Appleton, 1922, p. 225.

2. 「權利—權力」相互轉化

以「權利—權利」關係的相互依存爲基礎，「權利—權力」還能夠相互轉化：當權利由一定的載體依照一定的程序授出時，它的集合就是權力；權力一經產生，它的存在與運作便是以權利主體實現權利爲主要目的的。權力在運作過程中「量化」入權利之中，使權利獲得發展，從而反過來促進權力的發展。在「權利—權力」的關係中，權利只能向著自己的對立面（權力）轉化，而不是向任何別的東西轉化，反之亦然，因爲二者本來就處於相互依存的統一狀態。權利與權力這種向自身對立面轉化的特性最明顯和最深刻地表現了雙方的統一狀態。

其對立關係是：「權利—權力」相互制約相互否定。「權利—權力」之所以會呈現出相互制約和相互否定的狀態，決定於它們各自的特性。在這裡，權力通過將權利作爲對象而規範社會；權力作爲外在條件制約和影響社會；權利通過將權力作爲對象而對其載體（國家）的權力行爲進行肯定性制約，是因爲權利的載體（社會）總是按照「爲我」的方式建立「社會—國家」關係模式，社會自身的一般規定性始終是建立以「權利—權力」模式爲主客體關係的「社會—國家」關係模式的出發點。

「權利—權力」相互否定也是由「社會—國家」各自內在不同的規定性所決定的。社會成員的「爲我」性與自利性決定著其在權利性實踐——認識活動中要追求自我利益最大化，以至有可能「無視」權力的存在，規避權力的制約來達到自己的目的，還有可能逃避相對於權力的義務。這些都是「權利—權力」相互作用過程中權利對權力的否定。另一方面，當權力違背權利主體的價值取向而運作時（如權力濫用，權力異化），權利亦可以予以否定。上述社會與國家，權利與權力之間的關係在事實上的「眞」，圖示如下：

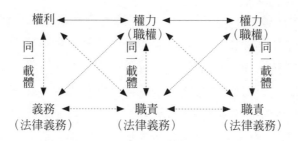

　　在這些關係中，「權利—權力」關係是主幹和基礎，是基石範疇，其他關係都是它的邏輯展開。[16]「權力—職責」、「權力—義務」、「權力—權力」和「職責—職責」關係都是基石範疇以外的其他範疇，「權利—權力」不表述其他範疇，而其他範疇因「權利—權力」關係而生，都是表述「權利—權力」關係的；「權利—權力」關係可以與其他關係相分離並獨立存在於其他關係之上，而其他關係只能依附於「權利—權力」關係而存在。無論其他關係如何變化，「權利—權力」關係始終不變，它是主權在民、權力分立與制衡等憲法制度的邏輯基礎。於此，本文認為：

1. 權利不等於也不包含職權

　　主流法理學在將「權利—義務」作為法的核心內容和法學的基石範疇時，始終將職權等同於權利、說權利包含職權。其實是，職權是因職務職位（在公共領域內）而生的權力，是公共權力的具體化和個別化，它是國家層面上的一個概念，其載體是國家公共機構及其代理人公務員。而權利是社會領域內的一個概念，其載體是社會成員——私人。如果混淆了權利與職權的區別，實際上也就混淆了社會和國家的區別。同時，如果認為權利包含職權，也就等於承認社會包含國家。可是，社會發展的歷史事實表明，這二者是不同的，也不能互相包含的。在「權利—權力」關係中，權力來源於權利，權利與權力互相依存互相轉化，互相制約互為否定。時而權力處在對象性地位上（社會制約國家），時而權利處在對象性地位

16　如法律對個人義務與政府職權關係的規範是通過承認主體的權利，並允許主體實現權利而進行的（納稅之義務的前提是對財產權的確認）。法律首先確認權利，進而命令其履行義務，此時，義務主體與權力主體（政府）的關係實質上是「權利—權力」關係的邏輯展開。

上（政府管理社會），但這只是作爲主體的權利載體「客體化」和作爲客體的權力載體「主體化」，並沒有也不能改變權利與權力關係的本質特徵——主客體關係。權利主體不是一種派生物、可包含物、可替代物，他／她只處於而且永遠處於與權力相對的兩極關係之中。實施公權力的「主體」雖爲有生命的權利主體，卻是以權力的化身出現的，並以權力載體（國家公共機構）的代理人的名義行使權力。同時，權力行爲的直接操作者肯定也不是義務主體，因爲他／她履行的不是他／她自己的義務，而是與權力相應的職責（僅爲法律上的義務）。當他／她中止或終止行使職權時，他／她仍然是權利人（即私人）。權利與職權不可混爲一談。

2. 權利與職權（權力）的基質不同

權利的基質是自由，權力的基質是民主。自由是民主的基礎，沒有自由就沒有民主；民主是自由的限制，沒有民主，自由就會陷入無政府狀態；自由反對束縛，民主追求程序。民主要求平等，民主是由於國家才賦予的平等權利，民主要求多數意思的無條件統治。權力賦予個人的民主以有限值（一人一票），而權利賦予個人自由以無限值（所謂天賦人權是也）。對於民主而言，個人的權利值是可以相加的，多數的個人權利值大於少數的個人權利值。因此，多數的個人權利始能轉化爲權力，即：有社會才有國家，社會有民主，國家才有權力。由於權利的載體構成社會，權力的載體構成國家，因此，社會需要自由，國家需要民主。社會的自由是不受國家干預的自由，國家的民主是社會平等參與的民主。自由引起競爭，民主產生平等。對於社會，平等的考慮優先於自由的考慮；對於國家，自由的思想超越平等的思想。可見，法之正義法律化爲自由與平等，它們是在「權利—權力」關係中存在並在其中實現的。

在「權利—權力」關係中，權利作用的對象是權力，權力作用的對象是利益，權力的存在與行使應以增進社會福利爲依歸。權利是對權力和利益的分配與補償應當的肯定與占有。法律爲兩者設定的界限不同，對於權利，法不禁止即自由；對於權力，非授權無權力，「越權無效」。權利轉化爲權力必須經過法定程序：由個體權利集合爲社會權利作用於國家權力

引起辯證矛盾（對立統一），而非經法定程序，由個體權利集合為社會權力作用於國家權力引起邏輯矛盾（暴力革命）。這是因為權利不以強制力為後盾，權利中不包含強制力，而強制力則是權力的應有屬性。在自由民主的國度裡，在法治狀態下，只有社會權利而無社會權力。

3. 社會法的出現並沒有改變「權利—權利」關係中的權利本位論，權利與權力在此一關係中的各自地位並沒有被打破

國家與社會二元並進的結構既是「權利—權利」、「權利—權力」關係作用的結果，又為「權利—權利」、「權利—權力」關係的存在與運行能符合法之正義提供了可能。本世紀開始以後，隨著資本集中和國家干預，從國家社會化和社會國家化這一互動過程中，產生出一個新的領域——社會法。社會法的出現被認為法律的重心已由個人漸漸移向社會。這在某些法律領域是事實，但並沒有構成社會本位法。所謂社會法，不過是表現為社會國原則要求國家履行更多的職責，而使國民享有更多權利的法律。社會法仍然是以個人為本位，而個人即是權利的載體，故社會法仍以權利為本位。法國民法典中的契約自由、權利不可侵犯、過失責任以及刑法典中的罪刑法定原則，仍是自由民主世界各國法律制度的基礎至今未變。社會法的目的雖為增進社會福祉，仍未放棄保護個人權利；個人仍是法律上政治上經濟上社會上的獨立單位。所謂「勞工立法」僅是對於契約自由原則加以必要的修正而已。其實，在人類有法律制度以來，契約完全自由，非有過失不負責任，非有自由意思不負義務等規定，從未出現過，個人的意思從沒有絕對自由過。作為近代個人主義和權利本位法制的導源——《法國人權宣言》早已有類似的規定，如「法律有權禁止有害於社會的行為」，[17]法國民法典也有契約的原因應合法而不能違背公序良俗。[18]這些原則一直沿用至今，卻並未在法律上否認契約自由、過失責任仍是一項原則，以個人主義為基礎的私有財產權制度仍是自由民主國家政治制度的基礎，個人權利仍是「權利—權利」和「權利—權力」關係的邏輯起

---

[17] 法國《人權與公民權利宣言》，第5條。
[18] 《法國民法典》，第1133條。

點。基於人性的考量，國家與社會二元並進的結構在相當長的時段內不會因爲社會法的出現而被打破，調整「權利—權利」關係的私法和調整「權利—權力」關係的公法之間的界限也不會因爲社會法的出現而移位。

三

通過對法在公私法領域的基石範疇的分析和論證，我們不用太深的思考就可以領悟以下命題屬於眞理：

第一，人是宇宙的中心。人類歷史初期，對人的瞭解十分有限，人的權利不受重視。古希臘城邦給希臘公民以參政權，卻同時盛行奴隸制。到了中世紀，人的地位普遍降低，在萬知萬物的上帝面前，人缺乏內在價值，故也無權利可言。到了近代，人文主義和理性主義抬頭，強調人具有內在的理性，並強調人爲宇宙的中心，人的價值迅速提高，人可以向自然宣戰，向上帝奪權，人甚至宣布上帝死了並感到無限的權力意志。這種思想的發展起於17世紀的笛卡爾，終於19世紀的尼采。短短200年間，人在思想史上的地位提高到無以復加的地步；而在世俗社會及其政治活動中，中世紀教皇權威的直線下落以及民族國家的興起，也間接地提高了人的地位，人成了宇宙事實上不可動搖的主宰。

第二，自然正義是至高無上的。[19]自然法思想從發端時起，就代表著一種追求絕對正義的理想。自然法作爲一種歷史久遠的智慧，爲古代中世紀及近現代所共有。它具有本體論的基礎。對於宇宙採取普遍目的論的觀點，認爲任何自然存在物均有一自然目的。人作爲理性的存在物，憑理性而知人的何種活動有助於完成其自然的目的。換言之，人的本性是人的行爲的終極準繩，[20]合乎人性或有利於人性發展的行爲則就是正義的。符合

---

19 Aristotle認爲，在「政治正義」中，一部分是自然的，一部分是法律的，「自然的」是指在每個地方都具有相同的效力，它並不依賴於人們這樣或那樣的想法而存在，而「法律的」則意味著起初旣可以是這樣，又可以是那樣的。（*The Complete Works of Aristotle*, The Revised Oxford Translation, Edited by Jonthan Barnes, Vol. II, Princeton University Press, 1984, pp. 1790-1791.）

20 馬漢寶，《自然法之現代的意義》，載《西洋法律思想論集》，漢林出版社，1980年版，第149頁。

人性的正義是自然法的絕對精神，符合人性的正義高於一切實證。在自然法面前，惡法非法（*Lex iniusta non est lex*）。

　　以上述命題爲基礎，本文認爲，法學研究實際上是研究自然法與實證法的關係。更確切地說，是研究人與法律的關係。要考察實證法的價值，沒有什麼比考察該時代的人的概念在實證法律中的地位更具有決定性的作用。要明確認識某種實證法律對於人的看法，又可以從該法律如何確定「權利—權利」及「權利—權力」關係而獲知。綜觀近代以來西方法學史上形形色色的法學研究及其博雜紛呈的法學流派，歸根結底，不外乎是自然法論與法律實證主義兩大流派的衝突、互否與相容，其互爲消長的軌跡清晰可見：

　　如前所述，自然法思想一出現就閃爍著人性與理性的光輝，這是因爲自然法不但是一種法學觀念，而且也是一種人性哲學觀念，其產生與形成有著內在的邏輯，而這種內在的邏輯也就是人性與理性的內在邏輯。惟有瞭解人性與理性的內涵與發展，我們才能眞正瞭解自然法精神，我們才能眞正體會到它的價值所在。自然法得以作用於實證法律代表著一個人性社會的進步，代表著人性社會的人性與理性交相爲用，代表著個人與個人、個人與政府、社會與國家的有機協調。這樣的個人、社會與國家將更會導致人性的發揮和人性中創造力的發揮。質言之，一個社會進步與否要看其促進人性發揮與實現的意願和努力有多大。這樣的意願和努力通常是通過實證法規範表現出來的。我們之所以可以說，人在實證法中的地位如何代表著實證法的價值如何，是因爲人及其權利不僅是自然法的具體表現，也應該是實證法的具體表現。後者表示著國家對自然人性的承認。這是人性在國家層面上的最高表現，這也是自然法作用於實證法的理想狀態。自然法毋庸置疑地是實證法的基礎與本質。但正如人有人性和理性一樣，國家亦有其存在的本性，自然法進入國家法律並非一路坦途。於是，法律之爲法律，自古至今存有兩種不同的學派，即自然法論和法律實證主義。自然法論主張法律當是人類行爲的普遍規範，因此必須是基於符合理性的人性需要，並且此等規範可以爲人的理性所認知。世人認知到人性的普遍準則，始制定爲法律，法律便成了善惡是非、公平正義的原則。自然法的觀

念是把人性看作有客觀的理則可循，人依此理則，則可獲致正義和公平，否則即墮入罪惡與不義。自古代希臘的Aristotle到近代的Locke，均爲自然法觀念奠定了堅實的基礎。但19世紀以後，由於對理性思想的懷疑、新興科學的發展以及民族國家的建立，自然法的觀念受到衝擊，法律被視爲民族文化及歷史的產物，因此不被視爲具備普遍性的內涵，同時法律也被視爲政治權力的意志表現，不涉及理性的有效性問題。這就是法律實證主義的法學理論，在此理論下，法律是相對的，是功利主義和純粹權力意志。

　　法律實證主義的法律觀念有著不可避免的致命內傷：法律作爲純意志的表現而易成爲當權者迫害人性的工具，造成人類的災害，其登峰造極之顯例就是納粹德國的興起：希特勒的登臺並非憑藉暴力革命而是依法行之。當時盛行於德國法律界的實證主義態度起著助紂爲虐的作用：既然法律只是主權者意志之體現，就無需過問其意志的性質爲何。結果使「元首」的意志成了法律和權利的唯一來源，而法院對希特勒製造的法律卻無審查權。[21]至於相對主義法律理論更引起世界秩序的混亂與隔閡，熱戰冷戰交替進行。甚至是一個民族國家之內違反正義及公正的現象亦比比皆是。這是實證法觀念無限制發展的後果。因此，20世紀初期，自然法思想又開始復甦，第二次世界大戰後更是流行於西方。正如Maine所說：「時代越黑暗，則訴諸自然法律和狀態便越加頻繁」。[22]不過，此時的復甦並非以前自然法思想的簡單重複，而是結合了實證法律的優點產生了新的認識，即實證法律重視國家權力所表現出來的集體意志。之所以說這是實證法的優點，乃是人民如果沒有這種體現了集體意志的國家權力作後盾，人民權利也難以在客觀上得到保障。顯然，復甦的自然法觀念是結合了實證法的權力觀念而體現在具體的法律規範中的。自然法思想能夠逐漸地客觀化、普遍化和具體化，表明自然法思想與實證法思想的相容。甚至是，實證法學理論普遍接受了國際法是法的觀點，承認法的普遍性，眾多國際公

21　Fuller, *Positivism and Fidelity to Law – A Reply to Professor Hart*, in 71 Harv. L. Rev. 630 1958, p. 659. Ernst von Hippel, *The Role of Natural Law in the Decisions of the German Federal Republic*, in 4 Nat. L. F. 106, 1959, p. 110.

22　Henry Sumner Maine, *Ancient Law- with An Interpretation*, by J. H. Morgan, London: J. M. Dent & sons, Ltd; p. 54 (1917).

約、條約於是成為國際社會的法律對其加入國產生著持續的拘束力。而自然法理論也將其基本價值塞進了國際法，其最高體現就是《公民權利和政治權利國際公約》和《經濟、社會、文化權利國際公約》的誕生。[23]但是，應該提醒的是，這並不是說自然法和實證法就不會有衝突，即使在上述國際法中也仍然有各自的問題：正義的基本原則是相同的事物應為相同的處理。數以萬計的國際法規則是否都能符合正義仍然是自然法理論要回答的問題。而符合自然法基本價值的國際法（如人權公約）能否成為一國的實證法對國民發生效力卻是法律實證主義要解決的問題。正因為如此，才有法律修改、司法審查、憲法控告、行政訴訟、法官立法等一系列憲法制度的出現和存在，而這些制度的存在再清楚不過地說明實證法難以一勞永逸地解決自然法理論與法律實證主義的完全融合問題。更具體地說，實證法難以一勞永逸地完成實現「權利—權利」和「權利—權力」關係的存在與運行符合正義之和諧關係的任務。設置上述各項制度的目的就是要把法當中固有的、並能通過「權利—權利」和「權利—權力」關係和諧運行而體現出來的正義融入實證法律之中，通過實證法在一定的社會裡確立起法治秩序，而構成這種秩序的原則應該是自由與平等，確保實現自由與平等的手段是用憲法（並有違憲審查作後盾）將立法權和行政權限制在符合人性和理性的價值範圍內，使人因而占據至高無上的地位，幸福、安全地享受著「人之為人」的當然尊嚴。這是一個永恆的課題。顯然，法學研究的任務及全部意義就在這裡。

簡短的結語

學術研究中，一個命題是否科學，邏輯經驗主義者下過斷語，他們認為，除非命題邏輯無矛盾並且經驗可證實，否則就不是科學命題。這種見解之於法學研究的意義是：對法學研究成果的科學性界定應受邏輯與經驗

---

23 Harold J. Berman, *Toward an Integrative Jurisprudence: Politics, Morality, History*, California Law Review, Volume 76, Issue 4, p. 798 (1988).

的雙重檢驗。隨意瀏覽一下大陸法理學的研究成果就會發現，邏輯矛盾（悖論）和「事實」失真的現象隨處可見。在同一本教科書甚至是同一篇文章中，在價值取向上，既有國家主義，也有自由主義，又有共產主義；在理論依據中，此有自然法學派，彼有實證法學派，間或又有社會法學派和歷史法學派。這種混雜的價值論運用造成的後果是難以證立任何一個命題。概念越多，邏輯越亂；邏輯越亂，離「真」越遠。這種有中國特色的模糊法理學直接影響到部門應用法學的研究，甚至影響到立法、執法和司法，貽害深遠。

對法學史上各流派的爬羅剔抉，給我們提供了如下啟示：流派之所以成為流派正是因為命題內部的價值取向、理論依據、方法論運用乃至事實的取捨，有著天衣無縫的邏輯聯繫。反觀我們的研究，我不禁要問：你究竟想說什麼？（應有明確的價值取向：是國家主義還是自由主義還是共產主義？）你怎麼說？（在方法論上是立論還是駁論還是二者並用？）你能否自圓其說？（這樣說或那樣說的依據是什麼？能否求得事實與邏輯上的「真」？）你這樣說或那樣說的意義是什麼？（是在理論上有所創新還是對社會實踐有促進作用？）顯然，這是我們每一位法學研究者應該面對的問題。

2000年10月

第二章　也論守法[*]

「守法」問題是一個涉及到法律概念論、法律認識論和法學方法論的宏大論題。博覽法學著述，我們可以知道，在理論法學範圍內，關於「守法」的論述寥寥，而對權利之保護和權力之法治的論述卻多多。究其原因，大概是，學者們以爲，只要權力在法治軌道裡運行，人民的權利就能得到保障，而人民權利能得到保障，人民就能自覺地「守法」。[1]這種認識雖然不能算錯，但卻是在較爲膚淺的層次上論述「守法」問題。近幾年，不才濫竽教席，也向大學本科一年級的學生傳授法理學知識。由於教非所學，故在授課之前，必須花費時間作些準備。而與其說是準備，還不如說就是閱讀。在閱讀中，時有發現新知之喜悅、獲得靈感之激動、引起深思之痛苦、形成己見之凝重。學術大家們雖然沒有過多地直接論述「守法」問題，卻用諸多更爲深層的理論對之加以迂迴探討，令人目不暇接。本文擬以「法效」概念爲主線索，熔法律概念論、法律認識論、法學方法論的相關知識於一爐，納閱讀中的「發現」、「靈感」、「深思」和「己見」於一文，希望能回報大陸法理學教科書的啓迪，因爲本文的寫作衝動就是來自於對大陸法理學教科書中關於「法的遵守」這一節的思考。本文的基本立場是：「守法」問題與「法效」之來源密切相關。

一

一般認爲，法律概念論主要探討「法律是什麼」這樣的宏觀問題；而法律概念論中的「古典爭議」（法律與道德有無必然關聯），則是法律概念論的核心問題。博覽法理學著作的讀者都知道，幾乎所有的作者都在其著作之首章探討「法律是什麼」此一問題；同時知道，幾乎沒有一個作者

---

[*]　本文已載於戚淵等著《法律論證與法學方法》，山東人民出版社，2005年版。

[1]　戚淵，《論立法權》，中國法制出版社，2002年6月第1版，同年9月第2次印刷本，第2頁。

能給「法律」下一個達成共識的定義。之所以如此，乃是因爲對「法律是什麼」這樣的問題，歷來存在不同立場：站在法律實證主義立場上認識法律和站在自然法論的立場上認識法律會有很大差異。由此一問題而生的一個問題則就是「法效」問題，而對「法效」的不同理解是解釋和證立「守法」問題的關鍵。

法律實證主義的基本立場是著眼於法律的實證效力，在這裡，「法效」概念的基本內容是：1.當一個法律規範由有權機關依照法律程序創設出來的時候，此一規範即具有了法律上的普遍效力；2.在一個社會共同體當中，至少有一個有權機關可以制定法律規範，並且在一個社會共同體中，至少有一個法律規範體系，而該法律規範體系又有一個最高的「規範」作爲依據。這個法律規範體系從「外在」層面上約束著全體社會成員；3.法律規範與法律規範體系的效力與道德價值無必然關聯，但不排除法律規範與法律規範體系中可以包含最低限度的道德價值；4.「法效」具有形式邏輯性質。在這裡，法律與其對象（共同體成員）之間的「關係」是線性的直接「關係」；5.法律的實證效力基於實證法的三個特性：法律的普遍性、法律的穩定性和法律的形式民主性。

本文認爲，以法律實證主義爲背景的「法效」概念，引出兩個難以證立的問題：第一，一個有權制定法律的機關直接來自於一個社會共同體的每一個成員（即立法者由共同體成員選舉產生）。法律產生以後對共同體成員形成普遍的約束力，由執法者不折不扣地加以實施，法律是共同體成員都應遵守的「當爲」，共同體成員對這樣制定出來的法律只需遵守，而無需在「內在面向」（法律實證主義的一個主要概念）上同意和接受。共同體成員對「法效」的接受在產生立法者（有權機關）時就已完成。在這裡，共同體成員自己不是立法者，因而，法律的實證效力在此帶有「內循環」的性質，即只能從法律體系內部觀察「法效」的來源，立法者（有權機關）依據法律規定的程序和上位「法效」的規範制定「法律」，立法結果與立法的依據在一個封閉的法律體系內「循環」。於是引出的一個問題就是，人們無法從法理上證立「法律是什麼」這樣的問題；第二，法律的實證效力與法律的現實效力（一些法學著作中也簡稱爲「法律的實

效」）是何種關係？依據這些學者的見解，「法律的實效」是指法律規範是否得到社會成員的遵守，並且在多大程度上得到社會成員的遵守。所以，「法律的實效」亦被有的學者稱爲法律的社會效力，這幾乎是通說。而「法律的實效」作爲「法效」分類之一種，也幾乎是法理學中的定見。它的「極端」表述就是，如果法律能被眞正遵守，那麼它就存在。言下之意是，只有當構成共同體的所有成員（無論是官員還是私人）的實際行爲與實證法所指定和認可的標準相一致時，這些法律規範才能產生「實際的效力」，即當「行爲」符合「標準」時，法律才有實效，否則就無實效。本文認爲，對此，應注意以下幾個問題：首先，「法律的實效」不同於「法效」。前者指涉法律的社會成員對法律的遵守狀況，而後者則指法律對全體社會成員的管轄權。前者的成立必須是社會成員的行爲與法律標準一致，而後者不涉及「行爲」與「標準」一致或不一致的問題；其次，當社會成員的「行爲」與法律的「標準」不一致時，即當「行爲」破壞了對法律的遵守時，法律未產生「實效」，但法律仍然對行爲人有拘束力（法效）；又，「實效」雖不同於「法效」，但在法律的效力分類中，「實效」不獨立於「法效」而自成一類。「實效」是「法效」及於社會成員的程度，即一個有「法效」的法律規範體系被社會成員的遵守程度（主體上的廣度和主觀上的深度）；當社會成員的「行爲」與法律的「標準」不一致時，我們只能說，有效力的法律規範沒有產生預期的實際效果。由於不可能出現「全有」或「全無」的狀況，即要麼全體社會成員的行爲均與法律的標準完全一致，要麼完全不一致，那麼，有效力的法律總是對一部分社會成員有「實效」，而對另一部分社會成員無「實效」。所以，「實效」概念包含於「法效」概念內，它不是與「法效」不同的一類。更準確地說，「實效」不是「法律的效力」，法律的「實效」，即法律的「實際效力」中的「效力」根本不同於「法效」中的「效力」。法律的「實際效力」實際上是指有法律效力的法律被社會成員實際遵守的「效果」。再次，「法效」與法律的「實效」在價值上總是一致的：在法律實證主義領域內，無論是良法還是惡法都具有效力，無論對良法還是對惡法的遵守都可被看作是法律產生了「實效」；而無論對良法還是對惡法構成違反時，

都被視作法律未產生「實效」。但在自然法領域內，惡法本身被視為無「法效」，因此，對其的違反不引起「法律的遵守」問題。

本文認為，至此，我們可以得出這樣兩個結論：第一，如果我們僅以法律實證主義為理論依據，我們就難以證立任何一個問題；第二，將「法律的實效」（亦稱法律的現實效力和法律的事實效力）作為「法效」的一類是不能成立的。

二

眾所周知，法律的倫理效力是一些學者對「法效」的另一分類。它指的是，當一個法律規範的內容可以在倫理（廣義）的層面上獲得證立時，此一規範即為倫理上有效。法律的倫理效力的理論背景是與法律實證主義有本質區別的自然法理論。順便指出，法律概念論中的「古典爭議」係表述為「法律與道德在概念上有無必然關聯」。本文認為，其中「道德」一詞在這裡不能被我們作望文生義式的理解，否則我們就無法在自然法理論背景下討論「法效」問題。在這個陳述中，「道德」一詞實際上是指一種符合正當性標準的價值觀，它是一個歷史範疇。也有學者將「法效」之一種類表述為法律的道德效力。儘管不同作者所用不同表述是指同一種類的「法效」，或同一作者在論及「法效」時，也將「道德」與「倫理」視為同義。但這兩種表述卻不能被我們看作是涵義同一的。本文認為，在「法效」概念中，「倫理」與「道德」是有很大區別的。如果說「道德」是一個歷史範疇，隨時空變化而變化，那麼，「倫理」則是「道德」中的精髓，是「道德」中不變的部分，它沒有時空的限制。

與法律的實證效力不同（法律的實證效力是從「外在」層面強制社會成員「守法」），法律的倫理效力實際上就是將「法效」導向於「守法」之主體（社會成員）的主觀方面。我們知道，法律可以通過「他律」產生效力，「他律」發生效力的形式是由法律規範科予社會成員義務（外在）；法律同時也通過「自律」發生效力，即規範義務必須涉及社會成員在主觀上的接受（內在）。「他律」形式的「法效」依據即為法律的實證效力；其哲學基礎就是，人存在於「關係」（人與自然、人與人）狀態

中；人要受到「關係」的約束。法律規範就是規範此種「關係」的。但將「法效」導向社會成員的主觀方面後，情況就複雜了。我們知道，法律實證主義者和自然法論者都秉持各自的立場，法律實證主義遭遇「法律原則」的重創後，接受了「最低限度的自然法」。於是，法律實證主義分解為排他性法律實證主義（亦稱剛性法律實證主義）和包容性法律實證主義（亦稱柔性法律實證主義）。而柔性法律實證主義雖然承認法律中包含有「最低限度的自然法」，但在「古典爭議」上，仍然堅持法律實證主義的基本立場。在「法效」問題上，法律實證主義秉持「惡法亦法」，是共同體成員的行為之「當為」；而自然法論者則堅持「惡法非法」（*Lex iniusta non est lex*），給予「人民不服從」提供了正當性基礎。一般認為，「法效」既不是對社會成員絕對的「外在」強制，也不是無強制作後盾的絕對「自治」。這種立場取法律實證主義和自然法理論之折中立場，但過於簡單化。法律的實證效力已經可以說明「法效」具有從「外在層面」約束社會成員的特徵。這種「約束力」，在法律實證主義背景下、在法律的實證效力層面上，對每一個共同體成員（無論是「行為」與「標準」一致者還是不一致者）都具有同等程度的「外在」約束力。而當我們在「法效」中引入了「法律的倫理效力」概念後，換言之，即當我們揭示出「法效」中包含著或還應包含倫理效力時，實證法對社會成員的「外在」強制效力就不能被視為同等程度的了，它隨倫理效力在社會成員的主觀方面的深入程度的不同而不同。社會成員在主觀方面對倫理效力的「接受」程度愈深，法律的「外在」強制效力就愈弱。那麼，法律的倫理效力是如何作用於社會成員的主觀方面的呢？以下試展開論述。

社會成員「接受」法律的倫理效力，首先必須在主觀上判斷法律是否具有倫理性。它包括兩類主體（立法者和社會成員）的判斷。「古典爭議」在此被檢視，但首先是立法者的檢視。我們所謂的良法，應該是由兩個不同主體在兩個層面上作出判斷，一是由立法者對法律的價值作出的判斷，另一是由社會成員對法律的價值作出的判斷。良法的產生首先取決於立法者的判斷。本文認為，一個法律規範體系既可以包含「最低限度的道德」，也可以包含「較高道德」（但這裡只是立法者認為的「較高道

德」）。換言之，立法者總是認爲法律中包含著「較高道德」。我們可以從立法過程中宏觀和微觀兩個方面來加以論證：

　　一個較爲完備的「立法」，在微觀方面，實際上是這樣一個過程：由「是」導出「應當」（立法結果中包含著「應然性」）。這一過程有如下幾個階段：第一階段爲事實判斷。對社會事實（經驗事實）的判斷（立法者的判斷）。在此階段，實際上隱含著由「感性」到「理性」的歷程，在諸多的社會事實中尋找立法素材，解決「爲什麼會有這樣的立法而無那樣的立法」之類的問題（比如是否要對「安樂死」和禁止同性戀進行立法）；第二階段爲評價判斷。在此階段，實際上隱含著這樣一個歷程：由「理性」到「合理性」（立法者所認爲的、可以被社會成員所接受的行爲標準），從而形成規範（比如制定出禁止或准許安樂死的法律規範、禁止或准許同性戀的法律規範）；第三階段爲規範判斷。在此階段，規範一經實施，實際上就是對社會成員的行爲進行判斷（比如規範的「外在」強制效果如何？規範能否被行爲人在主觀上接受？），立法者如果認爲已制定的法律規範不完備，就可以對法律進行修改。由此我們可以看出，在微觀上，制定法律規範的過程始終是一個「判斷」過程。有「判斷」就有價值取向，有價值取向，就有道德內涵。

　　在宏觀上，立法者確定的「較高道德」也可以體現在立法結果中，[2]它以「法律原則」的形式出現，呈現爲非形式邏輯結構。必須指出，第一，立法者確定「較高道德」，是基於「自然權利先在」的基本原理，承認社會成員擁有人之爲人的一切權利，而規則又不能達致此一目的（規則因其形式邏輯結構的限制，只能體現「最低限度的道德」），一旦出現了社會成員的「較高道德」要求，便可以適用「法律原則」中的「較高

2　立法者確定的「最低限度的道德」體現在法律規則之中，規則有確定的形式邏輯結構，即「假定＋行爲模式＋法律後果（以外在強制力作爲保障）」。規則以明確的「利」或「不利」之後果促使社會成員必須加以遵守，因爲規則體現的「最低限度的道德」是人人必須做到的，也是可以做到的。如果不遵守或違反了規則，就要受到制裁。這意味著，如果在規則中規定「較高道德」，那麼，如果違反了「較高道德」，結果也要受到制裁。但如果一個法律規範體系沒有「較高道德」作價值指引，這樣的社會共同體的文明程度則較低。立法者在立法時，也常以原則的形式援引社會成員需要、認同和接受的「較高道德」作爲對社會進步的指引。

道德」加以決定。近些年來出現的一些新公民權利就是援引「法律原則」中的「較高道德」並通過個案累積而成的；第二，在立法中確定「較高道德」也是以非形式邏輯方式實現的。運用論證邏輯，以「人是最高目的」為價值取向，其邏輯就是向這個方向論證。運用辯證邏輯：因為「道德」是一個歷時性概念，立法者在立法結果中既可以體現每一個時代所應具有的一組特定的價值，又可以給出價值指引，不斷豐富價值的時空內涵；第三，在立法中確定「較高道德」要受到立法者本身的價值取向、認識能力、對社會成員道德要求的瞭解等等因素的制約。雖然立法者在立法過程中也是同時具有「內在面向」和「外在面向」的參與者，但立法者在此過程中所具有的特性不同於社會成員作為規則制定的參與者所具有的「內在面向」和「外在面向」。換言之，立法者與社會成員對於規則具有不同的「內在觀點」，以及對於規則而言，立法者與社會成員互為「外在觀點」，立法者和社會成員是在兩個「立場」上審視規則。以此為依據，立法者在立法中確定「較高道德」的立場也不可能與社會成員的立場完全一致。因此，「較高道德」對於社會成員來說，仍是來自於立法者的「外在」約束；第四，以此為著眼點，我們可以更進一步地看到，立法者與社會成員「意識」之中的「法律是什麼？」或「法是什麼？」有可能存在不同的答案。於是，來自於立法結果（法律規範）中的「外在」強制與社會成員從主觀上「接受」（內在）也可能會引起衝突，從而對「守法」產生很大影響，縱使法律規範中包含著立法者認定的「較高道德」。而從「法效」概念中觀察，這正是法律的倫理效力之於社會成員的意義。所以，我們必須從法律規則的「內在面向」上揭示社會成員「守法」的理論依據，抑或前提。

三

規則具有「內在面向」和「承認規則」與「法效」的關係是Hart法學理論對「法效」概念的貢獻。

1. 規則的「內在面向」與「法效」

　　Hart選取「規則」作爲分析法學的基本單元，並區分了規則的「內在面向」和「外在面向」。規則的「外在面向」是指觀察者從外在的觀點，觀察規則所存在的社群之行爲的規律性，並僅僅以該規律性所描述出來的面向。「外在面向」亦稱「外在觀點」。「外在觀點」僅是由觀察者的角度出發，而不需要「接受」系爭的行爲規則。[3]一般認爲，規則的「外在面向」不引起對觀察者的約束效力，這是不準確的。需要注意的是，這裡的「觀察者」不能被認爲是立於「法共同體」之外的成員（即觀察者不是法成員），而是指「觀察者」以何種觀點（在何種面向上）觀察規則。「外在觀點」包括兩類，一是普通的外在觀點，一是極端的外在觀點。僅僅採用極端的外在觀點是一種純粹的「觀察者」立場，它完全不「參與」法共同體的「內在觀點」。僅僅採用極端的外在觀點無法合理解釋法共同體之成員以「承認規則」作爲「批判」標準的「內在面向」。而普通的外在觀點，事實上包含了對「內在觀點」的「參與」。本文認爲，在「守法」問題上，對「法效」的認識，立法者與社會成員的立場之區別正是後者僅以「內在觀點」識別規則的效力。這就要求我們應該討論：縱使立法結果中含有立法者確定的「較高道德」，社會成員也應該對之加以識別。在此，我們亦可更進一步地認爲，縱使是基於自然法理論的規則，社會成員亦不可不加認知地盲目接受。

　　規則的「內在面向」乃是參與者以「批判反思的態度」接受規則，並以之作爲衡量自己和他人之行爲的標準。規則的效力（法效）是通過「內在面向」被社會成員所接受的，社會成員通過「批判反思」達到對規則的「接受」。「批判反思的態度」包含了兩個主要的層面：一個是由「反思」所得到的「認知」的層面，另一個則是由「批判」所得出的「意願」的層面。「認知」是指認識並瞭解到此一規則爲一有拘束力的規則；「意願」則是指「認知」主體除「認知」外並自願遵守、服從此一規則。[4]在

3　H. L. A. Hart, *The Concept of Law*, Oxford: Clarendon Press, 1961, pp. 86-87.

4　Neil MacComick, *H. L. A. Hart*, Standford University Press, 1981, pp.31-41; *Legal Reasoning and Legal Theory*, Oxford University Press, 1978, pp. 275-292.

這裡，規則的實證效力（外在）與倫理效力獲得了有效的結合，使得社會成員接受「法效」約束力的「痛苦」減到最低程度（自願接受規則約束的程度提高）。由此我們可以看到，「接受」雖然也包含「遵守」和「服從」之意，但不是一般意義上的「遵守」和「服從」。由於經過「批判反思」，從而達到對規則效力的「認知」和「意願」。在此際，「接受」奠立於倫理性的基礎之上，是主體基於良知的抉擇（儘管基於良知也可以對「惡法」不服從、不遵守，這是「法效」的另一層面的問題，將在下文討論）。而單純的「服從」和「遵守」完全可能是基於「外在的」強制，共同體成員在其中處於被動狀態。在此際，規則的效力仍是實證意義上的。揭示規則具有「內在面向」是Hart規則有效性不同於Hart以前的法律實證主義者的規則有效性的關鍵（比如Kelsen認為規範的有效性基於一個最高規範，這個最高規範可以被假定——Kelsen以「規範」作為研究法律的基本單元）。在Hart的法律理論中，鑒別規則有效性的標準又是通過運用「承認規則」實現的。

2. 「承認規則」與「法效」

　　Hart法律理論中的另一個重要內容就是將規則區分為初級規則和次級規則，一個法律體系是初級規則和次級規則的結合。初級規則是科予義務的規則，而次級規則是授予許可權的規則。Hart認為，一個法律體系可能存在三個缺陷：不確定性、靜止性和無效率性。如何消除這三種缺陷，Hart用三種次級規則來補充初級規則，以使初級規則轉變為一個無可爭辯的規則體系。次級規則分別是承認規則（社會成員藉以辨識初級規則）、變遷規則（授予個人或團體制定新的規則）和裁判規則（授予個人或機構在一定情況下，就某一初級規則是否已被違反，以及應該處以何種制裁作出權威性的決定）。在Hart的法律規則理論中，「承認規則」是核心概念。「承認規則」與「法效」的關係體現在兩個方面。第一，「承認規則」是鑒別初級規則之效力的終極規則，也是提供判準確認一個法律體系內其他規則之有效性的終極規則。[5]作為終極規則，「承認規則」存在本

5　Hart, *The Concept of Law*, Oxford: Clarendon Press, 1961, pp. 100, 102, 95.

身具有一定的「效力獨立性」，它是一個法律體系存在的必要條件和基礎。只要社會成員生活在一個法律共同體之中，則在受這個法律體系約束的同時，亦要受「承認規則」的約束。這是第一層次的問題。在此際，「承認規則」的「法效」無條件地約束全體社會成員；第二，以此為前提，社會成員接受「承認規則」並藉以鑑別初級規則所科予義務的有效性。

本文認為，一般對Hart的「承認規則」的理解，僅將其作為一個法律體系之中的規則判準，這是法律實證主義的典型特徵。我們應該看到，在Hart的規則理論中，包括「承認規則」在內的三項次級規則都是「授權性」規則。更重要的是，其授權對象不僅是有權的機構，而且也包括社會成員個人。這就是說，機構（比如立法機構）與社會成員個人在「接受」「承認規則」的普遍法效的同時，還可以以「承認規則」（不只是將「承認規則」作為終極規則）為「工具」識別包括「承認規則」在內的規則體系的有效性。這樣的見解突破了法律實證主義的侷限，賦予社會成員個人更多的合理的「識別」權利。既然存在於法律體系內部的「承認規則」可以彌補初級規則的缺陷，那麼，「承認規則」也可以被社會成員用來辨識包括「承認規則」在內的整個法律體系之有效性的「工具」。Hart認為，辨識規則的有效性，包括兩個方面，一是各判準之間的「等級排序」，另一是各判準「來源」。[6]本文認為，前者存在於法律體系之內，後者超越了法律體系本身。因此，可以簡單地概括說，「承認規則」不僅是判準，它也是「方法」。社會成員對法律規則的「認知」實際上是將對「法效」的接受問題轉變為對「法效」的確認問題：社會成員何以要接受有權機構制定的規則，而「確認」的過程就不可避免地涉及到主體的倫理道德意識，這些意識終極地存在於個人。此時的「承認規則」是包含個人之倫理道德意識在內的一系列判準。所謂「終極」，只有「終極」到社會成員個人的意識時，才能算得上是「終極」。如此說來，雖為一個法律體系中的最高規則，也未必就是終極規則，因為對之加以改變的可能與條件普遍存

6　Ibid., p. 98.

在。終極規則存在於共同體成員個人的倫理道德意識之中。本文認爲，這可能才是Hart之「承認規則」理論的全部內涵。再輔以佐證：1.Hart的法律實證主義承認法律概念中包含「最低限度的自然法」，此成爲實證法體系的堅實「底座」，爲社會成員「識別」規則有效性提供了認識論基礎。2.Hart本人在《法律的概念》一書的「後記」中，也指出「承認規則」實際上已經涉及到法律與道德的關聯。3.Hart本人認爲「承認規則」是經驗事實。這可以被我們理解爲「承認規則」呈現經驗實證主義的結構，它既具有法律實證主義的特性，也具有法倫理的特性，因爲「經驗」與運用承認規則的社會成員的倫理道德意識活動有直接關係（個人在本質上是一個倫理存在[7]）。Hart甚至這樣說：法官、官員和其他社會成員的實踐活動就是「承認規則」眞實存在的地方。[8]

四

至此，我們可以認爲，Hart所揭示的「承認規則」已經超越了法律對社會成員純粹的實證效力約束，將「法效」與社會成員之關係的含義引入到較法律實證主義更爲深一層次的面向上，法律對社會成員的約束力具有了一定程度的倫理含義。這是「承認規則」的主要意義。而更爲深層的法律的倫理效力還可以建立在「溝通理性」的概念上。這就是Habermas的「言說法效理論」。

「承認規則」一方面被社會成員用來鑑別法律規則的有效性；另一方面，「承認規則」也部分地、實證性地約束著社會成員。是故，「承認規則」還不是一個完全的以主體哲學爲基礎的概念。Habermas的「交往理性」以主體間性爲其實踐模式，是Habermas試圖建立民主法治國家法律之有效性與正當性的哲學基礎。[9]與實踐理性相比較，Habermas闡述了

7　Aristotle認爲「城邦」是一個倫理實體。(Aristotle, Politics, 1253a, in The *Complete Works of Aristotle*, The Revised Oxford Translation, Edited by Jonthan Barnes, Vol. II, Princeton University Press, 1984, p. 1988.)

8　Hart, *The Concept of Law*, Oxford: Clarendon Press, 1961, p. 106.

9　Jürgen Habermas, *Faktizität und Geltung: Beiträge zur Diskustheorie des Rechts und des demokratischen Rechtsaats*, Suhrkamp Verlag, Frankfurt am Main, 1994, S. 17-18.

「交往理性」的意義。他認爲，實踐理性的概念作爲主體的能力是現代的定義。主體哲學雖然具有基於作爲私人主體的個人幸福、道德自主及人類自由等優點，但它也具有使實踐理性失去其在文化生活形式及政治生活秩序中的具體體現的缺陷。在已經高度複雜化的現代社會條件下，實踐理性需要恢復在道德理論、歷史哲學、社會理論等規範性理論方面曾經擁有的解釋力。[10]Habermas的「交往理性」具有以下幾個特性：1.「交往理性」是一種語言媒介，而語言是一種規則導向的行動，這使得內含於語言中的理念亦獲得了一種行動上的意義。交往行動者爲協調彼此之間不同的行動，必然地相互要求遵守語言行爲規則，並通過超越實證法的方法，即通過社會化個體之間的交往，將原本內在於語言中和言語應用中的事實性與效力的緊張關係加以緩和，實現社會整合；2.「交往理性」既不歸屬於單個主體，也不歸屬於國家或社會的集體主體，是語言媒介將各種互動連接起來，並建立起使交往理性成爲可能的生活形式。此等理性建立了促進和約束交往的條件。生活世界擴展了交往者話語情境的範圍，構成了交往者解釋力量的來源；3.「交往理性」不是行動的規範性來源，它只是在特定條件下才具有規範性內容，即言說者必須遵守內含於語言結構中的基本規則，並能自主和眞誠地承擔責任。[11]可見，「交往理性」的核心概念是「言說原則」。[12]

　　「言說原則」的意義是：將法律與道德連結起來。這也是涉及「他律」與「自律」的關係問題。Habermas認爲，現代社會的法律規則與道德規則同步地從傳統的倫理生活中分化出來。與道德相比，法律既是知識體系，也是行動原則。法律被視爲一種制度上的約束。法律的制度基礎（社會成員的政治自主性）不能僅由社會成員的道德自主性（道德上的自我立法）來加以解釋。社會成員的政治自主性經由民主原則而實現。因

10　Jürgen Habermas, *Faktizität und Geltung: Beiträge zur Diskustheorie des Rechts und des demokratischen Rechtsaats*, Suhrkamp Verlag, Frankfurt am Main, 1994, S. 15-16.

11　Jürgen Habermas, *Faktizität und Geltung: Beiträge zur Diskustheorie des Rechts und des demokratischen Rechtsaats*, Suhrkamp Verlag, Frankfurt am Main, 1994, S. 17-18, 33.

12　言說原則的內容是：只有符合下列條件的行動規範爲有效的行動規範，即所有可能的關係人都能在參與理性之言說後同意該此一規範。

此，創設法律的民主原則必須有正當性宣稱。這種正當性可以通過將「言說原則」和民主形式結合起來加以實現。在言說過程中，道德原則在內在層面上發揮作用，民主原則涉及到外在層面，即它將平等參與商談和形成意見和意志的行為有效性制度化。[13]透過立法言說制定法律，立法結果（法律規範）就具有了正當性之效力。

必須指出，一般認為，法律的正當性之效力即為法律的倫理效力。但在Habermas這裡，經由「言說原則」，他的「正當性之效力」概念實際上已否定了純粹的法律之實證效力和純粹的法律之倫理效力，而是將前後兩者結合起來。簡言之，他的正當性宣稱包含了實證（制度）和倫理（道德自主性）的混合內涵。純粹的法律之實證效力和純粹的法律之倫理效力均存有缺陷。一方面，實證的「法效」理論將法或法律僅僅視為一種行為期待的穩定化，它由一套穩定的法律制度來完成，社會成員「可為」和「不可為」的行為都已經在法律規範中確定了。已經確立的法律規範體系（「死」的法律體系）期待活的社會成員的行為穩定其中。這種「法效」理論使法律制度孤立化（它只能從實證法律規範體系內尋找證立理由），[14]使之與其他社會制度互為背景而不是互相融合。但在現實社會中，對社會成員的行為約束實際上是由多種制度和非制度因素「合作」完成的。社會成員生活在多種系統中，有多種制度依賴，它們必然要反映到社會成員的觀念之中，如果僅僅從法律規範體系中尋找證立理由，其他一切正當性要求就會被統統排除在外。法律只能實證地由已經有效的法律導出效力。實證的「法效」理論使法律失去了社會整合的意義。另一方面，純粹的倫理「法效」忽視了內含於法律之中的社會事實性。法律既是對一種社會事實的描述，也是一種價值和對社會的一種價值指引，法律必須、也「不可避免地」包含倫理性。但如果僅視法律為倫理的「載體」，我們就無法說明法律制度系統的意義和作用。因此也不能一概否定法律制度的

---

13 Jürgen Habermas, *Faktizität und Geltung: Beiträge zur Diskustheorie des Rechts und des demokratischen Rechtsaats*, Suhrkamp Verlag, Frankfurt am Main, 1994, S. 135, 146, 134, 141-142.

14 比如一個裁判的作出，不是從其他系統中找出理由來證立這個裁判，而是這個裁判本身成為其他社會系統的理由。

實證性。任何制度都帶有實證特點，這是由制度本身的特性決定的。「言說原則」的理論意義由此可見一斑。

但是，Habermas的言說「法效」理論在主觀方面還未深入到終極層次，Kaufmann的良知「法效」理論則彌補了前者之不足。如前所述，人不僅存在於關係狀態中，人也是有理性、有情感的個體自然存在物。在關係狀態中，人要受到「他律」。但人也具有「自律」的能力，人的理性使人成為「自律」之主體。所以，Kant認為，人同時是受「他律」和「自律」的主體。[15]基此，Kaufmann主張，純粹之「他律」的規範並不存在，法律規範的拘束力，終究而言，必須涉及到法成員之良知，因為規範之義務以及規範義務之作用都必須涉及到法成員主觀上的接受。因此，良知構成個人最高且最後拘束力的來源。[16]

但是，正如無應然的純粹之「他律」一樣，也不可將一切法律之拘束力的「自律」層次推到極致，否則就會產生純粹主觀之任意性，從而脫離了法律的可普遍性要求，導致對規範之拘束力的摧毀。為了解決此兩者之間的張力，Kaufmann將良知「法效」的基礎導向於「承認」與「共識」。Kaufmann認為，法律的效力必須獲得法成員的「承認」，始可確立；並且，這種「承認」還不是事實上的「承認」，而是一種邏輯上必然的「承認」。在這裡，「法效」之承認理論將由實然承認之證立轉向應然承認之證立。[17]所謂「必然的承認」既體現了法成員個體的倫理實體之存在，將法律的效力「徹底地」導向了主體的主觀方面。但在這裡，也並未完全否認「他律」的存在，因為「承認」的對象本身就是「他律」的存在，只是倫理性（必然）經由主體的主觀面向進入了法或法律，將法或法律的效力轉換成「實效」。「倫理實體性就這樣到達它的法，法也獲得了它的實效，個人的自我意志和他自身的良知融化在倫理實體性之中。」[18]

---

15 Kant, *The Critique of Practical Reason*, Translated by Thomas Kingsmill Abbott, Longmans, Green & Co., 1952, p. 304.

16 Arthur Kaufmann, *Rechtsphilosophie*, C. H. Beck'sche Verlagsbuchhandlung, Münichen, 1997, S. 201.

17 Kaufmann, *Rechtsphilosophie*, S. 204.

18 Hegel, *Grundlinien des Philosophie des Rechts, oder Naturecht und Staatswissenschaft im Grundrisse*, Berlin, 1933, S. 195, §152. 讀者應該注意Hegel關於「法律的實效」理論。實際上，Hegel是

至於「共識」理論，Kaufmann則是以Habermas的「言說模式」爲基礎，主張「共識」是在一種「自由論證社群」的規約式理念下所提出的有效性宣稱。「自由論證社群」概念在本體論、價值論和方法論上揭示了「共識」概念的內涵，透過「共識」概念，將法律與良知結合起來。在這裡，每一個社會成員都是「立法者」（倫理道德上的自我立法，及透過民主原則、自由論證、立法言說模式參與有權機構的立法）。在這裡，「共識」之達成，不同於「言說模式」，後者僅限於形式性之標準，而前者同時加入了內容之標準。除此而外，「言說」是一個過程，而「共識」已是一個結果；「言說」通過語言規則約束言說者，而「共識」本身就已經對社會成員產生拘束力。Kaufmann認爲，法學所處理的對象爲一種關係性存在，而「自由論證社群」也是一種關係性存在，它是以個體爲單元而構成的生活網路，個體的知性（內在）與經驗（外在）、自律（內在）與他律（外在）的「自在」關係，經由「言說模式」與他人形成關係狀態。不僅是形式，而且有內容（倫理是自由的理念[19]）。這就使得法律與良知也必須有此類關係，即有效的法律必須類比於人，法律必須在保障個人對其他人或對物的關係中所應得的部分。此種條件下，法律始能要求個人良知之「承認」。如此的法律才擁有「共識」能力，才是互爲主體關係下的有效之法律。[20]

　　至此，本文可以說，原來，「守法」與「法效」是兩個外延對等、內涵相同的概念。

2005年2月16日

在法的倫理效力的範疇內論述「法律的實效」的。這與其他作者在法的實證效力範疇內論述「法律的實效」恰成對比。

19 Hegel, *Elements of Philosophy of Right*, Edited by Allen W. Wood, Translated by H. B. Nisbet, Cambridge University Press, 1991, p. 187.
20 Kaufmann, *Rechtsphilosophie*, S. 205-206.

第三章　法律方法與法學方法[*]

「法律方法」與「法學方法」之論題，一向是法學界探討的熱門課題。[1]其稱呼有謂之爲「法律方法」者，[2]也有謂之爲「法學方法」者，[3]還有謂之爲「法方法」者，[4]其研究成果因應法律方法之範疇的逐步擴大而區分出狹義之法律方法與廣義之法律方法，[5]而一些學者基本上將「法學方法」與「法律方法」的表述通用。[6]本文的基本觀點是：法律方法與法學方法是兩個既有外在區別又有內在聯繫的同等範疇；法律方法是運用法律的方法，法學方法則是研究法律和法律運用的方法；法律方法重視知識和理性的運用，法學方法則重視價值和意志的實現；法律方法的運用是一種「技術」活動，法學方法的運用則是一種人文活動。

*　本文已發表於《政法論壇》，2009年第2期。

1　近期的成果如：Reinhold Zippelius, *Juristische Methodenlehre: eine Einführung*, München: C.H.Beck'sche Verlagsbuchhandlung, 1985; Karl Larenz，《法學方法論》，陳愛娥譯，五南圖書出版公司，1999年初版二刷；楊仁壽，《法學方法論》，中國政法大學出版社，1999年版；陳金釗、謝暉主編，《法律方法》，山東人民出版社2002年4月起持續出版；葛洪義主編，《法律方法與法律思維》，中國政法大學出版社，2002年8月起持續出版；Ulfrid Neumann，〈法律教義學在德國法文化中的意義〉，鄭永流譯，載《法哲學與法社會學論叢》（第5卷），中國政法大學出版社，2002年版；戚淵等著，《法律論證與法學方法》，山東人民出版社，2005年版；舒國瀅主編，《法學方法論問題研究》，中國政法大學出版社，2006年版；孔祥俊，《法律方法論》（全三卷），人民法院出版社，2006年版；Joachim Rüeckert，〈薩維尼：法律方法與法律現代性〉，盛橋譯，載《清華法學》（第9輯），清華大學出版社，2006年版；Carl F. Stychin and Linda Mulcahy, *Legal Methods and Systems: Text and Materials*, 3th Edition, London: Sweet and Maxwell, 2007.

2　如Karl Engisch, Eintürung in der juristische Denken, Neunte Auflage, 1997. 氏著雖然沒有冠名爲「法律方法」，書中也鮮見「法律方法」之表述，但Engisch（1899-1990）被認爲是當代法律方法的開創者，氏著也被譽爲「法律方法論」的經典之作，自1956年初版後已出九版。

3　如Karl Larenz，《法學方法論》，陳愛娥譯，五南圖書出版公司，1999年初版二刷。

4　如1970年，Karl Popper, Hans Kelsen, H.L.A.Hart, Karl Engisch, Ulrich Klug 共同創設的學術期刊《法理論》之副標題Zeitschrift für Logik, Methodenlehre, Kybemetik und Soziologie des Rechts，被譯爲「法邏輯、法方法論、法模控學及法社會學之期刊」。參見顏厥安，《法與實踐理性》，中國政法大學出版社，2003年版，第10頁。

5　鄭永流，「法學方法抑或法律方法？」，載《法哲學與法社會學論叢》（第6卷），中國政法大學出版社，2003年版，第23頁。

6　參見大陸法學界一些學者以「法律方法」和「法學方法」命名的著述。

一

　　法律方法是應用法律的方法，表現爲創制、執行、適用、衡量、解釋、修改等；法學方法則是研究法律和法律應用的方法，表現爲分析、批判、綜合、詮釋、建構等。在此一層面上，法律方法的運用始終要求考量「法效」的制約問題。法律實證主義的法律觀認爲，首先，法律本質上是一種社會產物或人工造物。社會事實是解釋法律有效性，法律有效性標準和任何法律體系存在的本質要素。將法律概念化爲一種人工製品，所有法律都來自立法、行政和司法機構。此爲法律實證主義者的「社會事實命題」；[7]其次，一個法律規範所的效力來源於已經在慣習上建立的來源；而這個已經在慣習上建立的來源則有賴於更高位階之效力來源。依此「法效」系譜垂直向上追溯，直至法律體系的最終來源。此爲法律實證主義者的「來源命題」。[8]這個最高有效規範，有如Austin的「主權者」、Kelsen的「基本規範」、Hart的「承認規則」。而自然法論者的法律觀認爲，法是與自然相適應的正當的理性，它適用於所有的人，並且是不變的和永恆的。通過命令，它號召人們履行自己的義務。通過禁令，它防止人們做不應當做的事情。它的命令和禁令永遠影響著善良的人們，但對壞人卻不起任何作用。試圖改變它的做法是一種犯罪行爲；企圖取消它的任何部分也是不能允許的；而要想完全廢除它，則更是不可能的。[9]由此，自然法論者將「正當的理性」作爲最高法源，其「法效」不僅拘束著法律的創制，而且也拘束著共同體內的每一個成員。但經驗告訴我們，「正當的理性」也必須體現爲可表述的「規範」和「規則」或者體現在「規範」和「規則」中，才能被有權機構適用，才能發生實際的法律效力。有的法學論者還認爲：「從最廣泛的意義上看，實體法可以定義爲兩個人或兩個以上的人們之間的權利觀念的表示。」[10]這即是說，當事人的合意也是法，其最

7　Kehheth EWinar Himma, *Conceptual Foundations of Positivism, in Jurisprudence and Philosophy of Law*, Edited by Jules Coleman and Scott Shappiro, Oxford University Press, 2002, pp. 126-129.

8　Andrei Marmor, Exclusive Legal Positivism, in Ibid., pp. 110-116.

9　Cicero, *DE RE PUBLICA, DE LEGIBUS*, With an English Translation by Clinton Walker Keyes, London: Willian Neinemann, 1928, p. 211.

10　William Galbraith Miller, *Lectures on the Philosophy of Law: An Introduction To The Study of*

高法源是權利觀念，它們是有效實體法的組成部分。是故，法律方法的運用始終是「法效」的運用問題。國內外的法學家們雖然沒有明確地表達本文的上述觀點，但他們在論述法律方法及其範圍時，均不約而同地證明了上述觀點。比如，Karl Larenz在《法學方法論》[11]一書中用了一半多的篇幅論述法律應用的方法，且又是圍繞著有效法的運用而展開的；Engisch則更是選取法律規範的運用作為他的法律方法論；[12]Neumann將法律方法作了廣義和狹義的區分，他的狹義法律方法是指法律家在適用法律的過程中認識法律和解釋法律的方法；他的廣義法律方法論認為，應用法律不僅是將事實與規範對接的法律推論活動，也是一個續造既有法律或發現新法律的過程。[13]可見其「有效法」觀念根深蒂固。更有法學論者將法律方法限縮在司法領域，比如，Joachim Rueckert認為，法律方法雖然涉及的範圍廣泛，但其核心是指司法裁決。[14]孔祥俊所持的法律方法論，包括法律規範的選擇與適用；法律解釋的理念與方法；裁判模式、自由裁量與漏洞填補。[15]顯見，孔氏的法律方法論僅指實證法律體系內的法律運用，且主要是司法方法。此與Joachim Rueckert相近。Stychin和Mulcahy也持這樣的觀點，他們的法律方法論涉及法律推理、法規解釋、法官（制定）法及爭端解決的方法。[16]

　　在此一層面上的法學方法，即是通過論證（形式論證和實質論證）分析、批判、綜合、詮釋、建構法律應用的方法。以此為準據推演開來，我們可以知道，法律論證（Legal Argumentation）和法學論證（Jurisprudential Argumentation）這兩種論證方法的不同。法律論證是一種普遍性實踐論證（普遍性是實證法律的特性之一），是在有效法體系的

International Law, London: Charles Griffin and Company, 1884, p. 9.

11　Karl Larenz，《法學方法論》，陳愛娥譯，五南圖書出版公司，1999年初版二刷。

12　Engisch, *Eintürung in der juristische Denken*, Neunte Auflage, 1997.

13　Karl Larenz, *Methodenlehre der Rechtswissenschaft*, Fünfte, neu bearbeitete Auflage, Springer-Verlag, 1983, S. 351-412.

14　Joachim Rüeckert, *Savigny, the Legal Method, and the Modernity of Law*, Juridica Internatioanal 2006, p. 58.

15　孔祥俊，《法律方法論》（全三卷），人民法院出版社，2006年版。

16　Carl F. Stychin and Linda Mulcahy, *Legal Methods and Systems: Text and Materials*, Third Edition, London: Sweet and Maxwell, 2007.

限制下進行的。法律體系內的證明實際上即是「法效」來源的證明，它只是法律實證價值或工具價值的證明，而無法對法律中應包含的人的意志和人是目的的價值進行證明。法律論證依賴形式論證和規則本身。法律論證的規則，以及結論的正確性都要受到「法效」來源的限制。在法律論證中產生的規範性陳述，其正確性宣稱並不能達到是一種普遍的正當性宣稱的要求，而只要求其能在有效法的秩序範圍內合法地論證。由於有「法效」的制約，法律論證不能被要求必然包含正當性宣稱，因為這一證明涉及到法律規則本身的正當性問題，而法律規則本身的正當性證明應該在立法過程中完成。法律論證能否對法律規則進行正當性證明涉及到法律與道德在概念上有無必然關聯的證明問題，不是法律方法論問題。法學論證是一組開放的系脈，它的主要任務是研究證立「法律方法」的運用及「法律論證」的方法與理論模式，給「法律方法」及「法律論證」提供正當性證明。法學論證是理論性論證而非實踐性論證，雖然法學論證也離不開對於經驗事實的判斷和形式邏輯的運用，以及對於實踐問題的分析與綜合。但法學論證真正關切的是法律實踐衝突的正當解決，即它的最後目的是解決價值與意志的問題。因此，法學論證應當包含普遍的正當性宣稱。法律論證中的形式與規則，以及結論的正確性是法學論證的當然對象。法學論證不受有效法和實踐理性的限制，反而，後者都是前者的論證對象。法學論證追求普遍性正當標準。

二

　　法律方法重知識與理性的運用，而法學方法則重價值與意志的實現。[17]在法律思想史上，法律與道德在概念上有無必然關聯（即所謂的

---

17 如同什麼是法律是法學研究的持續問題那樣，什麼是知識是哲學研究的不朽命題。構成知識的三個條件是信念、真信念、經過確證的信念。例如，命題P是真的，S相信P，S的信念P是確證了的（justified）。這種推論具有假定的性質，因為前提是假定的。（參見金嶽霖著《知識論》，商務印書館，1983年版，第516頁。）知識在法律科學中體現為兩個層次：在法律領域裡，法律必須被假定為是確證了的知識或知識體系。這是因為，法律是對法律共同體中的每一個成員的行為導引，對每一個社會成員的相同行為具有相同的約束力。知識的三個條件是法律不可或缺的要素，是法律的普遍性、穩定性和民主性的要求和結果。在法學領域裡，法學研究必須追求信念、真信念、經過證實的信念，但法學研究成果未必符合知識的

「古典爭議」）乃是法學界一直爭論不休的問題。法律與道德的關係問題，在法律實踐領域裡，涉及到立法及其方法、法律的適用、法律的事實有效性和規範有效性的判斷和證立問題；而在法學研究領域裡，對法律與道德之關係的認識和立場問題實際上是研究方法及其證明問題。顯然，「古典爭議」對於法律家來說，是法律方法論問題，而對於法學家來說，則是法學方法論問題。「古典爭議」同時包含著「知識」、「理性」、「價值」、「意志」的範疇，對待「古典爭議」的認知和立場，實際上就是對待「知識」、「理性」、「價值」、「意志」的認知和立場。由於法律是一個有限的知識和理性的領域，而法學則是一個無限的價值和意志的實現領域。法律方法論必須思考和回答什麼是知識、什麼是理性的問題；法學方法論則必須同時思考什麼是知識、什麼是理性、什麼是價值、什麼是意志的問題。在法律發展史上，羅馬共和出現過以人為本、並且人人平等的時期。在這一理念的指引下，在羅馬共和的版圖內，自由人之間不再有任何區別，全體自由人均享有公民的權利。此後，我們可以找到不間斷地以人為核心的法典法，一切都是圍繞著「人」展開的：人的權利和義務、涉及主體資格的權利能力和行為能力、家庭關係、主體與其他人的關係、與財產的關係，為取得、占有、使用、收益而與財產發生的關係等

這些條件。理性是人之為人的必要要素。理性，在法律方法中的運用，體現為邏輯與經驗。前者被法律實證主義者奉為圭臬，後者是自然法信奉者的法寶。法律實證主義的法律約束力出自於經由邏輯證明的等級位階的法律體系；自然法的自然正義作為自然的、普遍的、同時也是客觀的命令，它出自於實踐，出自於意志，是經驗的。邏輯方法包含著思辨理性和實證理性；經驗方法孕育著人本理性和實踐理性。邏輯方法抽象出對象的共相，為法律的適用提供了客觀依據；經驗方法歸納出事物的本質，為法律的適用提供了普遍條件。邏輯方法和經驗方法有共通之處，卻都是有限的方法。這些特點正好符合法律的普遍有效性和法律體系因法效的約束而呈現封閉性的特點。「意志即是實踐理性。所謂具有意志，也就是具有按照對規律的意識和觀念來行動的能力，也就是按照原則行動的能力，惟獨有理性的東西才具有這種功能，才具有堅持原則的力量。」（苗力田：「德性就是力量」，載Kant，《道德形而上學原理》，苗力田譯，上海人民出版社，2005年版，第32-34頁。）法律與意志的關係是客觀與主觀的關係。體現為規則的法律是客觀的，對一切意志是普遍有效的，對所有理性存在者的意志都是有效的；而體現為意識和觀念的意志則是主觀的，制約行動是主觀的原則，這個主觀原則只是對行動者自己有效。當行動者的意識和觀念經由理性方法外化為法學研究成果時，它促進了法學的發展，進而，促進了法律的發展。因此，這種客觀與主觀的關係展開並表現為法律方法與法學方法的關係。價值，在立法過程中，即進入並存在於法律和法律體系之中，因而，法律方法不側重價值的運用。在法學方法中，價值，更確切地說，不同的價值，是法學研究的導引。正是價值取向的不同，才形成了不同的法學流派。

等。[18]這種體系深深地根植於古羅馬時代的主觀權利觀念，也深深地影響著後世的立法。自16世紀起，這一模式一直是後世法典體系發展的基礎，如1804年的《法國民法典》對歐洲大陸國家的民法典、北非國家的民法典和1856年的《智利民法典》產生了深遠的影響；而1856年的《智利民法典》又成爲拉丁美洲民法典效仿的模式。Duguit甚至這樣說：「到處都是主觀權利，沒有一種私法的規則是不以個人主觀權利爲基礎的，不以保護這種權利爲目的的。……在19世紀法國和義大利兩國的私法中，我們可以看到，幾乎沒有一行字不是出於主觀權利，也沒有哪一行字懷疑這種主觀權利的存在。」[19]這種主觀權利觀念也體現在世界各國的法典法體系中，經久不衰，日臻發展。[20]不僅是法律的創制，而且在法律的適用和解釋方面，早在羅馬法時期，法學家們就認爲法律與道德是重合的；任何法律不僅具有法律約束力，也具有道德約束力。他們認爲理念重於形式，形式不過是爲了賦予理念效力的一種方法；強調制定法的精神和立法意圖的重要性，[21]通過衡平法將知識與理性結合起來。這種法律方法論重視人的認識能力和活動在人類社會發展中的作用。將人的認識建立在人的理性基礎之上；重視客觀知識在人的活動中的地位和作用；要言之，重視知識與理性在人類社會發展中的作用。

　　但是，人的認識能力是一個有限的領域，[22]導致我們所說的「知識」

---

18 Sandro Scchipani：「法典化及其立法手段」，丁玫譯，載《中外法學》，2002年第1期；那個時期，如《法學階梯》（蓋尤斯著、黃風譯，中國政法大學出版社，1996年版）將「人」置於重要地位，該著分爲：人、物、訴訟，第一編論述的就是「人」。亦可參見尤士丁尼：《法學階梯》，張啓泰譯，商務印書館，1989年版。這種編排模式是後世仿效最多的法典編纂體系。（Sandro Scchipani爲《蓋尤斯・法學階梯》撰寫的前言，黃風譯，中國政法大學出版社，1996年版，及爲《民法大全選譯・正義和法》撰寫的前言，黃風譯，法律出版社，1992年版）。

19 Duguit：《憲法論》（第一卷），錢克新譯，商務印書館，1962年2刷，第17-19頁。

20 有當代學者認爲，法是客觀法與主觀權利的統一體。（Явиц：《法的一般理論》，朱景文譯，遼寧人民出版社，1986年版。）

21 *The Institutes: A Textbook of The History And System of Roman Private Law*, by Rudolph Sohm, Translated by James Crawford Ledlie, Oxford at Clarendon Press, 1907, pp.23, 89; Adolf Berger, *Encyclopedic Dictionary of Roman Law*, Transactions of the American Philosophical Society held at Philadelphia for promoting useful Knowledge, New Series-volume 43, Part 2, 1953, p. 513.

22 知識論的基本問題就是：「我們認識什麼」與「我們如何確定我們是否認識」。（Roderick M. Chishollm, *The Foundations of Knowing*, Sussex: Harvester Press, 1982; Knowledge as Justified

和「理性」範疇在法律方法論中也是一個有限的領域。法律方法不能完全實現「人是目的」的哲學命題。法律的發展過程實際上也是法律中的「人」的發展過程。正因爲如此，立基於目的論哲學的法學方法論則大有可爲。這種「目的」思想可追溯到古代希臘哲學。我們知道，是Socrates將哲學的目光從自然界轉向人，他是倫理哲學的開創者；Plato將世界分爲可知世界和可見世界，是理念將兩者連結起來；[23]Aristotle創立了道義邏輯，他將「實踐推理」思想和「應當」觀念作爲道義邏輯的內容。[24]重要的是，Aristotle將他的「應當」概念深入到倫理的核心。他以事物本質爲準繩，認爲應當是事物的自然或自然的傾向，是事物未受外部阻擾所體現出來的自然模式。[25]古希臘哲學的思想光芒穿透了中世紀神學的迷霧，直接點燃了近代哲學的革命火炬。在近代哲學史上，Descartes將「人是思維存在者」作爲第一哲學原理，也就是說，人是一個精神、一個理智、一個理性。而人的精神、理智、理性具有客觀實在性的屬性。任何一個存在者都能追問是什麼原因使他存在。這是哲學在認識論和方法論上的革命；這也是人作爲獨立的理性存在者的哲學宣告。[26]Kant的先驗革命，使主觀性問題成爲所有必然性的源泉，從而成爲所有嚴格意義上的知識源泉。Kant將知識領域稱爲純粹理性，將道德領域稱爲實踐理性，而理性則是這兩個領域的橋樑。Kant還構建了他的「目的論」哲學體系。[27]「目的」是Kant哲學的綱領性範疇。在Kant的道德哲學裡，「人是目的」是Kant所謂

Truth Belief, in Moser and Vandernat（ed.）, Human Knowledge, Oxford University Press, 1987.）

23　Plato, *The Republic*, 508D-511E, Norton and Co., Inc., 1985.

24　餘俊偉，《道義邏輯研究》，中國社會科學出版社，2005年版，第2頁。

25　Aristotle, *Posterior Analytics*, 95a, in *The Complete Works of Aristotle*, The Revised Oxford Translation, Edited by Jonthan Barnes, Vol. I, Princeton University Press, 1984, p. 156.

26　*The Philosophical Works of Descartes*, Rendered into English by Elizabeth S. Haldane and G. R. T. Ross, Cambridge: at University Press, Vol. I, 1911, pp. 152, 162-163, Vol. II, 1912, p. 55.

27　Kant哲學的「目的論」體系的內容有：1.「目的」概念（一個關於對象的概念，就它同時包含這個對象的現實性的基礎時稱作目的）；2.「合目的性」概念（一個概念與它的對象按照目的符合因果律就是合目的性）；3.目的判斷（有四種形式：形式而主觀的、形式而客觀的、實質而主觀的、實質而客觀的）；4.「最後目的」概念（最後目的是指它成爲可能是不需要其他目的作爲條件）；參見Kant, *Critique of the Power of Judgment*, Edited by Paul Guyer, Translated by Paul Guyerand Eric Matthews, Cambrige University Press, pp. 68, 105, 301, and Introduction.

道德立法的根據。Kant從倫理學的立場給「目的」的定義是：用來作為意志的自我規定的客觀根據的，就是目的。因為意志被認為是理性的存在者才具有的、根據確定的法則去行動的能力。[28]在Kant看來，道德是通過意志來立法的，每一個理性存在者的意志的理念是作為一個普遍的立法意志；而意志立法的根據則是「目的」概念。「一切目的的主體是每個理性的人」。[29]「目的」概念進入法的領域，透視出人之存在的兩個層面：一為理性，一為意志。理性以認知為目標，構成人所獨具的認識世界、獲得知識、改造對象、發現真理的能力，因而創造和發展出知識化、理性化的法律體系。意志以行動為目標，體現出人類永不滿足、永遠追求的全部生命意義，從而激勵人類實現法律的理想與價值。法學之為人學就是研究實現人的意志與價值的一門學問。法學方法的運用始終要考量法律方法的正當性證明問題，法學方法的運用必須使結論符合法律的目的，其正確性應達致真理標準。

可是，圍繞作為法學理論核心部分的「古典爭議」而展開的法學方法既沒有揭示出羅馬法以來的法律方法的真諦，也沒有深入到「目的論」哲學，展現人的價值和意志在法學方法中的地位。「古典爭議」在當代的研究成果已從「法律實證主義與自然法論」的兩派對壘發展到「剛性法律實證主義、柔性法律實證主義、自然法論」的三派鼎立，[30]他們的共同問題

---

28 Kant, *Fundamental Principles of the Metaphysic of Morals*, Translated by Thomas Kingsmill Abbott, Longmans, Green & Co., 1952, p. 271.

29 Ibid., p. 273.

30 主要成果有：John Austin, *The Province of Jurisprudence Determined 1832*; Hans Keksen, *Pure Theory of Law* (Trans. Max Knight, Berkeley and Los Angeles: University of California Press, 1967)；Brendan Edgeworth, *Legal Positivism and the Philosophy of Language: A Critique of H. L. A. Hart's Descriptive Socieology*, 1986, 6, The Journal of Legal Studies; 莊世同，〈論法律原則的地位〉，載《輔仁法學》第19期，2000年；Jules Coleman, *Negative and Positive Positivism*, in Philosophy of Law, J. Feinberg, ed. 6th Edition Wadswerth, 2002; Hart, *Inclusive Legal Positivism*, in *The Oxford Handbook of Jurisprudennce and Philosophy of Law*; Jules L. Coleman & Scott Shapiro ed., Oxford University Press, 2002; Robert Alexy, *A Theory of Constitutional Right*, Trnslated by Julian Rivers, Oxford University Press, First Published 2002; John Austin，《法理學的範圍》，劉星譯，中國法制出版社，2002年版；顏厥安，《法與實踐理性》，中國政法大學出版社，2003年版；Lon Fuller，《法律的道德性》，鄭戈譯，商務印書館，2005年版；Ronald Dworkin，《原則問題》，張國清譯，江蘇人民出版社，2005年版；John Fonnis，《自然法與自然權利》，董嬌嬌等譯，中國政法大學出版社，2005年版； Josef Raz，《法律的權

是，完全忽視了主觀性和客觀性在法律概念中的統一性，導致法律概念中應有和必有的「知識」、「理性」、「價值」、「意志」範疇在他們各自的理論體系內出現封閉性的殘缺不全，也就是說，以他們現有的研究方法和範式，永遠也不可能在法律概念中同時全面包含「知識」、「理性」、「價值」、「意志」範疇。如果要想解決這個重要的方法論問題，「古典爭議」的爭議各方必須轉變各自的研究範式，重新審視這個歷時三千年的古老問題，方可獲得新的理論突破。

三

　　法律方法的運用實際上是一種「技術」活動，它重視邏輯，講究程序模式，尋求個案處理，解決本體（客觀世界）問題；而法學方法的運用則是一種人文活動（法學是人學、人文科學），它重視思辨，講究對程序模式的證立，尋求整體的融合，解決對本體的認知問題。法律方法論以論證理論爲基礎，法學方法論以普遍語用學、主體間性理論和普遍性實踐言說理論爲基礎。

　　論證理論肇端於古希臘的修辭學。Aristotle在其《論題篇》中就已提出了一些論證方式，[31]並且在他的《修辭術》中詳盡闡述了如何論證這些方式。Aristotle著重於演繹論證，他認爲修辭的證明即是演繹論證，它可以說是最有效力的說服論證。[32]Aristotle的演繹論證有兩個顯著特點：1.它是一種三段論（enthymeme）論證，他稱修辭演繹爲一種三段論。[33]他說：既然三段論可以分爲眞實三段論與不眞實三段論和表觀三段論，那麼，演繹論證就必然有眞實演繹論證與不眞實演繹論證和表觀演繹論證之分，因爲演繹論證乃是一種三段論；[34]2.它是「一種由言辭而來的說服論

威》，朱峰譯，法律出版社，2005年版；Hart，《法律的概念》，許家馨、李冠宜譯，法律出版社，2006年版。

31　Aristotle, *Topics*, 100a-108b, in *The Complete Works of Aristotle*, The Revised Oxford Translation, Edited by Jonthan Barnes, Vol. I, Princeton University Press, 1984, pp. 167-181.

32　Aristotle, *Rhetoric*, 1355a, in *The Complete Works of Aristotle*, The Revised Oxford Translation, Edited by Jonthan Barnes, Vol. II, Princeton University Press, 1984, pp. 2153-2154.

33　Ibid., 1356b, p. 2156.

34　Ibid., 1400b, p. 2232.

證。這種說服論證有三種形式：第一種在於演說者的品格，第二種在於使
聽眾處於某種心境，第三種在於借助證明或表觀證明的論證本身。」[35]如
果說古修辭術是用於演說的技術，那麼，在今天，它已是一種重要的法律
方法，其範圍已經超出了形式邏輯的標準。在司法過程中，它被宣導在更
為寬泛的語境下進行法律裁決的分析和製作，通過採用辯證和修辭的結
構，來建構他們的規範確信。[36]不僅如此，從廣義上看，今天的法律論證
方法已具有多元的形式，主要的法律論證理論有：傳統的形式邏輯方法；
Toulmin論證方法；Perelman的新修辭學論證方法；MacCormick的法律裁
決之證立理論；Alexy的程序性法律論證理論；Aarnio的法律解釋之證立
理論；Peczenik的法律轉化理論，以及語用─辯證的法律論證理論。[37]法
律論證理論在近幾十年已獲得了深刻的發展。[38]這些論證方法可單獨使
用，也可混合使用。無論是一個法律根據或者一個法律理念的推導，還是
一個法律裁決或者一個法律結論的作出，一定是有一個主要論證和多個次

---

[35] Ibid., 1356b, p. 2155.

[36] Eveline T. Feteris, *Fundamentals of Legal Argumentation: A Survey of Theories on the Justification of Judicial Decisions*, Kluwer Academic Publishers, 1999, pp. 18-19.

[37] Eveline T. Feteris, Ibid.

[38] 主要成果有：Eveline T. Feteris, *Fundamentals of Legal Argumentation: A Survey of Theories on the Justification of Judicial Decisions*, Kluwer Academic Publishers, 1999; Robert Alexy, *A Theory of Legal Argumentation*, Translated by Ruth Adler and Neil MacCormick, Clarendon Press, Oxford, 1989; Aulis Aarnio, Robert Alexy and Aleksander Peczenik, *The Foundation of Legal Reasoning*, in Legal Reasoning, edited by Aulis Aarnio and D. N. MacCormick, Vol.1, Durtmouth Publishing Company, 1992; Jaap C. Hage, *Reasoning with rules: an essay on legal reasoning and its underlying logic*, Dordrecht: Kluwer academic Publishers, 1997; Eric Hilgendorf, *On Some Problems of the Legal Reasonging and its underlying logic*, Dordrecht: Kluwer Academic Publisher, 1997; Chaim Perelman, *Law and Argument*, D. Reidel Publishing Company, 1980; Aleksander Peczenik, *Coherence, Truth and Rightness in the Law, in Law, Interpretation and Reality: essay in epistemology, hermeneutics, and jurisprudence*, edited by Patrick Nerhot, Dordecht: Kluwer Academic Publishers, 1990; Aleksander Peczenik, *On Law and Reason*, Kluwer Academic Publishers, 1989; Geoffrey Bourton Keene, *The Foundations of Rational Argument*, The Edwin Mellea Press, 1992; Henry Prakken and Giovanni Sartor, *Logical Modals of Legal Argumentation*, Kluwer Academic Publishers, 1997; Manuel Atienza and Juan Ruiz Manenrod, *A Theory of Legal Sentences*, Kluwer Academic Publishers,1998; Aleksander Peczenik, *The Passion for Reason*, in Luc J. Wintgensed, ed., *The Law in Philosophical Perspectives*, Dordrecht: Kluwer Academic Publishers, 1999; Kaufmann，《類推與「事物本質」》，吳從周譯，學林文化事業有限公司，1996年版；廖義銘，《佩雷爾曼之新修辭學》，唐山出版社，1997年版；Robert Alexy，《法律論證理論》，舒國瀅譯，中國法制出版社，2002年版。

要論證交錯進行的結果。多元的法律論證方法也爲法律家揭示出客觀世界的最高存在（本體）提供了法律方法論途徑。藉此，我們可以知道，這個最高存在並不是法律實證主義者所謂的主權者、基本規範、承認規則，也不是自然法論者所謂的本質、神論、理性，而是蘊涵著自然正義的共同體核心價值、共同意志和民族精神，它們最初是以單純的習俗或習慣出現的，然後緩慢地向「慣例」過渡，再由「慣例」向法過渡。[39]這說明法的本體既是一個歷史主義範疇，同時也是一個歷史性範疇。它是一個演進的概念。在演進過程中，袪除了附著於共同體核心價值之上的僞價值，以及雜糅其間的各種僞知識。這種功能的存在不在於法律方法論本身，而在於法學方法論。舍勒說：「方法是受目標引導的思考事實的程序。」[40]這個思考過程是法律思維活動的內容。法律思維是法律方法的特定類型，是抽象的法律方法，而引導思考過程的目標則是法學方法論的對象之一。法律思維是法律方法的觀念形態，是從觀念到實在，抽象到具體的形成過程。法律思維不同於法學思維。由於法律是較爲穩定的知識體系，所以法律思維具有較爲固定的形式，在一端，它要受到「思維」概念的特性（即「思維」是一種精神的、心理的活動）的制約，在另一端，它要受到「法效」的制約：在法律實證主義理論背景下，這是很容易理解的，實證法本身就等同於法效，最高位階的法律就是最後的法效；在自然法理論背景下，法律思維也要受到「法效」的制約，只是這個最後的「法效」是先在的權利，通過「侵犯禁止」規定，以及被宣布爲「絕對條款」（如德國基本法第一條「人性尊嚴不可侵犯」），對立法者和司法機構產生約束力。多數學者將法律方法等同於法律邏輯方法，將法律論證看作是法律方法論或法律裁決理論的一部分。[41]法律論證雖然有多種形式，卻仍然是有效法體系內的論證：論證理論被理解爲法律適用的規範性行爲指導的理論（即規範的論證理論）；論證理論被設想爲理解性的（即理解的論證理論）。這

---

39 Max Weber，《經濟與社會》（上卷），林榮遠譯，商務印書館，1997年版，第356-369頁。

40 Max Scheler, *Phenomenology and the Theory of Cognition*, in Max Scheler, *Selected Philosophical Essays*, trans. David Lachterman, Evanstion: Northwestern University Press, 1973, p. 137.

41 Eveline T. Feteris, p. 13.

樣，論證理論就是要尋找法律論證的涵義；論證理論被理解爲經驗上的
（即經驗的論證理論），在這一面向上，論證理論考察它們如何體現在法
律實踐中。[42]可見，作爲法律方法的論證理論具有以下特點：1.它追問的
是法律的涵義或含義，它所要把握的是事實的或對象的本質、共相和外
延。尤西林認爲，涵義所指稱的對象是確定的，事實或對象的內涵和外延
可以確定地納入「是」的判斷之下。[43]2.它探討的是由推理模式所表達的
論證形式的有效性，它所要求的是有某種確定前提的解釋之下的「眞」之
概念，但不探求「眞」之意義；它把這種確定的前提理所當然地假定下
來，一種論證形式是有效的，乃是因爲這個前提爲眞。換言之，它以「自
明的」命題爲起點，通過邏輯演繹、推理展開命題，論證命題，最後回到
其理論的起點。3.它奉行客觀主義，以傳統本體論原理[44]爲依據，重視法
律形式決定論，即法律發現和適用是一種形式推論，且停留在自然法和
法律實證主義的封閉體系內，以一種論證「權威」的目標和方法代替論
證「意義」的目標和方法。這種客觀主義的實際表現恰恰是源於Savigny
的，且在今天尚未被完全超越的論證方法：語法的、邏輯的、歷史、體
系的。[45]要言之，作爲法律方法的論證理論並不能解決法律本體的意義問
題。

　　法學方法的運用是一種人文活動。人文活動不可完全視爲知識化的現
象，理性不可能完全通過形式邏輯和程序模式實現，邏輯不可能完全理性
化。[46]法學方法的運用不只是知識和理性的活動，也是創造性活動、評價

---

[42] A. Kaufmann and W. Hassemer (Hrsg.), *Einführung in Rechtsphilosophie und Rechtstheorie der Gegenwart*, 6., unveränderte Auflage, G. F. Müller Juristischer Verleg, Heidelberg, 1994, S. 480.

[43] 尤西林，《人文學科及其現代意義》，陝西人民教育出版社，1996年版，第49-50頁。

[44] 這種本體論是傳統哲學本體論，其特點是，只強調本體的客觀性，把本體看作是外在於主
體的客觀之物，本體往往只是具有理性、理想的圓滿無缺的客體，客觀世界只是主體的對
象。（李維武，《二十世紀中國哲學本體論問題》，湖南教育出版社，1991年版，第12-13
頁。）

[45] Friedrich Carl von Savignys, *Vorlesungen über juristische Methodologie und Nachschrift Jacob Grimm*, S. 94-5, (1802-1842).

[46] 邏輯方法排除了經驗部分。邏輯方法從概念到概念、從命題到命題、從範疇到範疇，形成了
一個封閉的圓圈。因而，發現眞理，獲得知識的過程就是一個不斷地排除感覺經驗的過程。
而人是具有理性的，且生活在經驗世界中。人的理性不僅存在於人的認識能力之中，而且也
體現在人的社會實踐過程之中。

性活動、價值實現的活動和意志趨向的活動。在此際，知識和理性相互輝映，價值與意志融會貫通。這些層面的活動無法僅用先定的知識、確定的前提、固定的涵義加以解釋和涵攝。法學方法超越了法律本身。哲學領域的重要成果：普遍語用學、主體間性理論、普遍性實踐言說理論，使我們實現法學研究活動的上述面向成為可能。它們融為一體，構成進步的法學方法論的前沿成果。

首先，Habermas的普遍語用學立足於人文主義的立場，為意義和真理問題提供了一種語用學的解決途徑。普遍語用學的任務是要確定和重建言說的普遍有效性的基礎。這種有效性的要求是：言說者必須選擇一種可理解的表達，以便言說者和聽眾能夠相互理解；言說者必須具有這樣的意向，即用一個真實的命題、或一個命題的內容和令人滿意的存在的預設，與聽眾交流，以便聽眾能分享言說者的知識；言說者必須真誠表達他的意向，以使聽眾能夠相信他的話語；言說者必須選擇一種本身是正確的話語，以使聽眾能夠接受這種話語，進而使言說者和聽眾能在一種公認的規範背景的話語中達成共識。[47]簡言之，言說的有效性包含四個要素：可理解性、真實、真誠、正確。它們是形成一致與共識的基礎。通過言說雙重結構的合理重建，人類的認識不斷地達到這種一致性，又不斷地突破和超越這種一致性，以達到新的一致性。Habermas的普遍語用學為法律體系及其制度的創立和運作提供了正當性理論基礎。法律的拘束者即為創設法律的主體，而創設法律的主體即是能平等地透過言說的雙重結構完成理性言說的共同體成員。此一平等言說的結構又能透過法律制度的規範加以保障。奠立於言說之效力基礎之上的法律效力，既不是因為法律的內容符合自然法的柔性標準，也不是因為要受制於實證法的剛性強制力，而是通過理性言說的商議性民主程序使法律獲得了正當性證明。

進而，主體間性理論的引入建立了相應的人文科學方法論。傳統哲學認識論沿用自然科學方法論，注重形式邏輯推演，強調理性認識，其存在範疇或是客體性的，或是主體性的，未能擺脫主客對立的二元論；而主體

---

47 Habermas, *Communication and the Evolution of Society*, Polity Press, 1991, pp. 2-3.

間性的存在範疇既不是主體性的，也不是客體性的，而是主體間的共在。
主體間性既包含個體性，也包含社會性。人文科學是主體和主體間的理解
活動，它注重體驗、理解，它是主體與主體間的對話和交往的方法論。這
種方法論只能以主體間性為基礎。因為把握人的方式與把握物的方式不
同，後者是一般科學（邏輯的和歸納的）的方法，是外在的認知；而前者
只能採用人文科學的方法（如現象學、詮釋學）。對人的把握不能憑藉知
識性的把握，不能把人當作客體採取認知的方法，而應該進入主體的內心
世界，理解人的內心世界，從而獲取生存的意義。[48]Habermas甚至將主體
間性當作法律有效性和正當性證明的條件，因為法律的有效性和正當性建
基於對法律價值的共識或對法律規則相互理解的一種主體間承認。[49]建立
在主體間性理論基礎上的Habermas的規則觀具有重要的理論意義和現實
意義，它為我們研究人文科學提供了一個新的方法論；它為現代社會建立
個人與社會之間的關係提供了一個新的程序性範式；它為價值多元化、權
利普遍化的現代社會的法律合法性提供了理論和實踐依據；它為有效建立
法治社會和公民社會提供了價值和意志內容。

　　還有，Alexy的普遍性實踐言說理論。它是由一組言說規則及證立規
則構成的，包括：1.基本規則；2.理性規則；3.論證負擔規則；4.證立規
則；5.過渡規則。[50]普遍性實踐言說理論既是一種言說理論，也是一種言

---

[48] 楊春時，〈從主體性到主體間性〉，載廈門大學學報（哲學社會科學版），2002年第1期。

[49] Jürgen Habermas, *Faktizität und Geltung: Beiträge zur Diskustheorie des Rechts und des demokratischen Rechtsaats*, Suhrkamp taschenbuch Wissenschaft, 1994.

[50] 「基本規則」由下列規則組成：任何言說者均不得自相矛盾；任何言說者只能主張自己所信
之內容；任何言說者，當他將謂詞F運用於對象a時，也必須能將F運用於所有相關點上與a相
同的其他任一對象上；不同的言說者不能用相同的詞彙表達不同的意義。「理性規則」由下
列規則組成：任何言說者必須於他人請求時，對自己所主張的內容加以論證，但能舉出理由
證立自己為何不加以論證者不在此列；任何能言說者，皆可參加言說；任何人皆可質疑任何
主張，任何人均可在論辯中提出任何主張，任何人均允許表達其態度、願望和需求；任何言
說者均不得因言說中或言說之外的強制力而無法行使前列規則中所確定的權利。「論證負
擔規則」的內容是：欲將某人A與某人B做不同對待者，負有論證其理由的責任；欲對討論
對象之外的陳述或規範提出質疑者，負有論證的責任；已提出論述者，僅當出現反證時才負
有責任作進一步的論述；提出與先前其他陳述無關之主張、立場、期望與需求者，應於他人
請求時，論證說明為何提出這些主張或陳述。「證立規則」由下列規則組成：任何提出規
範命題者，必須當其置身於當事人之處境時，亦能接受此一命題所預設之規則所造成利益變
動的結果；言說者道德信念所根據之道德規則，必須經得起批判的、歷史的檢驗；應遵守事

說行動的理論，進而，它以語用學方法，藉由主體間性，達致理性共識。Alexy還詳細地探討了普遍性實踐言說與法學言說的規則與形式，並說明了普遍性實踐言說之於法學言說、立法理論、法學論證的必要性。[51]

從微觀上考察，普遍語用學、主體間性理論和普遍性實踐言說理論之於法學方法論的意義，已於上述各節進行了分析。而從宏觀上考察，上述三種學說的綜合運用，不僅在理論上而且也在實踐中證立了民主與基本人權的普世主義價值。這正是法學方法論的主旨所在。

法律方法與法學方法也有密切的聯繫，[52]法學方法可以促使法律方法的進步與發展，但不是單純地為了法律方法論（知識和理性的運用）的理由，而同時也是為了增強法學方法更具有實現價值與意志的能力。同理，法律方法也可以促進法學方法的發展。法學研究中包含著一組組來自於法律實踐中的「問題域」和「命題群」。法律方法可以為法學研究中的「問題域」和「命題群」提供新的經驗事實，以及在此基礎上形成的新概念，從而為法學研究提供了新的命題和範疇。法學方法的重要性在於它為法律方法的運用所必需，通過法學方法，可以檢驗法律方法運用的正當性，可以對未達到知識確信和不符合正當理性的法律方法進行修正，而以知識與理性為內容的法律方法的運用又可以豐富以實現價值與意志為內容的法學方法。

2008年7月20日

實條件所形成的實現界限。「過渡規則」由下列規則組成：任何言說者於任何時候皆可提出理論（經驗的）言說；任何言說者於任何時候皆可提出語言分析的言說；任何言說者於任何時候皆可提出言說理論的言說。(Robert Alexy, *A Theory of Legal Argumentation: The Theory of Rational Discourse as Theory of Legal Justification*, Translated by Ruth Adler and Neil MacCormick, Clarendon Press, Oxford, 1989, pp. 187-206.)

51 Ibid., pp. 287-295.

52 我們知道，羅馬法時期的法學方法就等於我們今天所說的法律解釋方法。Scchipani說：「（在那時）法學是法學家促進法的持續發展而不斷工作的結果。」（Sandro Scchipani，〈法典化及其立法手段〉，丁玫譯，載《中外法學》，2002年第1期。可見，在那時，法學方法與法律方法是重合的方法。）

第四章　論法律科學中的解釋與詮釋[*]

　　法學研究引入哲學詮釋學方法論爲法學開闢了一個新的研究視域，但法律解釋方法引入詮釋概念，卻引起了法律解釋在理論上的概念之亂。主要原因是法學藉用「詮釋」概念「詮釋」法律時，並沒有認眞審視「詮釋」概念。本文的基本觀點是：法律只能被解釋而不能被詮釋；在法律科學中，「解釋」是法律方法，「詮釋」是法學方法；「解釋」是語義域概念，「詮釋」是語用域概念；「解釋」是客觀性範疇，「詮釋」是主觀性範疇。

一、在法律科學中，「解釋」是法律方法，「詮釋」是法學方法

　　我們知道，法律解釋（interpretatio）的理論與實務發端於古羅馬時期。當時的羅馬人不僅建立了專門的法律組織，而且也制定了包括訴訟法在內的大量法律，特別是西元6世紀查士丁尼一世制定的羅馬法典，爲古羅馬時期的法律解釋奠定了基礎。那時的法律解釋由祭司壟斷。解釋，一方面反映出法律的地位，另一方面，也是法律和城邦的聯繫要素。[1]在理論上，羅馬法時期的法學主要就是法律解釋。法學家也被稱爲法律解釋家。[2]法律（leges）和法學（iura）構成那時的法的淵源。在中世紀，西歐圍繞羅馬法的解釋產生了注釋法學（Glossieren），即是通過一般熟悉的邏輯推論形式解釋法律，這種方法既是應用的，也是理論的。這些注釋者也被稱作釋義法學家（Glossator）。稍後的評注法學也是釋義性的，它以既存的、絕對權威的東西作前提。它有時候甚至比先前的注釋法學派（Glossators）更注重形式主義的東西，更拘泥於文字本身。[3]

---

[*]　本文已發表於《法學家》，2008年第6期。

[1]　Giuseppe Grosso，《羅馬法史》，黃風譯，中國政法大學出版社，1994年版，第82、99-104頁。

[2]　Sandro Scchipani，〈法典化及其立法手段〉，丁玫譯，載《中外法學》，2002年第1期。

[3]　Franz Wieacker, *A History of Private Law in Europe: With Particular Reference to Germany,*

自Savigny始，經典的法律解釋學說區分爲四種要素，即語法要素、邏輯要素、歷史要素、體系要素。不難認知，這四種要素是客觀——釋義的。[4]直到現代，法律解釋仍然是釋義性的。這種法律方法的特點是形式性、客觀性和闡明性。我們從最初的法律「解釋」（interpretatio）一詞的涵義可以看出，它與英文中的interpretative（解釋、闡明）、德文中的interpretativ（解釋、闡明）、interpretazione（解釋）具有相同的詞根，作爲法律方法的解釋，源出於一轍。今日法學界所使用的「法律解釋學」之表述中的「解釋」之涵義，不能等同於「法律解釋」之表述中的「解釋」之涵義。「法律解釋學」之表述是不準確的，因爲：1.法律解釋是一種法律方法，而不構成一門學科。成中英先生認爲，任何一套完整的方法，都應該包括四個層次，即本體層次、原則層次、制度層次、運作層次。[5]法律解釋方法也不例外。法律解釋有一套完整的方法，並不能證明它是一門學科。至少到目前爲止，法律解釋還未形成一門學科。法律解釋「學」實際上是法律解釋的方法。當然，也可以被認爲是法律解釋的學問；2.「解釋學」不是法律科學的概念，而是哲學中的概念。「解釋學」在理論上實際上是「詮釋學」的另一種表達方式。事實上，在今天，出於同一詞根Hermes的Hermeneia、Hermeneutik、Hermeneutics、Hermeneutique、Hermeneutikos、Hermeneuein，有被譯成「解釋學」的，[6]也有被譯成「詮釋學」的，[7]還有被譯成「闡釋學」的，[8]更有被譯成「釋義學」的，[9]其中，從詞源上判斷，譯爲「詮釋學」是符合原義的。「詮

Translated by Tony Weir, Oxford: Clarendon Press, 2003, p. 56.

4　有觀點認爲，歷史解釋是主觀解釋（A. Kaufmann and W. Hassemer (Hrsg.), *Einführung in Rechtsphilosophie und Rechtstheorie der Gegenwart*, 3., unveränderte Auflage, G. F. Müller Juristischer Verlag, Heidelberg: Karlsruhe, 1981, S. 279.），理由是歷史上的立法者在立法時的意圖是主觀的。這是不準確的，因爲歷史上的立法者在立法時的意圖是主觀的，不能證明解釋者在解釋歷史上的立法者的意圖也是主觀的。

5　成中英，《知識與價值》，聯經出版事業公司，1988年初版，第149-151頁。

6　典型的如Hans-Georg Gadamer的《哲學解釋學》，夏鎮平、宋建平譯，上海譯文出版社，1994年版；Michel Foucaul的《主體解釋學》，佘碧平譯，上海人民出版社，2005年版。

7　如Emilio Betti，〈作爲精神科學一般方法論的詮釋學〉，洪漢鼎譯，載洪漢鼎主編，《理解與解釋》，東方出版社，2001年版，第124頁。

8　劉宓慶，《翻譯與語言哲學》，中國對外翻譯出版公司，2001版，第111、123頁。

9　張汝倫，《意義的探索》，複漢出版社印行，1996年初版，第4頁。

釋」本是希臘語中的一個概念，指的是資訊傳遞和解說。資訊本身不具有規則性，是個大數現象，只就特殊環境和條件取得特殊的意義。[10]「詮釋學」的希臘詞ερμηνενω在古代有三種意旨：說或陳述、解釋或說明、翻譯或口譯。在這三種意旨下，詮釋學既可能指某種事態通過話語被詮釋，又可能指被說的話通過解釋被詮釋，同時，也可能指陌生的語言通過翻譯被詮釋。[11]Hermeneutik要求理解之後語言表達之全。[12]顯然，它超出了釋義（解釋涵義）的範圍，不符合法律解釋的特徵。並且，在「詮釋學」中，「解釋」只是Hermeneutik的一種技術方法，當然也是「解釋學」的一種技術方法，如果Hermeneutik可以譯為「解釋學」的話。[13]Betti在〈Hermeneutics as the general methodology of the Geistewissenschaften〉[14]一文中，就是將「解釋」作為「詮釋學」的方法之一。在該文中，他同時使用了Hermeneutics之類詞和interpretation之類詞，當使用前者時，他指「詮釋學」，當使用後者時，他指作為一種方法的「解釋」；3.用「法律詮釋學」意指「法律解釋」是表達之謬。通過上面的分析，我們便可知道，「詮釋法律」或「法律詮釋」是表達之謬，更不可能成立「法律詮釋學」。[15]首先，Hermeneutik的詞尾ik與一般所謂的「學」（ologie）

10　成中英，《本體詮釋學》，李翔海、鄧克武編，湖北人民出版社，2006年版，第114-115頁。

11　洪漢鼎，《詮釋學史》，桂冠圖書股份有限公司，2002年初版，第4頁。

12　成中英，《本體詮釋學》，李翔海、鄧克武編，湖北人民出版社，2006年版，第128頁。

13　Hermeneutik是譯為「詮釋學」還是「解釋學」、「闡釋學」、「釋義學」，不在本文的論證範圍之內。

14　Emilio Betti, *Hermeneutics as the general methodology of the Geistewissenschaften*, in *Contemporary Hermeneutics——Hermeneutics as method, philosophy and critique*, edited by Josef Bleicher, Routledge & Kegan Paul, 1980, pp. 51-94. 這篇文章的題名共有三種漢語譯名：1.「作為精神科學一般方法論的詮釋學」；2.「作為思想科學方法的釋義學」；3.「作為人文科學一般方法論的詮釋學」。本文採用第三種譯名，因為經過Schleiermacher，詮釋學已成為人文科學的一般方法論。

15　值得注意的是，有的學者在論述法律解釋時，回避「詮釋」概念，而使用「闡釋」概念。依其內容觀察，他所使用的「闡釋」即為「解釋」，因為他將法律闡釋分為廣義的法律解釋和狹義的法律解釋（楊仁壽，《法學方法論》，中國政法大學出版社，1999年版，第98頁）。Dworkin認為：Law is an interpretative concept.（Dworkin: Law's Empire, Havard University Press, 1986. p. 97.）對此，有三種中文表達方式：1.法律是一種解釋性概念（陳景輝，《法律的界限》，中國政法大學出版社，2007年版，第176頁）；2.法律是一種詮釋性概念（顏厥安，〈溝通、制度與民主文化〉，載《台大法學論叢》第30卷第3期，第11頁）；3.法律是一種闡釋性概念（Dworkin，《法律帝國》，李常青譯，中國大百科全書出版社，1996年版，第80頁）。從詞源上考察，毫無疑義，將interpretative譯為「解釋」是準確的，譯為

不同，前者一般是指實踐與方法。[16]實際上，詮釋學是詮釋技藝方法。法律解釋方法完全不同於詮釋技藝。[17]「詮釋」本來是指Hermes在傳達神旨時，加以說明、解釋並轉化爲人類語言，釐清和詮釋語言意涵。在很長時間裡，對詮釋學方法的研究僅限於宗教經文的詮釋。至19世紀，才有Schleiermacher提出以哲學思考方法爲內容的「一般詮釋學」。之後，詮釋學的發展，有以精神面向所建構的世界爲對象的詮釋學；有重視解析人自身「存在」的詮釋學；[18]有「客觀地描述理解的現象，揭示支配我們的超人力量」的詮釋學；[19]有「重視詮釋的相對客觀性，提出一套規則體系規定精神科學方法論程序」的詮釋學；[20]有「重視知識人類學形式，追求如何判斷正義與眞理問題」的詮釋學；[21]還有結合現象學、語言分析、結構主義爲一體的詮釋學。[22]從詮釋學的發展和內容可以看出，詮釋學是通過語言、語用分析，詮釋意義的理論或哲學。這正是法學方法的特質。由

「詮釋」是錯誤的，譯爲「闡釋」是不準確的，因爲「解釋」等於「闡明」，「闡釋」近於「詮釋」。Dworkin在Law's Empire 一書中，通書使用interpretation及該詞的動詞和形容詞形式，而沒有使用過Hermeneutics之同詞根的詞。順便指出，在法學家的作品中，在論述法律解釋議題時，使用Hermeneutics之同詞根的詞十分少見。也就是說，國外的法學家們很少使用「法律詮釋」的表述，其原因蓋在於，「詮釋」不同於「解釋」。法律只能被解釋，而不能被詮釋。

16 洪漢鼎，《詮釋學史》，桂冠圖書股份有限公司，2002年初版，第4頁。

17 有學者認爲，在詮釋學代表性作家的理論中，Heidegger和Gadamer的理論對法律適用有重要影響（黃建輝，《法律闡釋論》，新學林出版股份有限公司，2000年版，2005年2刷，第17-20頁）。Heidegger注重語言的作用，認爲語言的存在在於其本身，不受其指稱和內容的制約，因此語言本身即爲一「此在」，可因時空不同而爲適切的意義表現，並爲主體所理解。Heidegger的此一觀點係十足的哲學詮釋學觀點，他的語言觀立基於語用學立場，他的語言「此在」觀，實質上是主體「存在」觀。這與以客觀性爲主的法律解釋大相徑庭。Gadamer認爲在解釋活動上應完整體現立法本意，並將立法本意與當今情境交互參照，作出切合時宜的解釋，即在法律解釋階段解釋者應站在立法者處於今日應有的認知角度適當地選擇和取捨所取向的各種因素。詮釋學作家論述法律解釋方法並不能證明他們是用詮釋學方法論述法律解釋方法。顯然，Gadamer的詮釋學立場與他的法律解釋觀點相差甚遠。

18 黃建輝，《法律闡釋論》，第11頁。

19 洪漢鼎注，載Gadamer，《眞理與方法》（下卷），洪漢鼎譯，上海譯文出版社，1999年版，第807頁。

20 Emilio Betti，〈作爲精神科學一般方法論的詮釋學〉，洪漢鼎譯，載洪漢鼎主編，《理解與解釋》，東方出版社，2001年版，第124-168頁。

21 Apel: Critical Hermeneutics in the form of An Anthropology of Knowledge, in *Contemporary Hermeneutics——Hermeneutics as method, philosophy and critique*, edited by Josef Bleicher, Routledge & Kegan Paul, 1980, pp. 146-151.

22 高宣揚，《李克爾的解釋學》，遠流出版社，1990年6月初版。

此，我們可以說，詮釋是法學方法。哲學詮釋方法與法學方法有共通之處。

由此可見，第一，解釋的特點不是建構，而是闡明或說明，解釋對象的涵義域是由既定規範的範圍、需要和目的確定的。解釋不能代替有效法規範。詮釋的特點是建構，詮釋不僅僅是詮釋已有的對象，而且還建構新的對象體系和論述體系；第二，在法律解釋方法中，解釋者與解釋對象的關聯是外在的，經驗的法則是外在於解釋者而獨立存在的。人的主觀性是在立法過程中進入客觀規範，並構成客觀規範之不可分的部分。在法學詮釋方法中，與哲學詮釋一樣，詮釋者與詮釋對象的關係是內在的，詮釋結果是由詮釋者與詮釋對象之間的關係構成的。法學詮釋可以注入主體的願望、旨趣、動機。其方法是將人類社會中的價值與主體的自我理解、主體的實踐及價值取向相聯繫著，並依此詮釋法學中的各種應然命題；第三，法律解釋的對象是絕對性的事物，其解釋是絕對不依賴於主體的，法律解釋的對象涵義是在對象本身的基礎上客觀地被決定的，解釋一個規範的涵義是在法律共同體的語義領域內進行的，對解釋對象起決定性作用的語義領域是屬於法律共同體的。而在法學詮釋方法中，詮釋對象（行為、實踐、規範）往往是在特定的語用領域內進行的。

二、在法律科學中，「解釋」是語義學概念，「詮釋」是語用學概念

20世紀哲學的發展大體經歷了這樣的過程：分析哲學的衰退和語言哲學的興起。語言哲學的發展大體經歷了兩個階段。第一階段是「語義學轉向」。在此階段，Frege、前期Wittgenstein、Tarski、Carnap等哲學家試圖使用語言語義分析方法解決哲學問題。第二階段是「語用學轉向」。在此階段，Austin、後期Wittgenstein、Searle、Grice、Quain、Davison等哲學家試圖借用語言語用學成果來建構哲學對話的新平台，尋求交流和使用中的語言的意義。[23]語言轉向具有雙重重要意義：第一，哲學研究對象發生

23　殷傑、郭貴春，〈從語義學到語用學的轉變〉，載《哲學研究》，2002年第7期；盛曉明，《話語規則與知識基礎——語用學維度》，學林出版社，2000年，序言，第2頁。

了轉變，即從近代哲學以主體爲研究對象的認識論轉向對主體與客體的中間環節（語言）的研究；第二，語言哲學的建立和將哲學的語言基礎重新轉向自然語言。[24]語言轉向的重要意義還在於：在哲學的基礎和方法上，分析哲學試圖改造自然的語言和邏輯，語言哲學重新尊重自然的語言和邏輯；分析哲學要背離自然，語言哲學卻要回歸自然。在哲學目標和任務上，分析哲學試圖把哲學變爲哲學，語言哲學將哲學還原爲哲學。[25]

在這樣的背景下，法學家們試圖運用語言哲學分析法律、研究法學，這無疑給法學找到了新的生長點。但同時也引出了一系列問題，主要是：將語言分析方法引入對法律解釋的研究時混淆了語義學方法和語用學方法，以致出現「法律詮釋」、「法律解釋學」之類的表述。而在法學理論研究中又未使用立基於目的論哲學的語用建構方法。

爲此，我們需要加以區別。語義方法的特點是：1.它以知識論爲基本框架，其任務是獲得邏輯實證知識，尋求主體和對象之間的表象與本質的符合，並將對象化約爲適切的涵義，即純粹的內涵與外延；2.其對象是一個實體性的事實、行爲、規範、概念、術語，且獨立於認知主體，是主客二分式的存在，它是實然世界；3.語義方法只注重於對象的涵義，它所要把握的是事物的或客觀對象的涵義、本質或共相；4.它是一種釋義性的活動，解釋者只是將對象的涵義作爲手段，並不擁有對象的內在目的。語義學的信念認爲「通過在語詞和它們的指稱對象之間構築不變的功能關係，就可以達到確定性和清晰性的目標。在那裡，一端是語言的語詞世界，另一端是對象的實在世界，認識成功的標誌是眞理的符合論，具體表現爲追求指稱的唯一確定性和絕對所指。」[26]

語用方法的特點是：1.它以目的論哲學爲基本框架，其任務是將對象的涵義轉化爲人性化的意義；2.其作用對象是人文世界；它所要把握的是人文世界的倫理道德、價值規範和規範意義；3.語用方法的使用有主體的

24　Michael Damit，〈語言的轉向〉，江怡譯，載陳波主編，《分析哲學》，四川教育出版社，2001年版，第133-139頁。

25　蔡曙山，《語言、邏輯與認知》，清華大學出版社，2007年版，第41頁。

26　殷傑、郭貴春，〈從語義學到語用學的轉變〉，載《哲學研究》，2002年第7期。

價值介入，灌注了主體的目的、意志和意向。它指向應然世界，規定對象的應然內容；4.它是一種詮釋性活動，在詮釋過程中產生意義。詮釋者通過語用方法融貫局部的涵義為系統化的意義。語用學的信念認為「語言語境是一切建構的出發點和生長點。它把對詞語的理解推向語義學的外部，關注起作用的方法和實踐的意義。語用性體現為一種與認識主體的背景信念、價值取向、時空情景相關的對話認識論。認識不僅是科學解釋，而且更應結合人文詮釋，建構規範」。[27]

在法律解釋中，解釋是語義學領域的概念，詮釋是語用學領域的概念。這既是解釋和詮釋的方法論決定的，也是「涵義」和「意義」概念決定的。對「解釋」和「詮釋」概念的混淆，實質上是對「涵義」和「意義」概念的混淆。從現有的中文研究成果觀察，大多數學者均將meaning譯為「意義」，在論述法律解釋方法，以及對法律解釋作語義分析時，也用「意義」代替「涵義」。[28]對此，尤西林早在1996年即提出質疑。[29]根據尤西林的研究，meaning應譯為「涵義」，而「意義」則是significance的漢譯。尤氏並列舉了「涵義」與「意義」的特徵，他認為，「涵義」（meaning）的特徵是：1.「涵義」所指稱的對象是確定（特定、具體）的，從而是可以經驗證實的；2.「涵義」所表達的同樣是確定（特定、具體）的欲求，這種欲求終究受制於人的自然生存需要；3.「涵義」的欲求主體與指稱對象構成功用技術性關係，從而，涵義性的價值是功利性價值，涵義性關係具有突出的手段性質；4.內涵與外延已確定的「涵義」可「說」，即可納入「是」的判斷之下，成為具有真值的謂詞（賓詞）；5.涵義謂項之間必須是邏輯性關係；6.當涵義中的意欲被完全（指稱）對

---

27 Davidson, D., *A Nice Derangement of Epitaphs*, in R. E. Grandy and R.Warner (eds.), *Philosophical Grounds of Rationality*, Oxford University Press, 1986, pp. 157-174; Gustafsson, Martin, 1998, *Systematic Meaning and Linguistic Diversity: The Place of Meaming-Theories in Davidson's Later Philosophy, in Inquiry*, Vol. 41. 轉引自殷傑、郭貴春，〈從語義學到語用學的轉變〉，載《哲學研究》，2002年第7期。

28 這是不準確的。儘管meaning一詞在英漢辭典中有「意義」的解釋，但同時也有「含義」、「內涵和外延」（形式邏輯用語）的解釋。當代語言哲學轉向的第一階段（語義學轉向）的反形而上學背景正是排斥語用語境的「意義」，可能是當時還沒有發生「語用學轉向」，這個詞的使用未引起哲學界和法學界的廣泛注意。

29 尤西林，《人文學科及其現代意義》，陝西人民出版社，1996年版，第48-58頁。

象化爲客觀技術時，涵義就轉化爲無人稱的技術作業系統，這種作業系統一方面可以完全無意識地運轉而依然具有涵義，另一方面它又可與操作者具有超出個人理喻的強制規定性。「意義」（significance）的特徵是：1.「意義」所指稱的並非實在對象，而是某種精神境界，即意境，它具有無限性旨趣；2.「意義」所表達的不是人的自然生存需求，也不是基於自然欲求之上的任何具體特定的目的，而是超越動物界、實現人性的昇華需要，它同樣具有無限性特徵；3.「意義」對終極價值的追問，使「意義」與自我價值密切相關，「意義」所激起的自我意識，拒斥無意識操作的渾噩狀態而具有明朗的主體意向；4.「意義」是「涵義」的人性化，或者說，「意義」是對動物自我中心生存狀態的超越；5.意義整體境界所具有的無限可能性超出了邏輯概念。

在法律科學中，解釋確定涵義，詮釋揭示意義。因此，一如前文所述，「法律解釋」與「法學詮釋」概念既符合法律科學本身的特性，也符合知識論哲學和目的論哲學的特性。加達默爾指出：[30]語義學分析方法不是區分同義詞的不同表述，而是以不同的方式使我們意識到它們是同義的。語義學認爲，少數詞已被證明根本不能譯成其他的詞，也不能與其他表述互換。語義學的理念明顯是，在特定的上下文中，它只承認只有一個表述，而不可能再有其他正確的表述。[31]我們知道，法律解釋的對象是作爲法律意旨表達方式的法律文本，包括法律規範的條文，立法文獻（立法理由紀錄、立法草案、審議紀錄等），以及立法當時的社會、經濟、技

30　加達默爾的論文〈語義學與詮釋學〉已被譯爲中文，載於《哲學解釋學》，夏鎭平、宋建平譯，上海譯文出版社，1994年版。本文認爲，這個譯名應爲《哲學詮釋學》。該著的英譯名爲 *Philosophical Hermeneutics* (Translated and Edited by David E. Linge, University of California Press, 1976)，但夏鎭平、宋建平的中譯本譯爲《哲學解釋學》（上海譯文出版社，1994年版）。這個譯名很重要，因爲哲學詮釋學是哲學「解釋學」發展的一個里程碑。Gadamer 在《真理與方法》一書中系統地闡述了哲學詮釋學的體系。這個體系根本不同於此前的 Schleiermacher 和 Dilthey 的近代「解釋學」，也有別於古代的《聖經》「解釋學」。參見魏敦友著，〈意義之展露——從現象學到解釋學〉，載《德國哲學論叢》（1996年），中國人民大學出版社，1998年版，第166頁。可是，魏氏在他的文章中也稱爲「哲學解釋學」。

31　Hans-Georg Gadamer, *Swmantik und Hermeneutik* (1968), in *Hermeneutik II: Wahrheit und Methode*, Ergänzungen Register, J. C. B. Mohr (Paul Siebeck) Tübingen 1986, S. 174-175.

術、法律保留等附隨情況。[32]在法律解釋中，解釋者的首要任務是用語義學方法確定涵義。一個法律規範及規範中的概念、術語、用語都處於整個法律體系中。對一個規範的適用，當發生適用者與歷史上立法者的主體間性斷裂時，則必須加以解釋。而解釋就是確定上述對象的涵義。例如，法律實證主義者認爲，法律概念所指涉的事物有「核心事例」與「邊緣事例」的區別。[33]核心事例是指性質和特徵都很明朗的事例；而邊緣事例不具備與核心事例一樣的明朗特徵，在適用時會有較多的不確定性。因此，當出現邊緣事例時，就必須確定它們的特徵和涵義。Demolombe說：「從理論上說，解釋就是對法律的說明，進行解釋就是闡明法律眞實和精確的含義。解釋並不改變、修改、續造法律，只是宣告和認識法律。」[34]繼而，在法律解釋中，也排除了解釋者的價值取向。這並不是說規範本身沒有價值。法概念中的主觀權利要麼在立法時既已進入規範，要麼先驗地存在於規範之中。法律解釋要受既定的規範的制約。解釋者對既定規範的涵義的解釋，只會產生新的涵義，而不會產生意義。因爲「解釋」不是主觀行爲，而是應用客觀存在的「標準」解釋對象。「涵義」被解釋後，之所以還是「涵義」，是因爲「涵義」是在確定的解釋結構系統中產生的，這個確定的結構系統體現著語義方法的規律與目的的統一性。

　　在法學詮釋中，詮釋揭示、賦予、建構對象的意義。法學詮釋方法具有以下語用學特點：1.在語用域中，對涵義的詮釋意味著將要分娩意義。詮釋所詮釋的東西不只是詮釋中得以詮釋的東西（即對象意指的東西），也就是說，詮釋不只是揭示被意指的涵義，而是要揭示被隱蔽了的意義。詮釋就是揭示那些隱含在表面涵義之內的意義，並且進一步展示錯綜複雜地包含在字面涵義中的意義內容及聯接意義內容的領域。只有詮釋才能使原本存在的意義多樣性顯現出來，也只有詮釋才能使多樣性的意義連結起

---

32 黃茂榮，《法學方法與現代民法》，中國政法大學出版社，2001年版，第263-264頁。

33 H. L. A. Hart, The Concept of Law, Oxford: Clarendon Press, 1961, pp. 121-132.

34 Demolombe in L. Husson, "Analyse critique de la méthod de l'exégèse", Archives de philosophie du droit no. 17, Sirey, 1972, p. 119. here citing from Law, *Interpretation and Reality,* Essays in Epistemology, Hermeneutics and Jurisprudence, Edited by Patrick Nerhot, Kluwer Academic Publishers, 1990, pp. 194-195.

來；2.由於「意義」是對「涵義」之終極目的的追問，是引導、規範文明世界的終極目的的尺度，那麼，通過詮釋揭示對象的意義，也就意味著詮釋方法是通向最終目的的方法；3.詮釋是一種論證性的創造活動。雖然詮釋的對象的涵義是客觀存在的，但由於對象的意義是多樣性的，詮釋對象之涵義的過程，既是決定對象之語用意義的過程，也是對象之意義的創造過程。在此際，創造性詮釋不只是涵義認知的形式邏輯的推導過程，不只是原來的涵義派生新的涵義的過程，而是通過融貫達致意義的生成、價值的建構、意志的實現。

三、在法律科學中，解釋屬於客觀性範疇，詮釋屬於主觀性範疇

　　客觀性概念是哲學領域的基礎性概念。Hegel認為，近代哲學對客觀性概念的理解有三種方式：第一為外在事物的意義，以示有別於只是主觀的、意謂的、或夢想的東西。第二為Kant所確認的意義，指普遍性與必然性，以示有別於屬於我們感覺的偶然、特殊和主觀的東西。第三是指思想所把握的事物自身，以示有別於只是我們的思想與事物的實質或事物的自身有區別的主觀思想。[35]從上述歸納中我們得知，第一種理解不具有哲學意義上的規定性。第二種理解表示Kant把符合思想規律的東西，即有普遍性和必然性的東西，稱為客觀的。第三種理解是Hegel本人的理解，他說，思想真正的客觀性應該是，思想不僅是主體的思想，同時又是事物自身（an sich）或對象性的東西的本質。[36]法律科學的客觀性符合上述第二和第三種哲學上的理解。這是由「法效」決定的。在法律科學中，客觀性，不僅在邏輯上而且在事實上，表現為普遍性和必然性；在普遍性和必然性中，包孕著應然和實然的統一性。[37]在法律科學中，解釋的客觀性在於解釋的對象、標準、依據等的客觀性。法律解釋的「客觀說」，以文本為客觀標準，以解析法律內存在的涵義為目標。在此際，立法者的思想、

35　Hegel，《小邏輯》，賀麟譯，商務印書館，1980年二刷，第120頁。
36　同上，第86頁。
37　本人認為，應然與實然統一於「法效」之中，部分論證參見〈也論守法〉一文，載戚淵等著，《法律論證與法學方法》，山東人民出版社，2005年版，第222-240頁。

價值取向超越了個人主觀經驗的限制，進入法律文本之中，成為具有普遍性的規範，約束著包括立法者在內的法律共同體成員。這是立法者主觀思想的客觀結果。法律解釋的「主觀說」，以探求歷史上立法者的原意為客觀標準，強調法律背後隱含著立法者的規定意向，解釋者不僅受法律文字的約束，也受立法當時的立法者之評論及意向的約束。也就是說，立法者的原義是解釋者的客觀依據。法律解釋的「折衷說」，一是以立法當時存在於該社會的價值判斷作為客觀標準，[38]二是將歷史上的立法者的意思「客觀化」，即立法者的意思必須明白地表現在法律上，對解釋才有認知的價值。[39]不難看出，「折衷說」，實際上是法律解釋「客觀說」的一部分，即歷史上的立法者在立法時也是依據了存在於當時社會的價值判斷，並將其納入法律文本之中；而立法者的意思如果沒有明白地表現在法律文本上，解釋者是不可判斷的，這便是純粹文本主義。因此，主觀解釋說和客觀解釋說概括了法律解釋的兩種標準，它們都是客觀主義的。

　　迄今為止，我們所能接觸到的法律解釋資料，都是這兩種標準的運用。它們受「法效」的約束，同時，它們也是「法效」的體現。在羅馬法中，解釋始終是在客觀性範疇中進行的。羅馬法上的「解釋」是指為理解法律規定的內容、法律或立法者的想法或觀點而進行的邏輯推理活動。解釋包括學理解釋、語法解釋、邏輯解釋。學理解釋或是闡明由法律明文規定的內容，或是發掘立法中所暗含的內容（亦稱類推或類推解釋）。類推解釋是依循法的邏輯（ratio iuris），在適用於一系列法律制度（包括整個立法體系的一般原則）的架構內進行的。語法解釋意在確定產生於立法者所使用的詞語的語言學涵義及其句法結構的涵義（語義學和語形學層面上的涵義—引者注）。如果從語法解釋中沒有得到明確的和真實的涵義，便開始邏輯解釋。在此際，要考量法律的各個部分之間的聯繫，以及該法律與其他先前和隨後的法律之間的關係，並且還要考量法律的目的，即頒布

---

38 Axel Mennicken, *Das Zielder der Gesetzesauslegung*, Gehlen, 1970, S. 18.

39 Horst Joachim Müller, *Subjektive und objective Auslegungstheorie in der Rechetsprechung des Bundesverfassungsgerichts*, Juristen Zeitung, 1962, 472f; BverfGE 1, 299 (312); BverfGE 62, 1 (45); BverfGE 10, 234 (244); BverfGE 11, 126 (129ff.); BverfGE 59, 128 (153).

法律時的法律環境和社會環境、立法的時機、先例、法律制定者的說明等等。如果所有這些手段均不奏效，最後的辦法是給法律以合理和公正、或不偏離現行法的含義的解釋。[40]在羅馬法中還有一種解釋，我稱之爲「倫理解釋」。這種解釋不拘泥於條文的文句，而是根據事物本質、公平、正義原則解釋和補充法律，甚至修改過時的法律，以及處理糾紛。由於這種解釋是基於人的倫理道德屬性和事物本質，因而稱爲「倫理解釋」更符合它的特徵。[41]羅馬法中的論理解釋實質上也是一種類推解釋。此外，在羅馬共和國時期，羅馬大法官也有權解釋法律、補充法律，甚至根據公平、正義原則修改過時的法律。這也是對法律的論理解釋。這種「法律之內的法律續造」，間或「法律之外的法律續造」，其標準依然是「事物的本質」。而「事物的本質」則是類推的方法論根據。在羅馬法中，解釋是在客觀性範疇中進行的。這種解釋傳統經由Savigny的「四要素解釋說」一直延續到今天。在今天的法律解釋理論中，解釋的標準是：1.字義（字義既是解釋者探求涵義的出發點，同時也是其劃定解釋活動的界限）；2.法律的意義（實際上是涵義─引者注）脈絡（可能的字義及其標準）；3.歷史上的立法者之規定意向、目標及規範意向；4.客觀目的論的標準；5.合憲性解釋。[42]在這些標準中，「合憲性」優先於其他所有解釋標準。是故，所有解釋標準都在有效法規範的涵攝之下。楊仁壽先生將上述法律解釋稱爲狹義的法律解釋，而他的廣義法律解釋包括狹義法律解釋和價值補充、漏洞補遺。[43]他所謂的「價值補充」，即是根據具有「法效」的法律原則（如「誠實信用原則」）作出解釋。他所謂的「漏洞補遺」，即是通過「類推適用」、「目的性限縮」、「目的性擴張」、「創造性補充」之方法進行「法律內部的法律續造」和「超越法律的法律續造」。[44]所謂

---

[40] Pietro Bonfante，《羅馬法教科書》，黃風譯，中國政法大學出版社，1992年版，第19-21頁。

[41] 羅馬法學者稱之爲「論理解釋」，但其他解釋也可以稱爲「論理解釋」，因爲「解釋」都需要論理。

[42] Karl Larenz，《法學方法論》，陳愛娥譯，五南圖書出版公司，1999年二刷，第225-245頁。

[43] 楊仁壽，《法學方法論》，中國政法大學出版社，1997年版，第98頁。

[44] Karl Larenz，《法學方法論》，陳愛娥譯，五南圖書出版公司，1999年二刷，第324-327頁。

「超越法律的法律續造」，如前所述，即是根據「事物本質」原則爲之。

　　綜上分析，在法律科學中，解釋的客觀性特徵表現爲：1.解釋確定對象的涵義，且涵義必須符合「法效」；2.在「法效」範圍內，涵義既是解釋的客觀對象，[45]也是解釋的客觀性結果；3.解釋結果必須具有效力普遍性。

　　我們知道，以純粹的「法效」爲客觀標準並不能帶來公正和正義的法律秩序，從客觀性規則中並不必然地導出正義準則。在正義準則的導引下，主觀（知性）與客觀（知識）的符合或同一，才是我們探尋和獲得眞理的方法。在哲學領域，所謂「主觀」是指人的意識、精神、思維的主觀性方面，特別是指主體所特有的精神（意識、思維）狀態。「主觀性」是人的思維所特有的屬性。[46]在人的思維活動中，必然包含著價值意識。儘管它們的產生要依賴於人的社會存在，依賴於人的身—心聯繫規律，但是它們作爲這種存在和規律的精神結果，本身已經具有了意識特有的主觀性特徵。[47]結合前述「客觀性」的理解方式，我們可以察知「主觀性」的一些基本屬性：1.主觀性存在於主體自身；2.主觀性以意識、意向、意志存在於主體自身；3.主觀性內容可以投射到客觀對象上，並成爲對象之形式或實質的組成部分；4.主觀性包含精神反映對象的自由性；5.主觀有效性與對象的普遍有效性具有邏輯上的關聯。如前所述，詮釋是一種法學方法。法學方法的運用是一種實踐價值與意志的活動，即是主體賦予對象價值與意義的活動，因此，詮釋方法屬於主觀性範疇。

　　詮釋學對法學的影響主要是「詮釋學循環」，其中包括「理解」和

---

45 Frege在「論涵義與指稱」一文中，詳盡地討論了「涵義」概念，他認爲「涵義」是純粹客觀的對象，只是領會或者把握「涵義」表現爲一種心理過程。（Translations from the Philosophical Writings of Gottlob Frege, Edited by Peter Geach and Max Black, Philosophical Library, New York, 1952, pp. 57-59.）這個觀點深刻地揭示出「涵義」與「意義」之間的客觀—主觀關係。領會或者把握涵義、最終確定涵義的過程，在作爲法律方法的「解釋」中和作爲法學方法的「詮釋」中完全不同。在法律解釋中，由於受到「法效」的制約，解釋者只是純粹客觀地確定對象的涵義，對象的價值在立法時既已存在，或者先驗地存在。而在法學詮釋中，由於沒有「法效」約束，在對對象作「詮釋」時，必然有主體意志和價值的投射和注入。

46 李德順，《價值論》，中國人民大學出版社，1987年版，第63頁。

47 同上，第213頁。

「前理解」。[48]事實上，這三個概念的核心思想可以在「詮釋學循環」概念中得到闡明。我們知道，「詮釋學循環」意指當我們要瞭解文本的「部分」時，我們同時需要瞭解「部分」所屬的「整體」；而要瞭解「整體」時，同時也需要瞭解「部分」。「部分」決定「整體」，「整體」也同時決定「部分」。對「整體」的理解使「部分」的理解逐漸清晰，而對「部分」的理解清晰後，又有助於對「整體」的理解。[49]因此，「部分」與「整體」始終是相互決定的循環過程。我們同時也知道，這是一個在邏輯上無法證立的詮釋學問題。於是，出現了「前理解」概念，即先理解一些概念和一些體驗。但是，「前理解」之對象也同樣會落入「詮釋學循環」之中。這清楚地告訴我們，「詮釋學循環」不是法律方法論問題，即不是法律解釋方法的問題。在法律解釋中，文本及其概念、術語、用語等的涵義，由於必須與「法效」連結，可以通過邏輯證明方法和融貫論證方法證立。在法律方法中，邏輯證明方法已爲人們熟知。而融貫性證明則是通過下列方法獲得結果：1.轉化，包括法律內部的轉化和向法律內部的轉化。前者是指證立須依賴於這樣一個法律體系，即結果的得出必須將某些淵源視爲法律淵源。後者是指這樣的舉措：從一組無法律調整的社會現實及其價值出發，指出特別的規則體系也是值得關注的法律體系；2.跳躍，在法律論證中，「轉化」不是完全按照形式邏輯方法進行的，有時可以「跳躍」。一個被認爲已證立的法律命題往往獲得了一組論據的論證支援，具有從前提直接到結論的「跳躍」特性；[50]3.基於法律原則，即結論通過它

---

[48] J. Esser, Vorverständnis und Methodenmahl in der Rechtsfinding, Frankfurt a. M. 1972, S. 134, 10, 155, 177 und Passim; Das Verstehen von Rechttext, München 1972, S. 30ff; S. 65ff; K. Larenz, Methodenlehre der Rechtswissenschaft, 6 Aufl., Berlin u. a. 1991, S. 204ff.

[49] Dilthey對「整體」與「部分」的關係的理解超越了文本的「整體」與「部分」，他認爲「整體」與「部分」的關係有三層涵義：一是指作品自身作爲整體，包括意義、風格、結構等，作品的各個部分，諸如章節、詞句等，必須置於這個整體中才獲得理解與意義；二是指作品相對於產生它的整個歷史文化背景而言，是該文化背景的一部分，作品必須置於該歷史文化背景的整體關係中，才能得到理解；三是作品與作者的精神聯繫和作品語言與產生它的時代文化語言風格的聯繫。參見《狄爾泰全集》第7卷，第220頁。轉引自殷鼎，《理解的命運——解釋學初論》，三聯書店，1988年版，第145頁。

[50] Eveline T. Feteris, *Fundamentals of Legal Argumentation, A Survey of on the Justification of Judicial Decision*, Dordrecht: Kluwer Academic Publishers, 1999, pp. 140-144.

與普遍認可的法律原則緊密相融而得以證立。[51]有了融貫性論證方法，融貫性體系便獲得了它的標準：（1）邏輯無矛盾；（2）具有高度的無矛盾可能性；（3）信念成分彼此之間蘊涵著大量可推論的系脈；（4）它是相對統一的，不產生無關聯的子系統；（5）只有很少無法解釋的異常狀況；（6）它提供了相對穩定的語詞概念，且此種概念能維持融貫性，意指在一個相當長的時間內能持續滿足上述（1）～（5）條件；（7）它滿足了觀察的要求，亦即它必須包含一套規則，這套規則足以提供人們在合理的範圍內形成自發性的、多樣性的認識信念，包括內省性的信念。[52]

由此可知，「詮釋學循環」屬於主觀性範疇。「詮釋學循環」其實是「意義」的循環。文本永遠被看作是語境的一部分，而語境則包含著詮釋者、詮釋對象及其他詮釋主體。[53]由於詮釋方法可以揭示對象的意義，可以賦予對象意義，還可以為對象建構意義，而在「揭示」、「賦予」和「建構」的行為過程中，必定包含著主體（詮釋者）的價值意識，體現著主體的主觀性。所以，貝蒂認為，意義本身乃為詮釋的客觀性基礎。最主觀的詮釋就是最客觀的詮釋。[54]近代以降，多數哲學家都對「哲學詮釋學」方法採客觀主義的立場，所以，「詮釋學循環」成為他們的不解難題。惟有Habermas的普遍語用學和主體間性理論，建構起主體相互理解、且共同作用於對象的網路，將「詮釋學循環」的意義決定建立在主體間基礎之上，體現出徹底的民主性，從而也為法學詮釋方法建構起堅實的哲學基礎。

解釋與詮釋，雖然有著上述明顯的區別，但在法律科學中，如同法律方法和法學方法一樣，解釋與詮釋也有著深刻的內在關聯。運用詮釋方法，可以使我們瞭解主體的主觀精神（意志）有效性的發揮程度。運用解

51 Feteris, Ibid., p. 85.
52 J. W. Bender, *Coherence, Justification and Knowledge, in The Current State of Coherence Theory.* Critical Essays on the Epistemic Theories of Keith Lehrer and Laurence BonJour, Klauwer Academic Publishers, 1989, p. 5.
53 這個觀點立基於普遍語用學和主體間性理論，詮釋是主體間針對對象的活動。
54 Emilio Betti, *Hermeneutics as the general methodology of the Geistewissenschaften*, in *Contemporary Hermeneutics——Hermeneutics as method, philosophy and critique*, edited by Josef Bleicher, Routledge & Kegan Paul, 1980, pp. 57-58.

釋方法，則可以使我們瞭解對主觀精神有效性的發揮到底可以深入到何等程度。用詮釋方法揭示意義的目的在於確立解釋必須依循的一般原則。通過人類理性，詮釋方法將人類的價值和意志變成能夠把握的一般知識，使解釋方法得以豐富。如果說，解釋是語義學上的活動，詮釋是語用學上的活動，那麼，語義學必須符合語用學，正如涵義必須符合意義一樣。

2008年8月5日

第五章　論Geltung*

　　Geltung（有效性）概念是Habermas貫穿於《事實性與有效性》[1]中的核心概念。Habermas在氏著中提出了一個以交往理性為基礎的法效理論，旨在處理內在於法律本身的事實性與有效性之間的張力。Geltung概念也是Habermas理論體系中的一個重要概念。Habermas理論的全部目的在於追求社會公正性，而他將民主法治國中法律的Geltung作為建構其社會公正性的基礎。由於Habermas是在當代語言哲學和深刻的社會理論背景中討論法律的Geltung問題，其Geltung概念的涵義、意義及問題，往往被他的其他理論所遮蔽。職是之故，深入揭示Habermas的Geltung概念的內涵、意義及問題，對於我們準確理解Habermas的法效理論和研究法律的有效性問題，都具有重要的理論意義。本文無意全面審視Geltung概念在Habermas理論體系中的涵義和意義，僅就Habermas的Geltung概念在其法律效力理論中的涵義、意義和運用作一些膚淺的分析。本文涉及的問題是：第一，譯本的誤讀；第二，Habermas的Geltung概念的問題；第三，如何理解法律的有效性概念。

—

　　Geltung概念出自於Habermas的德文原著Faktizität und Geltung。[2]德文原著發表後，先後有多個外文譯本。1.英文譯本，書名為Between Facts and Norms；[3]2.中文簡體本，根據英文譯本，將書名譯為《在事實與規

---

*　本文已發表於《中國法學》，2009年第三期。

1　本文尊重原著的中文譯名《事實性與有效性》。但是，目前沒有以此為書名的中文譯本。

2　Jürgen Habermas, *Faktizität und Geltung: Beiträge zur Diskustheorie des Rechts und des demokratischen Rechtsaats*, Suhrkamp Verlag, Frankfurt am Main, 1992.

3　Jürgen Habermas, *Between Facts and Norms: Contributions to a Discourse Theory of Law and Democracy*, Translated by William Rehg , The MIT Press, Cambridge, Mass. , 1998. Four printing, 2001. 以下簡稱英譯本。

範之間》；⁴3.中文繁體本，譯名為《事實與格式》；⁵4.日文譯本，將書名譯為《事実性と妥當性》；⁶5.有學者在引用時將書名譯為《事實性與效力》。⁷在上述譯名中，第五種譯名接近於原著書名。第四種譯名中的「妥當性」不同於「有效性」。Habermas在氏著中有「恰當性」之詞的使用，是指規範在適用上的權衡，與「妥當性」的涵義相近。而與「恰當性」相對的「有效性」是指「規範間衝突的論證考量」。⁸「恰當性」只是某種程度的Geltung。第三種譯名其實是第二種譯名的翻版。在出中文繁體版時，在封面上有德文原著的書名Faktizität und Geltung與繁體字書名並列，但譯者和編輯均未說明為何將Geltung譯成「格式」。在正文的一個註腳中，譯者說明「中譯本的書名是根據英譯本的書名定名為《在事實與規範之間》（即本書《事實與格式》）」，但譯者和編輯也未說明為何將Norms譯成「格式」。⁹本文要著重指出的是，第二種和第三種譯名，即英文譯名和中文簡體本譯名的問題。本文認為，英文譯名和中文譯名對德文原著有重大誤讀。本文的基本觀點是，Facts或「事實」不等於Faktizität或「事實性」；Norms或「規範」只是Geltung概念的涵義和意義的一部分，分析如下：

1.事實與事實性的區分

第一，「事實」是一個認識論範疇，通常指已被正確認識到的客觀事物、事件、現象、關係、屬性、本質及規律性的總稱。¹⁰「事實性」是一個本體論範疇，它包括特定人群所處的自然條件、文化背景、社會制度、社會環境、具體的歷史經歷等等；第二，「事實」是客觀存在，「事實」在形式上雖然可分為「經驗事實」、「理論事實」、「歷史事實」等，但

4　Jürgen Habermas，《在事實與規範之間》，童世駿譯，三聯書店，2003年版。以下簡稱中文簡體本。

5　Jürgen Habermas，《事實與格式》，童世駿譯，臺灣商務印書館股份有限公司，2003年版。

6　かわかみりんいつ、みみのけんじ，《事実性と妥當性》，東京未來社，2003年版。

7　顏厥安，〈法效力與法解釋〉，載《台大法學論叢》，第27卷第1期，第1-23頁。

8　Jürgen Habermas, *Faktizität und Geltung: Beiträge zur Diskustheorie des Rechts und des demokratischen Rechtsaats*, Suhrkamp taschenbuch Wissenschaft, 1994, S. 317.

9　童世駿譯，《事實與格式》，第2頁。

10　馮契主編，《哲學大辭典（修訂本）》（下卷），上海辭書出版社，2001年版，第44頁。

就其內容來說，都是客觀的。[11]「事實性」包含主觀性，「事實性」依賴於人而存在；第三，「事實」的範疇只具有涵義，「事實」與人（能動的主體）相結合而構成事實性時才具有意義；第四，「事實」是歷史主義範疇，其內容與時間性相伴隨。而「事實性」則是歷史性範疇，特定人群的自爲存在與自在存在總是聯繫在一起的；第五，英文中的Fact與德文中的Faktum相近，僅指「事實」。Faktizität（事實性）與Logizitat相對，後者的涵義是邏輯性、純推理性。[12]顯然，Faktizität是指整體的、非形式性的、非理性的實際狀況。Habermas在氏著中的Faktizität概念主要展現爲如下三個層面：（1）由語言構成的日常生活方式本身；[13]（2）由交往行動構成的社會政治現實；[14]（3）法律共同體接受法律的程度所體現的法律的社會有效性。[15]Habermas在氏著中所要探討的「事實性」，是人通過理性所能揭示的社會現實的本質存在，即最高的存在，是存在之所以爲存在的存在。在此際，「事實性」爲存在的全體，而「事實」只能是認識的部分。本文作者未見英文譯者William Rehg將Faktizität譯爲Facts的理由說明。[16]中文譯者在作解釋時認爲，Faktizität的對應詞Facticity或「事實性」是英文和漢語中新造的術語，爲了避免使用新造的術語，而將Faktizität譯成Facts或「事實」。[17]顯然，這個理由不成爲其理由。而正是這個不成爲理由的理由，使得譯者將Geltung譯成Norms或「規範」。

2.Norms或「規範」只是Geltung涵義和意義的一部分

Geltung一詞的德語涵義，不僅涉及規範，也涉及價值。Habermas雖

---

11 Bertrand Russell, *Human Knowledge: Its Scope and Limites*, Simon and Schuster, 1948, p. 144.

12 WAHRIG Deutsches Wörterbuch, Neu Herausgegeben Von Dr. Renate Wahrig-Burfeind Mit Einem "Lexikon Der Deutschen Sprachlehre", 7., Auflage, München, 2002.

13 Jürgen Habermas, *Faktizität und Geltung: Beiträge zur Diskustheorie des Rechts und des demokratischen Rechtsaats*, Suhrkamp taschenbuch Wissenschaft, 1994, S. 19.

14 Ibid., pp. 349-350.

15 Ibid., p. 47.

16 在英譯本的譯者導言中，William Rehg時而使用「between facts and norms」，時而使用「between facticity and validity」，並無確定的意旨。參見William Rehg前引書，第IX-XXXVII頁。

17 參見中文簡體本，第705頁。

然對規範與價值作了區分，[18]但並不能認定他的Geltung只指規範，而無涉價值。第一，在氏著中的Geltung既涉及規範，也涉及價值。Habermas認為，規範和價值的不同是：規範關涉必須履行的行為，價值關涉目的取向的行為；規範的效力要求是二元的，價值的效力要求是漸次的；規範的拘束性是絕對的，價值的拘束性相對的；規範標準所在的脈絡是規範體系，價值標準所在的脈絡是價值體系。Habermas在這裡是將「規範」當作法律的基本單元，如同Hart將「規則」當作法律的基本單元一樣。他所謂的「規範」等同於實證法中的「規則」概念，因為只有規則的有效性是二元的：要麼全有，要麼全無。他所謂的「規範體系」就是「規則體系」，因為在他看來，原則或高層次的規範是其他規範（即規則）據以進行辯護的基礎。我們無法從這個區別中找到理據將價值涵義從他的「規範」概念中剔除。比如以他的區分為例，價值與目的行為相關。目的行為可以是義務行為，也可以是權利行為。具體而言，憲法規範是實現法律共同體最高價值目的的法律規範。憲法作為法律體系的最高部分，而基本權規範又是憲法的核心部分。基本權規範本身並不具有義務性。作為絕對條款，它創設了「侵犯禁止」的義務規定；作為相對條款，其義務性由其他法律課予。權利和義務的規範中都當然地包含著價值。這樣的理解也見諸於英語學者，比如Andrew Buchwalter認為，「在Habermas的話語中，實證法不僅具有有效性（Validity，Geltung），而且也具有正當性（Legitimacy，Gültigkeit）。」[19]不難看出，如果實證法具有Gultigkeit內涵，那麼Geltung與Gultigkeit的涵義重合，即都具有正當性價值。第二，Habermas的Geltung概念是有位階的。他在氏著中的一些地方使用Geltung概念，在另一些地方使用Gültigkeit概念。他在引用時，對這兩個詞的使用也有區分。比如，他在引用Dreier的話時就是這樣：「要充分說明這種法律有效性的涵義，只有同時訴諸這樣兩個方面：一方面，是社會有效性或事實有

---

[18] Jürgen Habermas, *Faktizität und Geltung: Beiträge zur Diskustheorie des Rechts und des demokratischen Rechtsaats*, Suhrkamp taschenbuch Wissenschaft, 1994, S. 311.

[19] Andrew Buchwalter, *Habermas, Hegel and the Concept of Law*, in Discourse and Democracy—Essays on Habermas's Between Facts and Norms, Edited by René von Schomberg and Kenneth Baynes, Published by State University of New York Press, Albany, p. 132.

效性，即法律規則得到接受；另一方面，是法律的合法性或正當性。」[20]
法律規範的社會有效性，是根據它們得到實施的程度，也就是事實上可以
期待法律共同體成員可以接受的程度。在這裡，Habermas將法律被社會
所接受的事實上的有效性，稱爲「社會有效性」（Soziale Geltung）。此
外，在氏著中，Legitimität（合法性）與Legalität（合法律性）構成一對概
念，後者是指根據合法程序獲得法律效力的法律。由於Habermas堅定地
認爲實證法的有效性還必須具有合法性或規範有效性，所以，Habermas
在此使用Legitimität或Gültigkeit，應被理解爲是具有價值涵義的理性化的
有效性，即合法性的有效性。Geltung既包含合法律性的有效性，也包含
合法性的有效性。Habermas在另一處談到「天賦人權的有效性」時，也
使用了Gültigkeit一詞。[21]憑常識判斷，Habermas的Geltung概念中的價值涵
義，Gültigkeit是價值位階較高的Geltung。[22]第三，Habermas的「規範有效
性」命題中的「規範」概念是價值的載體。他在批判Hart的規則理論時指
出，如果我們以這樣一個自主的法律體系爲前提條件，並且將它區分爲界
定行爲的初級規則和用於自我生產法律的次級規則，那麼，法律規則的有
效性就只是根據是否遵守法定的立法程序來衡量。這種通過立法程序的合
法律性（即立法或決定的正確程序）而給予法律來源的合法性，忽略了規
範內容的合理證立。整個法律秩序的合法化轉移到了這個秩序的起始，
也即轉移到了一個基本規範或承認規則。這個規範或規則使一切都正當
化，而本身卻無能力作合理的論證。[23]在這裡，Habermas並未否定規範或
規則的社會事實來源，但他重視以規範有效性的標準合理論證規範或規

---

20 Dreier, *Recht und Moral*, in Dreier, Recht-Moral-Ideologie (Frankfurt/Main, 1981), 180ff. 在某些
方面，Dreier所使用的「倫理」一詞，相當於Habermas的「道德」一詞的用法。引自Jürgen
Habermas, *Faktizität und Geltung: Beiträge zur Diskustheorie des Rechts und des demokratischen
Rechtsaats*, Suhrkamp taschenbuch Wissenschaft, 1994, S. 47.

21 Jürgen Habermas, *Faktizität und Geltung: Beiträge zur Diskustheorie des Rechts und des
demokratischen Rechtsaats*, Suhrkamp taschenbuch Wissenschaft, 1994, S. 154.

22 William Rehg在譯者導言中認爲Gültigkeit是指「觀念的有效性」或「理想的有效性」（ideal
validity）。英譯本中的譯者導言，第XXXV頁。這種見解值得商榷，因爲實證法的合法性的
有效性已不是觀念形態和理想形態，而是事實形態。

23 Jürgen Habermas, *Faktizität und Geltung: Beiträge zur Diskustheorie des Rechts und des
demokratischen Rechtsaats*, Suhrkamp taschenbuch Wissenschaft, 1994, S. 247-248.

則內容的重要性，實際上肯認了規範或規則也含價值。而如何證立Norm既含Facts（事實），也含Values（價值），則引出了規範性（即正當性）問題。這正是Habermas在氏著中討論的主要問題。第四，Habermas的Geltung概念極爲複雜，它同時指涉法律規範的社會有效性（法律被社會所接受的事實）、合法律性的法律有效性（在這一有效性模態中，國家實施法律的事實性與一種有證明力的和合理的保障自由的立法程序的主張的正當性交織在一起）、規範的法律有效性（行爲的合法律性〔Legalität〕和規則本身的合法性〔Legitimität〕同時得到保障），另一方面是規則本身的合法性（Legitimität）、規範有效性（與事實性相區分）、事實有效性（是）與應然有效性（應當）、[24]言語行爲的有效性（可理解性、真實、真誠、正確）。[25]顯然，使用Norm或規範，無論如何也無法涵蓋Geltung概念的基本涵義和意義。需要特別指出的是，Habermas的Geltung概念包含Legitimität的涵義，在中文譯本中，這個詞譯爲「合法性」，與Legalität（合法律性）概念相對。有的學者也將Legitimität譯爲「正當性」，並認爲「正當性」即爲「倫理效力」。[26]由此可以推知，出於同一語源的Legitimität（合法性、正當性、倫理有效性）是Geltung概念的涵義和意義的當然內容。第五，Geltung概念的價值涵義也可從Habermas的普遍語用學中獲得體現。Habermas的法效理論的哲學基礎之一是他創立的普遍語用學。普遍語用學的任務就是試圖重建廣泛的普遍有效性的基礎，而建立一種理想的語用行爲模式。民主與人權的普遍主義觀念，經由交往的普遍語用結構（主體間性）得以展現，並在商談的結果中獲得了倫理、道德有效性。

由此可知，概念的內涵往往只有與其他概念連結起來才能把握，概念的外延往往要通過類型化才能涵蓋。由於法學是人學、是人文科學，法效中實質地包含著人的意志與價值。在析取概念時，須以價值爲導向，才能理解和體現法律的目的。對於研究者來說，概念是研究範式的體現，也是

---

24 Ibid., S. 46-49, 70.

25 Habermas, *Communication and theEvolution of Society*, Polity Press, 1991, p. 3.

26 顏厥安，〈法效力與法解釋〉，載《台大法學論叢》，第27卷第1期，第3頁。

理論模型的最小單元。它決定著研究範式和理論模型。因此，在某種意義上說，能否準確地把握Geltung概念的涵義和意義，體現著知識的規範有效性對研究者的約束程度。

二

　　Habermas的Geltung概念極爲複雜的另一特徵是它由多層次的有效性構成：事實性的有效性、合法律性的有效性、合法性（也即正當性）的有效性、可接受的有效性、客觀性的有效性、主觀性的有效性。這些多層次的「有效性」概念又與他的「倫理有效性、道德有效性、法律有效性、社會有效性」概念交織在一起，導致他的Geltung概念不可避免的問題：如果兩兩要素之間沒有明確的界限，那麼，倫理有效性和道德有效性是如何通過商談程序獲得法律效力（即法律有效性）的？

　　Habermas認爲，法律有效性涉及兩個方面：一方面是根據規範得到法律共同體成員遵守的平均情況來衡量的社會有效性這一事實性；另一方面是要求法律共同體成員選擇對規範承認的那種主張的正當性。[27]這是從社會成員的角度確定法律的有效性。Habermas認爲，如果國家同時保證下列兩項，法律規範的有效性才存在：國家關心人們遵守規範的一般情況，必要時以制裁迫使人們遵守規範；國家爲保障規範本身正當地實施提供制度性的前提條件，使得人們總是出於對法律的尊重而遵守它們。[28]

　　在社會層面上，Habermas的Geltung概念包含著法律共同體成員的規範性主張。法律的有效性由社會有效性與法律共同體成員的規範有效性主張的合法性構成。在這裡，社會有效性是客觀的，而它的客觀性立基於社會成員對法律的遵守情況。於是，引出的結論是，社會成員對法律有效性的認同、對法律的遵守，終極地出自其主觀性，包括價值和義務判斷，由此構成其主張的規範有效性。社會成員的規範性主張是主觀性的。這裡需

27　Jürgen Habermas, *Faktizität und Geltung: Beiträge zur Diskustheorie des Rechts und des demokratischen Rechtsaats*, Suhrkamp taschenbuch Wissenschaft, 1994, S. 48.

28　Jürgen Habermas, *Faktizität und Geltung: Beiträge zur Diskustheorie des Rechts und des demokratischen Rechtsaats*, Suhrkamp taschenbuch Wissenschaft, 1994, S. 661-662.

要區別幾個複雜的概念，即規範性、有效性主張、合法性（即有效性）。從Habermas的理論體系觀察，他的「規範性」概念有兩層涵義：一是指行為與規範之間的關聯，此時，行為是由某一規範引致，即行為規範與行為的義務性相關聯；二是由於有效性主張的主觀性特徵，該「主張」無法展現為價值獨立的陳述，那麼此時的有效性主張包含著規範性。後一種規範性所要求的有效性主張必然包含著價值判斷。當然，我們也無法排除前一種規範性也包含著價值內涵。於是，法律的合法性（即正當性的有效性）中包含著第一層次的內在矛盾：法律共同體成員的價值要求（理想）與對法律的遵守狀況（現實）的矛盾、法律共同體成員的規範有效性主張（主觀）與其有效性主張在實證法中的實現程度（客觀）的矛盾。在這裡，還需要指出的是，有效性主張不等於有效性。前者只是一種主觀性的宣稱，是對規範或規則的一種要求、一種主張。由於它只是主體間論證性論辯的前提條件，所以它並不具有體現為結果的有效性。同時，這種有效性主張並不必然地導致合法性的有效性。因為在主體間性下，有效性主張的價值判斷源於共同體成員個人。對於價值判斷，形式主義認為，價值判斷具有規定性，承載著規定和約束的基本功能，以影響人們的選擇，指導人們的行為，但否認其普遍性。自然主義承認價值判斷的描述性和普遍性，但否認其規定性。這是後設倫理學的觀點。Habermas以商談為核心的程序主義理論體系認為價值判斷既具有規定性，也具有普遍性。但Habermas也承認「道德自決是一個個體性（a unitary）概念。據此，每一個人根據自己的自主判斷僅僅服從那些他認為具有約束力的規範」。[29]這意味著價值判斷的規定性與普遍性有相當的距離。於是，有效性概念內部又引出另一層次的內在矛盾：共同體成員個人基於價值判斷的道德自決的

---

[29] Ibid., p. 665. 童世駿譯為「道德自決是一個一元概念」，中文簡體本，第687頁。高鴻鈞譯為「道德自決是一個統一的概念」，Mathew Devlin編，《哈貝馬斯、現代性與法》，高鴻鈞譯前引書，清華大學出版社，2008年版，第177頁。高鴻鈞在譯著中附有一篇專文，「通過民主和法治獲得解放──讀《在事實與規範之間》」，該文與其另一文集《商談法哲學與民主法治國》（高鴻鈞等著，清華大學出版社，2007年版），以及〈走向交往理性的政治哲學和法學理論──Habermas的民主法治思想及對中國的借鑒意義〉（載《政法論壇》，2008年第5、6期）一文中有關Habermas法律理論部分，對Habermas的法效理論作了深入的研究，堪稱大陸法學界研究Habermas法律理論的最高成就。

有效性與該個人道德價值如何獲得普遍的有效性之間的矛盾。相差更遠的是，基於價值判斷的道德有效性與合法性的有效性的距離。在這一對有效性中，前者是主觀的，其有效性約束著共同體成員個人的選擇和判斷，後者的有效性已體現在客觀的規範之中，並且是超越合法律性之有效性的合法性的有效性。在兩者之間，引用Habermas的話語說明，缺乏「必須在認知方面為我們提供證明的那種有效性」。[30]

在國家層面上，Habermas認為，法律的實證性和強制性的形式特性與對合法性的要求相關聯。後者期待法律平等地保障各個法律實體的自治權。這種合法性期待與立法和實施法律的事實性交織在一起。而這種關係又反映在法律有效性的模式中。[31]合法性主張在這裡的、被Habermas認為是自相矛盾的[32]Geltung概念中還只是一種期待。於是，在這裡，Habermas的Geltung概念只剩下實證性和強制性。而任何基於民主與法治的Geltung（這是Habermas論證Geltung概念所預設的制度前提）都不會只具有實證性和強制性。正如他自己所說，如果沒有公民參與的民主性立法，即每一個公民有權平等、自由地參與立法過程，就沒有合法性的法律。[33]這反映了Habermas的另一認識：僅具有強制性的實證法是不具有Geltung的。在這裡，即使我們把這裡的Geltung理解為合法律性的有效性，也幾乎要顛覆Habermas的合法律性的Geltung概念，因為如前所述，合法性主張（一種期待）包含著理性目的和規範性要求。理性的規範性意味著無需借助任何欲求，理性本身就具有目的的有效性。「規範性」要求法律共同體的每一個成員以某種邏輯必然性創造出一個具有正當有效性（即合法性的有效

---

30 Jürgen Habermas, *Faktizität und Geltung: Beiträge zur Diskustheorie des Rechts und des demokratischen Rechtsaats*, Suhrkamp taschenbuch Wissenschaft, 1994, S. 29.

31 Ibid., S. 661.

32 Habermas認為，有效性模式的自相矛盾是指現代法律具有兩種面向：一種是人們僅將法律規範當作命令，另一種是人們將規範視為有效的準則，出於對法律的尊重而遵守法律。Jürgen Habermas, *Faktizität und Geltung: Beiträge zur Diskustheorie des Rechts und des demokratischen Rechtsaats*, Suhrkamp taschenbuch Wissenschaft, 1994, S. 661-662. 事實上，Habermas所認為的兩種面向只是一種面向—實證面向。因為即使是實證法，也可能會引起人們的尊重而遵守法律。

33 *Reconciliation through the Public Use of Reason: Remarks on John Rawls Political Liberalism*, Journal of Philosophy 92, No. 3 (March 1995): 130.

性）的法律體系。這是法律共同體成員的道德責任。因爲只有在這樣的法律體系中，才能實現理性目的。於此，Geltung概念出現第三層次的內在矛盾：合法律性的有效性與合法性的有效性。Habermas在解決事實性與有效性之間的張力的方法中，奉行的是一種「實在論」，即力求在事實世界尋找眞理。其方法論是實證論與經驗論相結合的產物：程序主義，忽視了觀念性的規範意義。主體間性應該不只是具有程序性意義，或者說，主體間性應該不只是被程序主義所決定。首先，觀念可以經過主體間性獲得規範性意義。[34]其次，主體間性也受到先驗存在的制約。再次，主體間性的結果不必然包含合法性的有效性。最後，主體間共識的形成沒有確定的形式。

　　合法性的有效性來自哪裡？這實際上涉及到社會與國家之關係的層面。在Habermas的理論體系中，他的Geltung概念的模糊性，正是產生於他的社會與國家之關係的模糊性。Habermas認爲，法律形成的民主程序似乎構成了合法性的唯一世俗源泉。[35]我們知道，Habermas關於民主的理論既不是自由主義的，也不是共和主義的，而是程序主義的。在他的法效理論中，程序不是法律程序，而是形成法律的程序。它試圖用程序連結社會與國家，卻在實質上使社會與國家合二爲一。社會是倫理、道德的載體，國家是法律的載體。在民主法治國中，法律與國家只是不同法律秩序的體現。國家是法律秩序的人格化。社會由作爲私人的成員構成，國家是由各類公共機構構成。社會成員的行爲的性質，要麼是私人的，要麼是公共的，不會既是公共的，又是私人的。私人自主與公共自主是兩個不同的範疇。私人自主體現爲倫理、道德領域裡的自主，公共自主的基礎是政治自由，政治自由是政治自主的保障。沒有政治自由，就沒有政治自主，而不是相反；沒有政治自主，就沒有倫理、道德領域裡的私人自主，而不是相反。只有首先確保法律共同體成員的政治自主，才能保障作爲私人的共

34　Ю.и. Romanov, О Концепции Категория Статус (*On the Category Status of Idea*), in Философия Науки (Russian Journal of Philosophical Sciences), Новосибирск: Российская академия наук, Сибирское отделение, Институт философии права, В 1992 году 3 период.

35　Jürgen Habermas, *Faktizität und Geltung: Beiträge zur Diskustheorie des Rechts und des demokratischen Rechtsaats*, Suhrkamp taschenbuch Wissenschaft, 1994, S. 662.

同體成員在倫理、道德上的自主性。私人領域與公共領域具有基本的、明確的分野，也即社會與國家之間具有基本的、明確的界限，才能同時實現倫理、道德上的私人自主和政治領域裡的公共自主。Habermas在氏著中多處提到法律與道德的互補關係。他認為它們是以互補類型的行動規範而並列地出現的。當他認為法律與道德融為一體時，他認為此時法律規則和道德規則起著互補作用，共同規範社會成員的行為。[36]如果是這樣，Habermas的法律有效性與倫理、道德有效性是沒有區分的，從而導致他的政治自主與道德自主、私人自主與公共自主也是沒有區分的，進而導致他的社會與國家領域也是沒有區分的。然而，正確的認識是，任何合法性的有效性必然包含倫理道德的有效性，即體現為法與道德的必然關聯，也即法律規範包含著倫理、道德價值。但這並不證明倫理規範、道德規範與法律規範是合二而一的。如果法律有效性與倫理、道德有效性是合一的，那麼，法律有效性就不是從商議性的民主程序中獲得的。

Habermas試圖沿著這樣的路線圖建立他的法律有效性概念，即法律的有效性始於倫理，經由道德，終於法律。Habermas對倫理與道德作了區分。他將倫理與個體、特殊、共同體、評價和價值等概念連結在一起，將道德與集體、普遍、原則和正義等概念連結在一起。他認為倫理問題只有在一個具體的歷史的生活形式之中，或在個體的生活形式中才有可能進行合理地討論。倫理問題與一種特定的集體及其生活形式具有內在關聯。道德問題原則上可以根據正義的標準或利益的可普遍化而加以合理地決定。[37]將正義問題視為道德問題，意味著強調正義的普遍價值意義。確定了主體和問題，Habermas認為，倫理—政治商談必須具備集體的詮釋性自我理解所需要的交往條件。它們應當使一種真實的自我理解成為可能，並能對某種身分的設計進行評價或者確認。當爭論平緩下來、集體的自我確認達到預定目的時，此時的共識只是表達了自我認識和選擇某種生活方

---

[36] Jürgen Habermas, *Faktizität und Geltung: Beiträge zur Diskustheorie des Rechts und des demokratischen Rechtsaats*, Suhrkamp taschenbuch Wissenschaft, 1994, S. 135.

[37] Habermas: *Justification and Application: Remarks on Discourse Ethics*, Translated by Ciaran Cronin, The MIT Press, Cambridge, Mass and London, England, 1993, pp. 6-7.

式的決定。沒有參與就等於沒有進入自我確認的過程，原則上，每個人都必須擁有平等機會對已發表的所有相關意見選擇「是」或「否」的立場；對「是」或「否」的選擇是無法由他人代替的。這些商談只是在非組織化的公共領域裡形成了組織化的廣泛的社會交往圈的中心或焦點。[38]在這裡，只是獲得了對個體或特定共同體的倫理有效性。需要注意的是，Habermas並未特別明確強調倫理商談的程序主義原則。Habermas的程序主義思想主要體現在道德有效性和法律有效性的獲得上。因爲倫理自我決定於個人的倫理信念，而非程序。可是這個信念是如此重要，以致它決定性影響著道德商談及道德有效性和法律有效性的獲得。因爲一個人對「他應該做什麼」的判斷與他對「人是什麼」的信念有密切關係。[39]更要注意的是，Hindson的這個命題既是倫理學的，也是人類學的，又是倫理—人類學的。於是，個人的倫理信念獲得了可普遍化的人類學性質。如此，個人的倫理信念先驗地與自然法理念融爲一體。也就是說，個人的倫理信念具有先驗性。在這裡，可普遍性與先驗性將倫理與道德合二爲一，共同經由民主商談程序，使法律獲得合法性的有效性。

　　Habermas的道德商談主張通過某種合理的實踐程序獲得正確性和正當性。在這裡，正確性和正當性的獲得取決於一個關於正當的獨立標準，以及參與者設計出保證結果正當的程序。在道德商談中，每個人都能平等地參與商談，每個參與者都能夠採取所有其他人的視角。Habermas爲此設立的實踐商談的條件是：免於強迫和強力干預；爲參與者提供平等機會；討論不應排除任何議題；可接受性在於最佳論證理由。Habermas認爲，根據這些條件，參與者原則上能夠就道德問題達成共識。那麼，是否有了這樣的獨立標準、條件和程序，就能夠獲得結果的正當性呢？作爲過程的道德商談形式在商談開始時，即將道德商談交付給了一定程度的倫理，因爲道德商談的主體是個人；個人是倫理的載體，具有特殊性；而道

38 Jürgen Habermas, *Faktizität und Geltung: Beiträge zur Diskustheorie des Rechts und des demokratischen Rechtsaats*, Suhrkamp taschenbuch Wissenschaft, 1994, S. 223-224.

39 W. D. Hindson, *Modern Moral Philosophy*, 1st Edition, The Macmillan Press, Ltd., 1970, reprinted in 1987, pp. 320-328.

德商談追求的是一種普遍性的結果；只有在道德商談中達到普遍與特殊的同一，才能獲得具有普遍性的結果。由於倫理生活對於作為倫理實體的個體的人而言，具有一種絕對且內在的必然性；[40]而標準、條件和程序是一種外在的必然性。那麼，這種內在與外在的必然性的衝突使得普遍與特殊在結果中達到同一始終只是一種可能性。由此可知，商談倫理學的基本思想只能是，正當性的結果可能通過可能設計出的正當程序並被實際地執行而獲得。進而我們可以察知，程序正當和結果正當在道德商談中只是一種可能關係。換言之，對於結果的正當性而言，道德商談只是必要條件，而非充分條件。但Habermas確信，商談結果的合理性只能來自商談的過程符合經商談建立的程序的正確性：民主意志形成的合法性力量來自交往的前提條件和能夠使商談者在協商過程中得到更好論證機會的程序。與我的理解相反，Habermas不認為這種合法性力量是從已經建立的倫理信念的重合中獲得的。[41]在Habermas看來，程序正確是構成決定和結果正確或正當的充分依據。這是因為在公共性商談中，借助言語的論證能合理地推動意見的一致。需要指出的是，Habermas一方面認為，法律共同體的建立不是基於社會契約，而是通過商談獲得的同意，[42]另一方面認為，這種道德論證商談的交往形式通常無可能以代理的形式得到實施，[43]如此，結果的道德有效性實際上還是需要在代議性商談中獲得。這樣，商談模式並未能代替契約模式，而必須借助契約模式才能最終獲得法律的有效性。甚至是道德商談過程也不能獲得道德有效性，因為有效性必須體現在結果之中。在道德商談過程中，社會成員的道德有效性主張不是道德有效性。道

40　G. W. F. Hegel, *Uber Die Wissenschaftlichen Behandlungsarten Des Naturrechts* (*The Scientific Ways of Treating Natural Law*), in Kritisches Journal der Philosophie, Dcember 1802 and May 1803, Translated by T. M. Knox. Introduction by H. B. Acton. Foreword by John R. Silber Publication Year: 1975. University of Pennsylvania Press, pp. 98-100.

41　Habermas, *Faktizität und Geltung: Beiträge zur Diskustheorie des Rechts und des demokratischen Rechtsaats*, Suhrkamp taschenbuch Wissenschaft, 1994, S. 339. 這個程序模式既不是所有社會制度的模式，也不是所有國家制度的模式，而是法治國政治體系的核心結構。Habermas再次用他的程序模式將社會與國家融為一體。

42　Habermas, *Faktizität und Geltung: Beiträge zur Diskustheorie des Rechts und des demokratischen Rechtsaats*, Suhrkamp taschenbuch Wissenschaft, 1994, S. 663.

43　Ibid., S. 224.

德商談過程只是獲得法律有效性的一個必要前提，不可能形成法律上的正確或正當的協議結果。而代議性商談及其過程也只是商談的參與者表達合法性的有效性主張，尚未獲得合法性的有效性。Habermas對道德有效性與法律有效性之關係的處理是從他所認知的「一種程序法與一種程序化的道德之間同時存在的相互制約的關係」切入。在他看來，在法治國秩序中，也主張運用實證法作為工具，為的是分配證明責任，把易於道德論證的證立程序制度化。此時，法律中的道德具有純粹的程序性質，它已經擺脫了全部特定的規範內容，而變成一種為了證立和適用可能的規範內容的程序。[44]所謂「全部特定的規範內容」，Habermas的意思是指倫理有效性的內容。而道德規範內容只能體現在論證和運用的程序中。由於是「可能的」，那麼，程序中並不必然地融入這種道德規範內容。而法律商談的結果由於可能缺乏道德有效的內容，更不會必然地包含合法性的有效性，而只能出現合法律性的有效性，即實證性與強制性。這與Habermas的理論的初衷相反。職是之故，法律商談，儘管可以對道德實踐問題進行論證性探討，但道德論證在方法上受到現行法的制約，在事實上受到議題與證明責任分配的約束。[45]如此，道德論辯被建制化，只是作為一種公開的程序。於是，一個顯而易見的問題出現了：Habermas道德有效性的規範內容是如何獲得法律上的有效性的？如果這個問題不能證立，那麼，源於個體和特定共同體的倫理有效性也無法直接或間接地進入法律中，並獲得合法性的有效性。這將動搖Habermas的整個法效理論的基礎。究其原因，蓋在於Habermas的法效理論，形式（程序）中缺少主要形式（程序），內容中匱乏實質內容。只有過程而無法獲得結果。進而，我們可以看到，Habermas的法效理論之所以出現這樣的問題，又在於他試圖從形式中獲得規範內容，因為他將倫理有效性與法律有效性的仲介道德有效性的商談模式理解為程序，且該程序要受實證法的約束。從而使他那試圖獲得道德有效性的道德商談從終點回到起點。結果是，雖然他放棄了法律實證主義

---

44 Ibid., S. 568.
45 Ibid., S. 568.

者的形式法效理論模式，但並未建立起可以證立的程序主義法效理論模式。雖然他試圖將「國家實施法律的事實性與一種有證明能力的保障自由的立法程式的正當性，透過語言結構和社會結構相互呼應的機制整合到一個完整的法律有效性的模式中」，[46]但事實是，他並未根本性地解決正當性的終極來源和最後歸宿問題。

三

如何理解法律的有效性概念？概念本身即是一種結構。概念本身也是無矛盾的意念。意義是結構的脈絡。概念結構所表示的就是理。[47]概念是人類精神活動與理性實踐活動之多層次潛力的展現領域，是知識、思想與方法之融貫的結晶。Geltung概念是事實性、規範性與價值性的統一體。事實性與有效性之間的關係並不是對立統一的矛盾關係，而是包含的種屬關係。有效性概念中的事實性既有社會系統中的事實性，也有法律系統本身的事實性。法律一旦獲得效力，法律系統便與國家系統合二為一。此時，源自於法律本身之內的那種事實性與有效性之間的張力，實際上是法律系統本身，也即國家系統本身出了問題：立法的非民主性、執法的非公正性、司法的非正義性。從而損害和喪失了法律的有效性，也損害和喪失了國家的有效性。在這裡，國家是法律秩序的人格化。在這個法律秩序的頂端是一個具有合法性的憲法，其事實性根源於社會成員公認需要一個具有合法性的法律秩序。由此推論，國家的基本屬性就是合法性，它與法律秩序的有效性重合。社會系統中的事實性被包含於法律的有效性之中，是因為立法作為一種內在過程，需要外部的標準。立法者與社會成員，縱使都是法律共同體的成員，他們對於法律的有效性仍有不同的內在觀點，以及互為外在觀點。社會系統的內在本質，就是一組共用的價值與信念。[48]由於社會是倫理、道德的載體，所謂共同體的共用價值與信念必然與共同體中存在的倫理、道德內容融為一體。這就是社會系統的事實性，它既是

---

46 Ibid., S. 46.
47 金嶽霖，《知識論》，商務印書館，1983年版，第351-353頁。
48 D. Lockwood, *Solidarity and Schism*, Oxford, 1992, pp. 7-8.

立法過程的外部標準，也是法律有效性的當然內涵。Geltung概念結構中的規範性具有兩個相應的面向：一為規範當為；一為應然當為。前者表現為法律形式，後者表現為法理形式。兩者都具有價值性，共同支撐著法律的有效性。

　　從法律發展的歷史觀察，我們可以知道，法律有效性概念的來源，有Austin的主權者命令的抽象，有Kelsen基本規範的形而上學假設，有Hart承認規則所設定的內在面向，有Alexy社會效力、倫理效力及法律效力的劃分，有Dworkin的原則識別手續，有Kaufmann的良知法效理論。

　　Austin實際上是將事實性與有效性高度抽象化、限縮化、僵化為主權者的命令，僅將主權者命令作為法律有效性的來源。Kelsen完全排除了法律有效性之觀念及社會的來源，代之以「基本規範」的假設，作為法律有效性的來源。Kelsen的「基本規範」是一個「非經驗」的範疇。在Kelsen看來，這個假定不需依賴經驗即可證明為真。也就是說，不需考察現實世界的境況（社會系統中的事實性），即可證明為真。Hart的承認規則也是一種假設。與Kelsen不同的是，Hart的承認規則是基於社會性的假設。由於承認規則的存在是因為它被社會成員實踐，所以，承認規則是一種經驗性的成規。這個社會事實是合法律性判準的基礎。[49]基於此，承認規則也是法律中的事實性的體現。Hart的承認規則具有雙重屬性：法律規則和社會規則，從而將法律的規範性與事實性統一起來。但Hart的規範性是實證的，即規範當為由實證法規則確定，而不具應然價值。Hart的法律中的事實性，由於承認規則的功能，呈現為極為複雜的結構。Hart力求在承認規則的內在面向中排除價值內涵，用以體現法律實證主義分離命題的基本立場。可是，承認規則是其他次級規則和所有初級規則的法效來源。與此同時，承認規則也是方法，它可由社會成員用來作為鑒別法律有效性的判準。於是，不同社會成員的主觀性（即Habermas的事實性）反映到獲得法律有效性的過程之中，從而引起事實性與有效性之間無結果的、且又無法解決的內在衝突，因為問題的原因就是問題本身。按照Hart的設計，承

---

49 Jules Coleman, *The Practice of Principle: In Defence of a Pragmatist Approach to Legal Theory*, Oxford University Press, 2003, pp. 152-154.

認規則既具有有效性，也具有事實性。當承認規則作爲規則時，它具有有效性；當它作爲方法時，它具有事實性。由於Hart並沒有具有說服力地證明法律體系內哪類規則是承認規則，於是，承認規則只是社會成員鑒別有效法律的判準，即方法。因此運用承認規則，實際上是將承認規則的法律有效性還原爲事實性。法律的有效性並不能通過承認規則而獲得。Hart並沒有解決法律有效性的終極來源問題。由法律實證主義分化出來的柔性法律實證主義將承認規則的主要功能界定爲「生效規則」，旨在拘束並導引公職人員處理有關法律生效的問題，設定了法律生效的條件和標準。[50]於是，法律有效性的來源又回到了立法者那裡。法律的有效性等同於以「多數決定」爲原則的民主性。Alexy的法律有效性概念（Geltungsbegriff）包含著倫理有效性和社會實效。倫理有效性這個概念在Habermas的法效理論中被稱爲合法性（Legitimität）。[51]與Habermas不同的是，Alexy的倫理有效性不是來自個體和特定的共同體，而是來自於道德（廣義）的證立。由於Alexy認爲這種有效性是理性法論和自然法論的基礎，[52]因此，Alexy的法律有效性的終極來源是先驗的。但是，細心的讀者會注意到，Alexy的正當性宣稱（獲得正當性的條件，也即獲得合法性的有效性的條件）並不要求一種普遍的合法性，而僅要求能在有效性秩序範圍內合理地論證。[53]於是，那作爲理性法論和自然法論基礎的倫理有效性便與道德證立的依據—先驗的決定性和道德的可普遍化原則相悖。Dworkin的法效理論立基於他的規範性法律理論。[54]他認爲每一個法律體系都有某種抽象的規範性原則，作爲法官辨識有效法律規則或原則的標準。法官不只是遵守立法機關所做的決定，而是進一步主張他們遵守立法機關決定之義務背後

50 Jules Coleman, *Authority and Reason*, in Robert George, ed., *The Authority of Law*, Oxford: Clarendon Press, 1996, pp. 291-294; Coleman, *Incoporationism, Conventionality, and Practical Defference Thesis*, 4 Legal Theory (1998), pp. 406-407.

51 Habermas, *Faktizität und Geltung: Beiträge zur Diskustheorie des Rechts und des demokratischen Rechtsaats*, Suhrkamp taschenbuch Wissenschaft, 1994.

52 Robert Alexy, *Begriff und Geltung des Rechts*, Freiburg, Arendt, Hannah, 1991, S. 141.

53 Robert Alexy, *A Theory of Legal Argumentation: The Theory of Rational Discourse as Theory of Legal Justification*, Translated by Ruth Adler and Neil MacCormick, Clarendon Press, Oxford, 1989, pp. 213-214.

54 Ronald Dworkin, *Taking Rights Seriously*, Gerald Duckworth & Co Ltd., 1977, pp. 58-65.

的更高義務，作爲他們進行司法審判和作出判決的證立理由。[55]Dworkin的規範性法律理論是他的法律原則理論。Dworkin認爲法律體系是由規則和原則構成的。多數法律規則或是由立法機構以成文法的形式制定，或是由法官在個案裁判中建立。法律原則無法被這種系譜判準所鑒別，必須經過兩道識別手續：其一，必須符合在公眾以及法律專業中，長久以來所逐漸發展而成的妥當感；其二，必須是在先例的論證中曾經被引用或出現過，而獲得制度支持的原則。符合這兩個條件，一個特定的原則才能轉化爲法律上的有效原則。[56]由此我們可以看到Dworkin法律原則理論的特點：1.法律原則來源於社會倫理道德系統，法律原則具有正義、公平或其他倫理道德內涵；2.法律原則的有效性來源於法律共同體的有權機構（立法者和法官的法律實踐活動），制度是法律原則的有效性的保障；3.法律原則是法律規則背後的證立理由；4.法律原則的基礎是權利命題（the right thesis）。[57]不難看出，Dworkin一方面認同法律原則的有效性來自於有權機構的法律實踐活動，並有制度上的確認；另一方面又強調法律原則的基礎是權利命題。權利命題的核心便是天賦權利。這意味著法律原則的有效性的終極來源在法律體系之外。Dworkin法律有效性概念的結構實際上是：天賦權利→法律原則→法律規則。Dworkin是一位徹底的自然法論者，關於自然法論的法律有效性議題，我將用專文探討，在此不作詳論。Kaufmann的法效理論將法律的有效性來源終極到個人的良知，將法律有效性的社會基礎導向「自由論證社群」的「承認」與「共識」。Kaufmann認爲，法律的效力必須獲得社會成員在邏輯上必然的承認，[58]也即應然的承認，始可確立。所謂必然的「承認」體現了共同體成員個體的倫理實體之存在。所謂「共識」，Kaufmann則是以Habermas的「言說模式」爲基礎，主張「共識」之達成是基於一種「自由論證社群」的規約式理念下所提出的正當性宣稱。在Kaufmann的有效性概念中，他

---

55 Dworkin, *Taking Rights Seriously*, pp.51, 60-61.

56 Dworkin, *Taking Rights Seriously*, p. 40.

57 Dworkin, *Taking Rights Seriously*, pp. 29-30.

58 Arthur Kaufmann, *Rechtsphilosophie*, C. H. Beck'sche Verlagsbuchhandlung, Münichen, 1997, S. 202-203.

結合了Kant的主體性和Habermas的主體間性。主體性是「個體」範疇，主體間性是「關係」範疇。「個體」存在於「關係」狀態中。「個體的自我意志和他自身的良知融化在倫理實體性之中。」[59]倫理性經由主體的主觀面向進入了法律。因此，良知構成了個人最高且最後拘束力的來源。[60]在這裡，Kaufmann的「自由論證社群」實際上相當於Habermas的「道德共同體」；「自由論證社群」的正當性宣稱就如同道德商談主體的正當性宣稱。與Habermas不同的是，Kaufmann的「倫理性」的載體只是個體；Kaufmann的「倫理性」是從主體的主觀面向獲得法律有效性的，雖然，「自由論證社群」的論證性活動也具有程序特徵。

　　同樣地，從法律發展的歷史脈絡，我們也可以看到，法律的有效性可以劃分爲兩大類型：合法律性的有效性和合法性的有效性。根據一般的認知，合法律性的有效性可以直接通過民主產生的立法機構所制定的法律和司法機構所確定的判例獲得。法律實證主義者認爲，合法律性的有效性並不依賴於倫理、道德價值，但這並不是說這樣的有效性概念中就沒有價值內涵。雖然分離命題是拒絕承認法律與道德有必然關聯的邏輯命題，即某一行爲標準在法律上的有效性不依賴於道德規範。但這並不能證明法律實證主義的法律有效性概念中不包含社會性。因爲承認規則可以是社會成員識別法律效力的判準，它連結著社會性（社會成員的特性之一）和法律有效性。在Habermas看來，合法律性的有效性不是缺乏道德內涵，而是缺乏普遍語用學基礎上的商談過程。他認爲，法律規則與道德規則的補充關係絕不意味著法律在道德上保持中立。實際上，法律原則對道德原則施加了限制。以這種約束方式，道德立法使自己體現在實證法的立法中，將道德性體現在合法律性中，將道德義務體現在法律義務中。實證法在功能上對於道德的補充，減輕了個人作出道德判斷的認知負擔。[61]道德與法律互補而非重合，這在法律概念論上被詮釋爲法與道德無必然關聯。因

---

[59] Hegel, *Grundlinien des Philosophie des Rechts, oder Naturecht und Staatswissenschaft im Grundrisse*, Berlin, 1933, S. 195, §152.

[60] Arthur Kaufmann, *Rechtsphilosophie*, 1997, S. 201.

[61] Jürgen Habermas, *Faktizität und Geltung: Beiträge zur Diskustheorie des Rechts und des demokratischen Rechtsaats*, Suhrkamp taschenbuch Wissenschaft, 1994, S. 135-136, 147, 667.

爲有了商談程序，「實證法不再能從一個高層次的道德規範中獲得其合法性，而只能從假設的更加合理的意見和意志形成的程序中取得其合法性。」[62]Habermas與法律實證主義者的區別不在於有效性概念的內涵，而在於獲得有效性的過程。根據商談理論，事實性與有效性之間之所以存在張力，是因爲僅僅通過合法律性的途徑制定的法律無法保證其合法性。[63]但如何證立經過商談建立的法律就具有合法性的有效性。由於倫理商談和道德商談只是一種柔性程序，而形成正當性結果必須經由剛性程序（多數決定和全民公決）。倫理商談和道德商談最終在剛性程序中獲得法律有效性，這樣法律有效性中就包含了道德有效性。儘管Habermas不否認倫理和道德的規範內容，但事實上，人類社會還有高於倫理（特定共同體）和道德（普遍共同體）內容的內容（如人性尊嚴之類的天賦人權，人類生存的基本公理）。這些內容先在地約束著每一位商談者，對於倫理、道德、法律，如同對於每一位商談者那樣，都具有不可剝奪、不可轉讓、不可侵犯、不容置疑、不可或缺和母體性的先在和內在的優越性，也即某些確定的內容是先於立法的、是「侵犯禁止」的先在條款，它們構成了合法性之有效性的終極來源。正是由於存在某些先在內容的先驗決定性，我們才能證立爲什麼規則和規範具有不依賴於我們的欲望和傾向的那種有效性。從法律發展的歷史可以看到，法律的進步正在於法律中體現和保障這些「先在條款」的程度。還須指出，受商談倫理支配的商談行動不只是個體性的，道德決定也不只是個體性的，它具有社會性和歷史性的內容。作爲前者，社會成員的商談行動的意義要受到社會─歷史的內容（倫理、道德、風俗、經濟、法律、宗教等行爲規範）這些事實性的影響。作爲後者，社會成員在行動的過程中創造了新的社會─歷史內容，社會成員獲得了更高層次的意義領域，建立了新的社會性和歷史性的規範系統。這是建立在實踐理性基礎上的交往理性行動的結果；這是一個開放的遞進系統。如此遞進，生生不息。在這個歷史進程中，以個體爲主體的理性起著重要作用。

62　Ibid., S. 674.
63　Ibid., S. 56-58.

正如Goethe所說，理性的世界取決於一代又一代人持續進行的行動過程。理性的世界可被看作一位偉大、不朽的個體，他不停地產生具有必然性的東西，力圖控制具有偶然想的東西。[64]Habermas法效理論的核心問題是試圖用「主體間性─交往理性」的研究範式取代Kant的「主體性─實踐理性」的研究範式。這等於是試圖用程序性範疇取代實體性範疇，因為「主體間性─交往理性」的理論模型本質上是程序性的，而「主體性─實踐理性」的理論模型本質上是實體性的。「主體性─實踐理性」範式是「主體間性─交往理性」範式的內容，而「主體間性─交往理性」範式是「主體性─實踐理性」範式的形式。形式為內容所決定。沒有主體性，主體間性便失去了意義；沒有實踐理性，交往理性便徒具形式。Habermas的程序主義法律範式可以補充法律實證主義之形式性的法律范式和自然法論之實質性的法律範式，而無法超越它們而成為獨立使用和存在的法律範式。當然，Habermas的法效理論的問題無損他的普遍語用學和交往行動理論的原創性思想的光輝，後者仍然是我們研究和實踐民主與基本人權的普世主義價值之思想和行動的哲學基礎。

2009年2月19日

---

64 Letter from Goethe to Fr. A. von Beulwitz (8 July 1828). See Goethes Werke, *Weimarer Ausgabe*, 143 vols. (Weimer: Herman Bohlau, 1887-1919). IV, 44: 205f. Quoted from Wilhelm Dilthey, *Introduction to the human sciences: an attempt to lay a foundation for the study of society and history*, translated with an introductory essay by Ramon J. Betanzos. Detroit: Wayne State University Press, 1988, p. 103.

第六章 法律的概念
——「古典爭議」的終結

　　2002年7、8月，我系統地蒐集和閱讀了英文版的法律實證主義著述。這兩個月的成果是，我決心推翻被我質疑很久的法律實證主義理論體系。此前的質疑是：學術界何以憑藉Austin之「法律是主權者的命令」、Kelsen之「純粹法理論」、 Hart之「規則理論」，就斷定法律與道德在概念上無必然關聯，進而將他們的理論命名為法律實證主義；隨後，又有Raz的剛性法律實證主義和Coleman的柔性法律實證主義之分。對法律實證主義理論的研究在2010年以前的十年處於鼎盛時期。而我當時的思考切點是：法律實證主義來源於實證主義哲學，而實證主義哲學是近代科學技術發展的產物。因此，實證主義哲學與古希臘哲學和德國古典哲學幾乎沒有關聯；而法學與古希臘哲學和德國古典哲學關聯密切。古希臘哲學之自然秩序的人類版便是法律秩序；而從法學的角度觀之，主體性就是德國古典哲學的最高概念，它是法律和法學的基本理念；沒有主體性，就沒有法律，當然也沒有法學。經過幾年的積累，我於2009年8月完成了我的法律概念論的上篇：論法律概念的科學探討方式，於2010年6月完成了下篇：論法律概念的基本結構。這篇長論論證了自然法學派和法律實證主義者都是在自然法的背景下論述法律的概念。作為前提的自然法當然地包含道德，在此前提下形成的法律的概念當然也包含道德。

壹、論法律概念的科學探討方式（上篇）

　　二千多年來，法律與道德在概念上有無必然關聯的「古典爭議」一直是法哲學與法理學研究的核心問題。在法律發展史上，其他一切問題都是

圍繞這一問題展開的，所出現的法學流派也是圍繞這一問題而形成的。[1]今天，「古典爭議」的爭議在繼續。認眞研究「法律」這個概念，亦即法律是什麼的問題，對於促進人性價值在社會中的普遍顯現，對於「人是目的」的哲學思想在法學中的定位，對於人的理性認識能力的提高，都是十分必要和重要的。本文試圖將「法律」這個概念置於本文所理解的自然法理論背景之中，指出自然法學派、法律實證主義、排他性法律實證主義和包容性法律實證主義各個流派各自的問題及共同的問題，並論證上述流派的核心理論：承認規則理論、權威理論和整全法理論及其各自的諸多命題在價值取向上的趨同性，在認識論上的客觀主義和方法論上的主觀主義。進而，本文的基本觀點是，「法律」這個概念是在自然法背景中的主體性與客體性、主觀性與客觀性的統一體。這個基本觀點的內容是，自然法是實證法的靈魂，實證法是自然法的顯現於外，實證法通過自然法的本質規定性將自然法展現出來；即法律的制定必然要體現出人的觀念因素，而人是自然秩序中的一部分，體現萬物平等和諧共存的自然正義因而也經由人的認識而進入實證法之中。實證法包含於自然法，[2]自然法構成實證法的實體或實質的內容，而具體的法律規則則是自然法的普遍性和實證法的特殊性的統一，是自然法的觀念價值與實證法的社會事實來源的統一。在這個統一體中，人居於核心地位。「人是法律創制過程中的中心。」[3]「法律」這個概念及其發展的源泉和目的都是人。

一、法律概念：方法論探討

研究法律這個概念，必須把握概念方法。哲學上的概念方法林林總

---

[1]　目前圍繞「古典爭議」所形成的流派有：以Dworkin爲代表的自然法學派，以Raz等爲代表的排他性法律實證主義，以前期Hart爲代表的法律實證主義，以後期Hart和Coleman等爲代表的包容性法律實證主義。本文的討論範圍亦是上述三大流派及其作者的理論內容。

[2]　Aristotle認爲，整體包含著其所自然地包含著的構成一個統一體的所有事物。（Aristotle, *The Complete Works of Aristotle*, The Revised Oxford Translation, Edited by Jonthan Barnes, Vol. II, Princeton University Press, 1984, pp. 1616-1617.）自古希臘以來，這個思維模式貫穿著整個自然科學和人文科學。據此，不僅是實證法，存在於其他社會共同體的其他規範皆包含於自然法之中。

[3]　Helmut Coing, *Grundzüge der Rechtsphilosophie*, Fürfte Auffage, Walter de Gruyter, Berlin, 1993, S. 182.

總，擇其大要，首先，概念具有多重屬性，概念本身包含三個環節，即普遍性、特殊性和個體性。這三個環節即有區別、又是不可分離的一個整體。普遍性是指在它自身有自由的等同性；特殊性是指在特殊性中，普遍性純粹不變地繼續和它自身等同；個體性是指普遍與特殊這兩種規定性返回到自身內。這種自身否定的統一性是自在自爲的特定東西，並且同時是自身同一體或普遍的東西。[4]每一個環節既是整個的概念，即被規定的概念，又是概念的一個規定。[5]在法學背景中理解法律的多重屬性，普遍性揭示了法律的觀念內容的普遍特徵，它是人類共有的倫理價值，是人類的共識和認同的「法」，具有思想內容的可普遍化的功能屬性。特殊性揭示了法律的相異點，亦即以純粹不變的普遍性爲基礎，及在本質規定性相同的前提下，表現出來的特殊面向的概念特徵，其表現形式爲不同共同體的道德價值。個體性則是在一般法理（普遍性與特殊性的統一）的支配下，對法律的個體性要件所作出的決定。法律的概念是這三種屬性的統一。其次，概念存在於對象之中。概念乃是一事物進入自身的一般本質。事物之所以是事物，即由於其中包含概念。概念與事物具有相同的內容，該內容本身就是建立起來的具體普遍性。因此，把握一個對象，即是意味著這對象的概念。[6]這種見解揭示了主體對客體、客體對主體的相互作用。法律概念是主觀意識結構的客觀概念。這是說，第一，法律的概念是一種可以得到客觀證明的概念。第二，在主觀意識結構中，主體存有一種「觀念性關係」。因此，它是理性主體的一種建構。事實性關係要受到偶然性的影響，觀念性關係則呈現必然性。第三，法律的意義取決於觀念性關係和事實性關係所具有的內涵。再次，概念是存在的本質。本質是通過一系列形式來展示它的全部內容。[7]此一概念方法意味著賦予概念本體論的特徵，事物的表現形式與事物的本質合二爲一。在法學領域裡，事物的本質是觀

4　Hegel，《小邏輯》，賀麟譯，商務印書館，1980年版，第331頁。

5　Hegel, *Wissenschaft Der Logik* (Zweiter Teil), Herausgegeben von Georg Lasson, Berlin: Akademie-Verlag, 1975, S. 239.

6　Hegel, *Wissenschaft Der Logik* (Zweiter Teil), S. 305-306.

7　Hegel, *The Phenomenlogy of Mind* (vol. I), Translated, with introduction and notes by J. B. Baillie, George Allen & Unwin Ltd., and The Macmillan Company, 1931, p. 81.

念與實在的合一。古希臘哲學家將自然法,即自然正義,作為事物的本質。而自然正義是人們對自然秩序狀態這個實在事物的觀察而抽象出來的自然法理念。在現代法學上,也有這樣的理解,即將事物的本質基本上認作是實踐的經驗概念。「事物」主要是實證的制度和生活關係,而事物的本質則構成實證法的直接法源。[8]實踐的經驗也包含著理性與理念。最後,概念既是一種抽象同一的普遍性的觀念,也是普遍性、特殊性和個體性的具體同一。抽象概念即是一般思想,而具體的概念是自我發展的。精神的運動就是具體概念的內在發展。它是認識的絕對方法,同時也是內容本身的內在靈魂。[9]法律的概念是哲學上抽象概念與具體概念的統一體,比如權利、責任、義務、所有權、自然人等等。

　　用上述概念方法衡量各個法學流派在法律概念研究中存在的問題,主要是認識論上的客觀主義和方法論上的主觀主義。這表現在以下幾個方面:

1. 假設問題

　　在法律實證主義的理論中,其理論體系的建構以假設為前提。有如Kelsen的基本規範,Hart的承認規則,Raz的社會第一性假定等等。由於有了假設,法律實證主義者就只能在一個以假設為邏輯起點的封閉的體系內進行循環論證。

　　Kelsen是通過他的基本規範建構他的純粹法學的,而絕大多數研究者就是通過他的純粹法學來瞭解他的基本規範。Kelsen將基本規範認定為歷史上的第一部憲法,其內容取決於一個命令被創制和被適用的事實,以及與這個命令規制的諸個人行為大致符合的事實。基本規範的假設排除了任何超越實證法範圍的價值。基本規範的功能是發現實證法律秩序的客觀有效性。[10]Kelsen的假設違背了法律發展的事實。社會共同體的「第一部憲

8　Gustav Radbruch, *Rechtsphilosophie* III, bearb. Von W. Hassermer, Heidelberg, 1990, S. 229ff; R. Dreier, Zum Begiff der, Natur der Sache, Berlin, 1965, S. 10.

9　Hegel,《小邏輯》,賀麟譯,商務印書館,1980年版,第332、335頁。

10　Kelsen, *General Theory of Law & State*, with a new introduction by A. Javier Trevino, Transaction Publishers, 2006, pp. 115, 120, 118-9; *Pure Theory of Law*, (Translated by Max Knight, Berkeley and Los Angeles: University of California Press, 1967), pp. 201-202, 218. Raz認為,「基本規範」是

法」，有如英國的《自由大憲章》、美國的《獨立宣言》、法國的《人權與公民權利宣言》，它們的內容不是取決於某一命令被創制和適用的事實，也沒有排除實證法範圍以外的價值。它們的制定和存在不僅具有認識論的功能，也具有本體論和價值論的意義。

Hart的承認規則也是一種假設。與Kelsen不同的是，Hart的承認規則是基於社會性的假設。由於是假設，Hart的承認規則在社會共同體中無法運行。首先，Hart確定承認規則的規範內容是，任何其他的規則如果滿足了承認規則的所有判準，就能成為以該社會團體之壓力為後盾的規則。這是承認規則確定規則生效的功能。其次，承認規則為社會中的私人和官員提供了他們得以決定何為其共同遵守的標準。這是承認規則辨識初級規則的權威性判準。Hart認為這些判準可以是某一成文憲法、某一立法機關的制定法和司法先例。這是將承認規則當作鑑別其他規則是否有效的標準。第三，如果社會成員有人錯誤地運用承認規則辨識初級規則時，成員們彼此之間會以承認規則加以批判。此時承認規則的作用是規制社會成員遵守承認規則。[11]在法律實證主義的規則體系內，「承認規則」這個概念的上述屬性構成了一個不可調和的矛盾體。承認規則的生效功能決定著承認規則必須是社會共同體法律體系中的最高位階規則，其他一切規則的效力皆來源於承認規則。當承認規則作為權威性判準時，Hart也列舉了這些判準的具體內容，這些內容都是有效法，本身對社會成員具有直接約束力，無須運用承認規則加以鑑別。而根據承認規則的生效功能，Hart列舉的判準又必須符合承認規則才有效。在社會成員錯誤地運用承認規則時，承認規則對社會成員發生規制功能。此時，承認規則便失去了統一有效的標準。承認規則實際上無法運用。與Kelsen的基本規範一樣，承認規則是Hart法律概念理論的核心概念。核心概念無法證立，整個理論就失去了證立的基

一項非實在法。他說，儘管每一項法律都是通過人的行為創制的，但是它的效力不是來自於該行為，而是來自於另一法律的授權。最終，所有實在法的有效性都來源於一項非實在法，即不是通過人的行為制定的法。只有一項非實在法是一個法律體系的終極法；只有該項非實在法所具有的規範性不以來自於另一規範的授權為先決條件。（Raz, *The Authority of Law*, Oxford: Clarendon Press, 1979, p. 125.）

11 Hart, *The Concept of Law*, Oxford: Clarendon Press, 1961, pp. 97-98, 100.

礎。

　　Raz是這樣表述他的「社會第一性假定」的：我們熟悉某一特定社會中有效的法律體系和無效的法律體系的區別。一個體系在某一社會是否有效取決於它對該社會人們行為的影響力。一個法律體系當且僅當它是有效的才存在。當我們將法律體系當作法律的體系考察時，當我們考慮到它們的內容而不顧它們實際上是否有效、它們是否存在的問題時，我們應當尋找能使它們在社會中履行一種獨特功能的那些特徵。這些特徵是將法律體系從其他規範體系區別出來的特徵。[12]Raz的這個假定值得商榷。依據法律實證主義者的法律觀，法律的內容是依附於它的形式而產生效力的。但在假定中，Raz要尋找法律體系的內容在社會共同體中履行不同職責的特徵；Raz明確將法律體系與其他規範體系區別開來，但他所要尋找的法律體系的內容在社會中又履行著各種不同的職責，因此他所說的法律體系的內容不只是實證法，抑或包含道德之類的價值。Raz承認違背道德價值的體系不可能成為法律體系，但他又認為法律中這些必要的道德特性是派生性法律特徵。Raz揭示了、卻又試圖掩飾法律體系與道德的必然關聯。法律體系與道德的曖昧關係，在Raz的假定中「剪不斷，理還亂」。因此，這個假定不是排他性法律實證主義的立場。此外，Raz還追求並竭力論證「社會來源命題」的真。假設既不是未知的真實，也不是不可知的真實，而是虛擬的「真實」。它不僅破壞了法律的本質，而且也破壞了法律的體系。研究者以假設為邏輯起點來構建他的體系，在方法論上是主觀主義，與認識論上的客觀主義相悖。假設是定義的相反方法。就此而言，法律實證主義的致命內傷就是假設。

　　假設的方法同樣被自然法論者運用於其理論論證之中。最初的假設是由Cicero完成的。他將自然法假設為「正確的理性」這樣一個更為抽象的概念。Finnis將自然法的倫理價值完全置於不證自明的首要的善的基礎之上。[13]Dworkin的「整全法」也是基於如下假設：第一，如果法律的命題

12　Joseph Raz, *The Authority of Law*, Oxford: Clarendon Press, 1979, pp. 103-104.

13　John Finnis, *Natural Law and Natural Rights*, Oxford University Press, 1980, pp. 59-75. Aristotle認為第一原則是不能證明、不證自明的，但是不是固有的。Aquinas根據Aristotle的第一原則理

包括了正義、公平、正當法律程序原則或者是從這些原則中推演而來，而這些原則又提供了共同體法律實踐的最佳結構性解釋，那麼這樣的法律命題就是真的。第二，法律權利和義務都由一個單一主體，即人格化的共同體所創造，且表達了一致的正義與公平觀念。[14]與其他所有的自然法論者不同，Aristotle憑藉自然觀念，從自然秩序中發現了自然正義，再從自然正義中引出了平等原則。在Aristotle那裡，自然法與實證法的最初鏈結是平等原則。

由於有了假設，自然法論者與法律實證主義者都以對象的絕對普遍性為前提，只是他們各自有各自的對象。法律實證主義者將法律的社會事實內容作為它的絕對普遍性前提，自然法論者將法律的道德內容作為它的絕對普遍性前提，進而以各自的前提建構各自的法律概念理論體系。事實內容與道德內容分別存在於兩個不同的法律體系內，因而事實內容與道德內容的對立就變成了兩個不同內涵的法律體系的對立。在方法論上，對各自體系的證明以各自的假設為邏輯起點進行封閉式的「推演」，而對各自的假設缺少證偽。這樣，論證者「就會傾向於按照自己的體系的意義來解釋科學的思想內容，同時排斥那些不適合於自己體系的東西」。[15]事實上，自Popper的證偽主義誕生以來，實證主義的演繹經驗主義已經轉向理性演繹主義，或至少是理性演繹方法與經驗證實方法的綜合運用。而Popper證偽主義的出現正是因為邏輯實證主義拒絕一切不能被感覺經驗證實的命題，結果在一切都要被經驗證實中碰到了很多難題。[16]實證主義哲學家們都強調對經驗事實進行精確地分析，而摒棄對前提的假設，比如Mach就堅持經驗證實，強調知識是相對的、概念是變化的。[17]Mach之後的實證主

論，將自然法作為不能證明的實踐理性第一原則。Finnis進而發展了他們的理論。

14　Ronald Dworkin, *Law's Empire*, Harvard University Press, 1986, p. 225.

15　Einstein，《愛因斯坦文集》（第一卷），許良英、範岱年編譯，商務印書館，1976年版，第480頁。

16　洪謙，〈克拉夫特哲學簡述〉，載《現代西方著名哲學家述評》，三聯書店，1980年；《論邏輯經驗主義》，商務印書館，1999年，第108-112頁。

17　Mach用函數概念代替因果概念表示現象的相互依存性，即現象特徵的相互依存性，旨在說明概念是發展的，知識是相對的。他認為函數概念作為自然規律的形式，來自經驗，它們必須在經驗上能夠被證實。(Ernst Mach, *The Analysis of Sensations*, Routledge / Thommes Press, 1996, p. 89.) Mach認為函數概念作為自然法則的形式來自於經驗，它們必須在經驗上被證

義者把對科學命題的經驗證實和對科學語言的邏輯分析結合起來。[18]法律
實證主義的哲學依據雖然被公認爲是實證主義哲學，但法律實證主義的認
識論和方法論卻與實證主義哲學有很大差別。對假設的立場已如前述。對
一個概念的把握，邏輯實證主義者的方法是必須同時把握概念的內涵和外
延。而法律實證主義的概念方法排斥對概念的內涵分析，只注意概念的使
用範圍，即外延。自然法論者只注意概念的內涵，忽視概念的外延。這種
方法是由自然法論者的假設前提只有內涵而無外延的概念決定的。假設縮
小了概念的內涵與外延。因爲「每一個概念都必定有一個更普遍的概念在
它之前存在著」。[19]假設切斷了它們的關聯。Raz不無感慨地說，法律實
證主義者在本質上既獨立於19世紀的實證主義哲學，又獨立於20世紀的邏
輯實證主義，即使從歷史上看它們並非毫無關聯。用一種基本上是實證主
義的哲學觀從其來源上確認法律實證主義是困難的，也許是不可能的。[20]
自然法學派的認識論和方法論一直被認爲與法律實證主義相對，但一如本
文所析，他們表現對立，實則同一。認識論上的客觀主義和方法論上的主
觀主義，使得他們把擬制的對象作爲認識的前提，把認識的前提確定爲法
律的來源，並以此爲邏輯起點構建各自的理論體系。這種任意性忽視了知
識的客觀制約功能，是引起法律概念的爭議問題的原因之一。

2.「分析」的分析問題

　　法律實證主義者對法律概念的研究方法主要是分析。這種方法始於19
世紀的Austin。他在法律研究中採用一種分析的方法，總結出法律制度的
一般概念、範疇和原則。Austin將這種分析方法稱爲一般法理學所採取的
科學的方法。Austin研究法律的方法因此也被稱作「分析法學」。Kelsen
認爲純粹法學的取向與分析法學的取向並無差別。純粹法學要比Austin及

　　實。（Ernst Mach, *Die Mechanik In Ihrer Entwicklung: Historisch-Kritisch Dargestelle*, Leipaig / F.
　　A. Brockhaus, 1912, S. 460-465.）

18　Krafft，《維也納學派》，李步樓、陳維杭譯，商務印書館，1999年版，第30-49、164-168、
　　192-195頁。

19　Al-Farabi，〈論概念〉，載《哲學譯叢》，1984年第2期。

20　Raz, *The Authority of Law*, Clarendon Press, 1979, p. 37.

其追隨者更加首尾一貫地運用分析法學的方法。[21]Kelsen與Austin的區別是，Kelsen是從法律的假設中，即從基本規範中，通過邏輯分析尋找法律效力的理由。以Hart的法律理論爲典型代表的法律實證主義被稱爲「新分析法學」。Hart指出了分析法學的問題在於定義方式。他認爲利用定義無法釋明某些基本概念，而利用適合法律概念的特性的方法，便可以釋明概念。於是，Hart認爲，法律概念在實際存在的法律語言中具有特殊的功用，必須採取特殊的方法，即從整個句子中去觀察法律概念的用法。[22]Hart的新分析法學來源於「牛津哲學」思想：任何一個概念或語句的標準或經常的用法都有其邏輯上的規則和特質。哲學上許多問題的發生就是由於使用某些概念或詞句時，忽略了其邏輯上的特質或違背了其邏輯上的規則。因此，哲學的任務首先在於釋明語言之標準用法的邏輯規則，也就是從邏輯的觀點上去說明某些通俗的或技術的概念或詞句的「標準」或「不標準」的使用方法。[23]「新分析法學」的這種方法是「意義即使用」[24]命題在法學上的運用。但本文認爲，這並不適用於對法律概念的研究。具體的法律概念的內涵是確定的（比如動產），其外延可以類型化，比如樹木、桌椅、馬牛、鑽石等。而這不能被理解爲一個概念的不同涵義。同樣，抽象概念也是如此，比如倫理。而抽象與具體在法律上是相對的。倫理可具體化爲道德；道德可具體化爲一般法律原則（比如誠信原則）；進而再具體化爲法律規則（比如禁止欺詐條款）。這些抽象與具體的概念包含著抽象與具體的同一性，也就是「內涵」。抽象的同一性在具體概念中的展現即是將普遍性的內涵具體化爲具體的概念，比如抽象的人的概念具體化爲人類、某國國民、公民及個人。概念的外延是由內涵決定的，內涵越抽象，概念外延的類型就越具體、越廣泛。「涵義即使用」命

21　Kelsen, *The Pure Theory Of Law And Analytical Jurisprudence*, 55 Harv. L. Rev. 44 (1941-2), p. 54.

22　Hart, *Definition and Theory in Jurisprudence*, Clarendon Press, Oxford, 1953, p. 8.

23　Morris Weitz, *Oxford Philosophy*, 62 Philosophical Review (April, 1953), pp. 188-189, 229.

24　實爲「涵義即使用」，對「涵義」和「意義」的區別，可參見尤西林，《人文學科及其現代意義》，陝西人民出版社，1996年版；戚淵，〈論法律科學中的解釋與詮釋〉，載《法學家》，2008年第6期。

題所表示的方法是判斷。也就是說，法律實證主義的方法不是概念方法，而是判斷方法。法律實證主義者的判斷實際上是在命題在先的前提下進行的，即在分離命題的前提下進行的。這樣對「涵義」與「使用」及其關係的理解，不僅切斷了概念涵義的來源，而且縮小了概念的涵義範圍。「語言在分析上先於思想」是分析哲學的主要特徵，[25]命題以語言—語句爲載體。分析哲學的命題僅在於陳述事實，而不是揭示意義。而分離命題在法律實證主義的理論中既是事實命題也是意義命題。因爲法律實證主義者將事實等同於意義。然而，在本文看來，分離命題既不是事實命題也不是意義命題。事實命題只出現在自然哲學中，而意義命題必然包含倫理道德價值。

法律實證主義的分析方法也不是分析性的。首先，分析的眞實性僅僅通過對其中所言的語詞進行語義分析便可確定，而無須根據經驗事實。而法律實證主義的理論植根於經驗事實，是「對事實的經驗描述與歸納」。[26]法律實證主義所謂以「邏輯」爲核心的規範分析方法（Kelsen）與以「語境」爲核心的語言分析方法（Hart），既不是邏輯概念觀，也不是語境概念觀。形式邏輯的分析完全排除經驗內容。邏輯實證主義者認爲所有邏輯眞理都是分析眞理並無經驗內容。以「語境」分析爲核心的語用學方法消解了傳統認識論中將主體與客體、事實與價值二分的方法論矛盾。[27]語境分析超出了語義分析，因而進入了語用學的範圍。顯然，此與法律實證主義的日常語言學派的概念觀相差甚遠。法律實證主義，特別是新分析法學派的概念觀實際上是操作主義的概念觀。「一個概念的涵義按照對一組操縱的描述，即按照操作定義來確定；通過構造一組可實行的操作或使用形成理論術語，借助於觀察術語以限定理論術語的涵義。」[28]操作主義概念觀在判斷與推理中排除了概念的必然性的內容，只剩下偶然性

---

25 *The Blackwell Companion to Philosophy*, Nicholas Bunnin and E. P. Tsui-James (eds.), Oxford: Blackwell, 1996, p. 97.

26 Hart, *Definition and Theory in Jurisprudence*, Clarendon Press, Oxford, 1953, pp. 5-7.

27 郭貴春，〈論語境〉，載《哲學研究》，1997年第4期，第50頁。

28 Hempel, in Minnesota Studies in the philosophy of science, Vol. II, 1958, p. 49; Carnap, in Minnesota Studies in the philosophy of science, Vol. I, 1956, p. 65.

的內容。ながい しげお認爲，日常語言就是實證科學語言，而實證科學是應用事物語言來記述經驗內容。這樣得到的每一個命題既有眞，也有假。[29]其次，分析也是爲了定義，或者說，分析即定義，無法回避定義問題。分析是對對象要素進行分析；進而確定對象，即概念的內涵與外延。「新分析法學把日常語言看作是判定分析妥當性的標準，其任務和方法是釋明通俗概念。」[30]由此引起的問題是，新分析法學的概念方法既不是分析也不是定義。Copi將定義分爲三種：辭典定義、規約定義與理論定義。Copi說分析可稱爲理論定義。[31]對法律的概念的定義是理論定義，即分析定義，極少數法律概念的定義是規約定義。而理論定義不可以單一理論爲依據，比如選擇一種與法律實證主義或自然法理論不同的理論給一個概念定義，就可以以此爲依據反對法律實證主義或自然法理論的定義。因此，以單一理論爲依據的任何定義都不可能被證立。新分析法學「分析」的任意性導源於它混淆了對概念的理論定義和日常語言用法的規約性。法律概念，或者法律上的術語或語詞的涵義小於日常用語，比如房屋，其所屬的法律概念（不動產）的涵義僅指不能移動的物。法律概念或術語或語詞的涵義也不同於日常語言，比如樹木，其內涵不決定其所屬的法律概念（動產）的外延。它們的區別也表現在功用上，日常語言指涉事物時，指涉就是指涉，只要能在說和聽的人之間形成相同的意象，涵義即明確。法律的概念反映一種法律關係，其涵義和意義對法律關係的雙方產生確定的法律效果。意義決定指涉。[32]在法律領域內，只有概念中已有清晰的涵義，才能產生經驗上所指事物的可能性，進而獲得確定性。對概念的定義只是語詞的置換，而不是涵義的置換，更不是意義的置換。大陸法學教科書中的一些定義違背了概念與定義的這個原理。比如，「抗辯權是對抗他人行使

29　ながい しげお，《分析哲學》，李樹琦譯，中國社會科學出版社，1992年版，第26-27頁。

30　Morris Weitz, *Oxford Philosophy*, 62 Philosophical Review (April, 1953), p. 118.

31　Irving M. Copi, *Analytical Philosophy and Analytical Propositions, in Philosophical Studies: An International Journal for Philosophy in the Analytic Tradition*, Vol. 4, Issue 6, (Dec., 1953), pp. 87-93.

32　日常語言哲學與本文的理解相反。按照Wittgenstein的理解，概念的意義（實爲涵義─引者注）取決於法律關係所需要的內涵，而不是相反。（Wittgenstein：《哲學研究》，李步樓譯，商務印書館，1996年版，第31頁。）

權利的權利。」在這個定義中，兩個「權利」概念具有互爲否定的涵義。抗辯是基於正當的理由，如果他人有欺詐性虛僞陳述，有敗壞正義之傾向，有脅迫不當之影響，則已不是行使權利。再比如，「自然人是基於自然規律出生的人。」在這個定義中，「自然人」中的「自然」不同於「自然規律」中的「自然」，後者是無生命的，而前者是生命有機體。胎兒和試管嬰兒都具有法律上的自然人的地位，顯然他們還不是或者不是「基於自然規律出生」的。對法律概念的定義必須包含該概念的必然性的涵義和意義。

3. 命題的問題

　　法律實證主義是由一系列命題構成的。分離命題是其核心命題，也是法律實證主義分裂後排他性法律實證主義和包容性法律實證主義共同支持的命題。本文主要論證構成法律來源的排他性法律實證主義的基本命題（社會來源命題和包容性法律實證主義的基本命題）及社會慣習命題的不可證立性。

　　社會來源命題的問題。社會來源命題的基本觀點是，法律是什麼是一個事實問題。法律的鑑別不涉及任何道德論證。法律沒有必要符合道德價值和理想。人類行爲可以用價值中立的術語來描述，人類可以不訴諸道德論證而實施行爲。社會來源命題可以分爲兩部分：（1）某一社會條件對於鑑別法律的內容及存在是必要的，即一個規則，僅當它滿足了某一社會條件時，才成爲法律規則；（2）某一社會條件對於鑑別法律的內容及存在是充分的，即一個規則，僅當它滿足了該社會條件時，才成爲法律規則。法律的來源必然表現爲事實的性質。[33]在法律實證主義的命題中。社會來源命題是最基本的命題。它維護著實證主義這個名稱，因爲實證主義秉持這樣的觀點：法律被斷定爲是人類活動的產物。[34]

　　但是，本文認爲，社會來源命題無法證立法律實證主義關於法律與道

---

[33]　Joseph Raz, *Legal Positivism and Source of Law, in Raz, The Authority of Law*, Oxford: Clarendon Press, 1979, pp. 37, 40, 48.

[34]　Ibid., p. 38.

德無必然的概念性關聯的基本立場。首先，社會事實不同於事實。社會事實是關係概念，它不同於純粹事實。比如，0、1本無涵義，但與違章駕駛的次數連結起來，就構成社會事實，具有價值內容。再比如，魯賓遜在孤島上是事實，魯賓遜在孤島上活動就是社會事實，因爲他構成了人與自然的關係。從來沒有一種社會事實是不依賴於主體而獨立存在的，脫離了主體的社會事實便失去了它的必然意義，從而淪爲純粹事實。主體必然存在於社會事實所構成的關係之中。法律概念反映並體現社會事實關係。其次，社會事實並不排斥、反而包含倫理道德內容。法律實證主義者認爲，社會來源命題可以保證法律的內容可以依賴於某一客觀或價值中立的方法來決定，法律的效力依其形式來源而獲得。將法律的形式來源與其內容相分離是排他性法律實證主義的硬傷。其代表人物Raz認爲，規則的特性之一就是內容的獨立性。規則的有效性的證立與規則的內容的證立是兩個彼此相互獨立的證立。[35]本文認爲，規則有效性的基礎就是規則內容的可證立性。不應將規則的形式有效性與規則內容的有效性分離開來。它們也是不可分離的。比如「禁止機動車輛進入校園」此一規則的形式有效性依賴於其內容的價值而存在。因爲「禁止」是爲了保障校園的正常教學秩序。如果不是爲了實現此一價值，也就不會有此一規則產生。內容的價值是通過形式實現的。規則的形式有效性的證立和規則內容價值的證立可以彼此獨立，但它們不能獨立地構成、而只能共同構成一個整體有效的規則。通過這個例子，即使我們按照法律實證主義的立場理解，即法律來源於社會事實，我們也無法排除法律中包含倫理道德價值。任何規則的形式有效性都依賴於內容的價值性。形式爲內容所決定，而不是相反。再次，法律的鑒別和判斷與價值有不可分離的關聯。如前所述，社會來源命題不能證明法律的來源，因爲它將主體驅逐於「社會事實」之外，僅表現爲事實的性質。法律的來源也不只是某些確定的形式來源，法律的有效性也取決於內容的有效性。因此對法律的鑒別要同時考察法律的形式與內容。鑒別即是判斷。「判斷是概念的區別或規定性的表述，是概念的個體性與普遍性的

---

35 Raz, *Reasoning with Rules*, (2001) 54 *Current Legal Problems* 1-18.

內在矛盾的展開。判斷作爲一種思維方式，是主體的一種主觀意義的意識活動和形式。概念作爲主體對客觀事物的反映持續存在於主體內，即內蘊在主體裡。」[36]當兩者達到統一時，便形成了概念的確定性。最後，在法學領域內，對法律效力的鑒別素有合法律性與合法性的區別。合法律性是形式法效的鑒別；合法性是實質法效的鑒別。根據社會來源命題，合法律性標準必須是社會來源，必須依據特定的社會事實，這也是排他性法律實證主義的原則之一。實質法效不僅要求法律的來源在形式上合法，而且在內容上也應符合正當性標準。法律必須含有人類生存需要的確定的價值內容。而當我們將法律的形式效力和實質效力論證爲法律有效性的整體要求時，形式與內容，也就是法律實證主義的事實來源與道德價值便融爲一體了。

　　法律實證主義，經過Fuller與Dworkin的挑戰後，引起了排他性法律實證主義和包容性法律實證主義的區分。與上述排他性法律實證主義「強調承認規則的事實屬性、認爲所有法律的效力都只能建立在事實的基礎之上」的立場不同，包容性法律實證主義認爲合法性是慣習性的，承認規則展示了官員間的一種慣習性實踐。因爲承認規則的存在（儘管只需同時存在一些其他必要條件），某種法律體系才可以說是存在的。法律規則旨在規範行爲的可能性依賴於承認規則的存在，承認規則約束行爲的要求依賴於其從內在面向被實踐。[37]要言之，根據社會慣習命題，法律體系的合法性標準在本質上是某種慣習。承認規則是一種實踐規則。依據承認規則所獲得的協同性慣習是法律體系存在的基礎。

　　本文認爲，社會慣習命題如要成立，必須具備下列前提：第一，承認規則的實踐性可以證立；第二，法律的普遍性要求慣習的普遍性。包容性法律實證主義將承認規則的主要功能界定爲「生效規則」，旨在拘束並導引立法者有關法律生效性的問題，幫助立法者制訂法律的有效性條件。[38]於是，承認規則既是法律體系的效力來源，又是社會成員鑒別法律

---

[36] Hegel，《小邏輯》，賀麟譯，商務印書館，1980年版，第338、340、342頁。

[37] Jules L. Coleman, *The Practice of Principle*, Oxford University Press, 2003, p. 101.

[38] Jules Coleman, *Authority and Reason*, in Robert George, ed., *The Authority of Law*, Oxford:

效力的方法，從而構成不可調和的內在矛盾。承認規則本身的實踐性難以證立。至於法律的普遍性對慣習的要求，法律的普遍性包含著多數社會成員的基本共識。法律的合法性的標準在本質上是某種慣習。[39]法律普遍性中的共識建立在社會成員的主體性和主動性的基礎之上。而「基於慣習的共識是基於其他人一致接受某種認識的事實，而使得某人同樣對此共識保持認同」。[40]這意味著社會成員在此所謂的「共識」中是被動的，也即在慣習面前是被動的。顯然，慣習的普遍性不同於法律的普遍性。將慣習作為法律的合法性標準不是現代法律的特徵。順便指出，「共識」是一個包含主體性和主動性的概念，只有具有主體性地位的社會成員才會有共識。共識的達成是作為主體的社會成員行使權利的結果。所謂「基於慣習的共識」，實際上是基於慣習的服從。Coleman作為包容性法律實證主義者的代表人物，一方面將社會慣習命題作為法律實證主義所有合理形式的核心內容，另一方面又堅持分離命題作為其包容性法律實證主義的基本立場，但分離命題否認法律效力依賴於社會慣習性的道德實踐。[41]這就顯示出社會慣習命題在法律實證主義理論體系內存在不可調和的內在矛盾。反對社會慣習命題的觀點認為，合法性標準的存在與內容不是習俗、習慣和社會事實問題，而是實質性的道德論爭。[42]這種觀點的問題是將社會習慣與道德對立起來，因為它運用的選擇判斷：「不是……而是」。本文認為，首先，合法性標準的內容來自社會習慣和社會事實不能算錯（而單純將社會習慣或社會事實作為合法性標準則就是錯），但即使正確，也並不排斥可能引起實質性的道德論爭，因為標準的來源與標準的內容不同。其次，社會慣習性的道德實踐充滿著社會共同體的道德價值的運用，而在此過程中，不可避免地會引起實質性的道德爭論。再次，社會共同體的道德價值

　　　Clarendon Press, 1996, pp. 291-294; Coleman, *Incoporationism, Conventionality, and Practical Defference Thesis*, 4 Legal Theory (1998), pp. 406-7.

[39] Kenneth Einar Himma, *Inclusive Legal Positivism*, in *The Oxford Handbook of Jurisprudence and Philosophy of Law* (Coleman & Scott Shapino ed., Oxford: Oxford University Press, 2002), p. 125.

[40] Dworkin, *Taking Rights Seriously*, Harvard University Press, 1977, pp. 48-52.

[41] Coleman, *The Practice of Principle*, Oxford University Press, 2003, p. 151.

[42] Ronald Dworkin, *Taking Rights Seriously*, Gerald Duckworth & Co Ltd., 1977, pp. 97-98.

在社會成員的道德實踐中進入法律。於是，如果包容性法律實證主義的社會慣習命題（法律的合法性標準在本質上是某種慣習）爲眞，則分離命題與慣習命題相牴觸。牴觸即兩者不能同時爲眞。因此，分離命題與社會慣習命題必有一假。如果是慣習命題爲假，則動搖了包容性法律實證主義的理論基礎。如果是分離命題爲假，則顚覆了法律實證主義本身。又次，法律規則的產生本身就離不開對社會事實的歸納，社會事實是法律規則的構成成分，但不是法律規則的全部構成成分。最後，所謂「實質性的道德論爭」，應該理解爲：這種性質的道德論爭是指道德內容在法律中的實現程度問題，即道德價值或標準在法律中是多與少和高與低的問題，而不是有與無的問題。

綜上所析，排他性法律實證主義和包容性法律實證主義都未能令人信服地證立社會來源命題和社會慣習命題。這可能要歸咎於命題方法本身。Aristotle將命題和問題分爲三類：倫理命題（比如，如果看法不一致，一個人是否更應服從父母或法律）、邏輯命題（比如，相反的知識，相同還是相異）、自然哲學命題（比如，宇宙是否永恆）。[43]在維特根斯坦的邏輯哲學視野中，還有經驗命題的劃分。那麼，法學中的命題可能是邏輯命題、倫理命題或經驗命題嗎？「一個邏輯命題不僅一定不能被任何可能的經驗所駁倒，而且也一定不能被任何可能的經驗所證實。」[44]邏輯命題與經驗命題相互排斥，在方法上不能互爲證立。誠然，法律體系中充滿著倫理成分，也包含大量經驗要素，經驗法則構成法源的一部分，但它們不能構成獨立的命題。法律實證主義的命題都是經驗「命題」，但嚴格地說，都是經驗論述，它只能描述事物的現象，而不能揭示對象的本質。經驗具有明顯的偶然性特徵。法律的效力是普遍性與必然性的統一體。法律實證主義者認爲道德在法律中的偶然性實際上也否定了實證法的普遍性。一個普遍性的命題必須同時具有普遍和必然的內容和形式。法律實證主義者的命題只要求「形式」，自然法論者的命題只要求「內容」。事實上，沒有

---

[43] Aristotle, Topics, 14, in *The Complete Works of Aristotle*, The Revised Oxford Translation, Edited by Jonthan Barnes, Vol. I, Princeton University Press, 1984, pp. 175-176.
[44] Wittgenstein，《邏輯哲學論》，賀紹甲譯，商務印書館，1996年版，第92頁。

無內容的法律的形式普遍性；也沒有無形式的法律的內容普遍性。法律實證主義者的主要命題（作爲立論的命題）不能成立，其整個理論體系也就坍塌了。命題方法無助於法律實證主義者對法律的概念的研究。

二、法律概念：本體論探討

　　辯證邏輯的概念觀以對立統一思維爲指導思想，遵循本體論、認識論、價值論三者同一的原則建構概念。以普遍概念的特殊化來確立概念爲存在的本質，以主觀概念的客觀化來說明存在是概念的外在化，從而把存在與本質的關係歸結爲概念的主觀性與客觀性的關係。本體論的探求是概念藉以解釋世界的基本層面，它借助概念的特殊化和客觀化，從主觀概念推演出客體，展開主—客關係層面的存在過程的闡釋，建立起主觀性和客觀性的同一，並把本體論、認識論的解釋引導到價值論的追求上。一方面，證明概念、理念是事物的眞實本質，是現實世界進程的內在根據；另一方面，確立作爲主客觀的統一的善（倫理）與自由爲客觀世界的終極目的和理性所追求的終極價值。[45]在辯證邏輯的概念觀中，概念的形成與發展是主體性與客體性、主觀性與客觀性對立統一的結果。

　　法律發展的歷史表明，最初的法是以習俗、習慣的形式出現的。人類對法律的信仰最初是由習俗、習慣加以證明的。社會學的研究表明，習俗是一種「群眾性行爲」規範，習俗在傳統的常軌中得以保持是由於人們對之的習慣和不加思索的模仿，沒有任何人在任何意義上「強求」個人服從。單純的習俗對於共同體的產生是至關重要的，它們往往可能給予「種族」的共同感情的形成某種在其深遠意義上難以確定的影響。因而也可能產生著促進共同體形成的作用。共同體首先是保持實際上已經成爲習慣的東西本身，作爲一切行爲、因而也是一切共同體行爲的一種十分強有力的要素。[46]這種社會學的觀察方法著眼於事實上已經發生的事情，並不考察存在與本質的聯繫。在社會學的觀察中，共同體成員在習俗和習慣中

---

45 白賜能，〈黑格爾的概念論思維方式新探〉，載《福建論壇》（人文社科版），2002年第5期。

46 Max Weber，《經濟與社會》（上卷），林榮遠譯，商務印書館，1997年版，第356-357頁。

獲得了一種約束性的義務。法學研究向來將這種義務認作是法律的義務。於是，法律被認爲是來源於習俗和習慣的義務性規範。這種認識後來成爲法律實證主義的認識論基礎，Hart的初級規則即來源於這種認識。事實上，法律的出現最初是自然秩序在人類社會的反映。「這種秩序，一方面產生於人們的生活，產生於群體的活動、他們的協議，以及相互的反映。另一方面，被認爲符合內在的力量，符合事物的本質，符合社會的內在結構。也就是說，它表現爲一種以自然性和必然性爲根據的秩序。」[47]人類從自然秩序中直覺到一種自然正義，並將這種自然正義引入到社會共同體中，以此建構人人平等的社會秩序。這是因爲人類追求和信仰一個不變的準則和秩序，從自然秩序中獲得的自然正義正好表現出它的價值性和必然性。自然正義和規約的關係可以是、當然是最初的習俗。但是，人並不是外在於這種以習俗和習慣爲調整社會關係的規範，也不是完全被動地受這種規範支配。Blaise Pascal說：「自然是『第一習俗』，習俗是『第二自然』。」[48]這意味著在客觀化的習俗與習慣中有主體性地位。一方面，自然正義對人類的影響是它構成人們習俗的標準，另一方面，自然正義經過人類的活動，對習俗加以修正，從而使習俗符合自然正義的標準。一個複雜的區分是，Hegel將主體性的發展過程分爲三個領域：抽象法、道德、倫理。抽象法中的主體性是作爲占有外在物（即所有物）的人格而存在的，這樣的主體性由於其定在是外在的東西，因而受到外在事物的限制，並非自我決定的自由。道德領域中的主體性是自我決定，不受外在事物的約束，主體因此獲得了自由意志。在這裡，人才被眞正地規定爲主體。但這裡的主體性仍有主觀片面性。倫理領域的主體性以特殊性與普遍性、主觀性與客觀性相結合爲特點。[49]雖然習俗和習慣是社會共同體倫理的客觀化，但是我們並不能據此認爲主體性在習俗和習慣中也就是倫理的主體性，因爲Hegel的「主體性」是從低級到高級不斷前進和發展的。在他看

---

[47] Giuseppe Grosso，《羅馬法史》，黃風譯，中國政法大學出版社，1994年版，第97頁。

[48] Blaise Pascal, *Pensées*, II, 93; here cited from A. P. d'Entréves, *Natural law: An Historical Survey*, Harper & Row, 1965.

[49] 張世英，《論黑格爾的精神哲學》，唐山出版社，1995年版，第214-215頁。

來，世界歷史就是主體性發展的歷史。同理，法律發展的歷史也是主體性發展的歷史。德文中的Begriff（概念）和英文中的concept（概念）都具有「主體和主動」的內容，[50]是主體性和主體的主觀能動性的呈現。人對自然法的意識和認識是一個由低級到高級、由形式到實質、由直觀到理性的發展過程。在自然狀態中，人只能產生直覺正義和整體正義。直覺正義產生於自然狀態中人與人之間的直接性和純粹主觀性，以及人對自然的直接性。而理性正義則具有間接性，它揚棄了直接性和純粹主觀性，實現了主觀與客觀、主體與客體、普遍與特殊的統一。人對自然法的意識和認識的最深刻意義不在於感覺、直觀和經驗，而在於理性、思想和意志。自然法經由人的意識和認識超越了特殊性而獲得了普遍性。法律發展的進程並不是直線的，主─客統一包含著主─客對立統一的否定之否定的過程。排他性法律實證主義者只看到了它的對立面向；包容性法律實證主義者認為主─客基本對立，間或統一。因而他們都堅持法律實證主義「分離命題」的基本立場。

　　法律來源於對人類自然價值的倫理選擇。最初的自然法論者的主張即是把physis（自然、人的本性）與城邦法律（nomos）結合起來。這樣的自然法既含有大自然（宇宙）的正義（整體正義），也含有每個人內在的律法（道德觀念），又含有事物的本質，內在於事物本質的自然正義不僅是倫理教條，而且有「法」的意義，後者表現在用以指稱自然定律的dike（正義），本來即源於訴訟實務。因此，physis蘊涵的cosmos就是人間的nomos。[51]人類發現法律與人類創造法律不是截然對立的方法。[52]發現和創造合為法律產生的途徑。發現和創造正是主─客相互作用、對立統一的過

---

50 Louis Althusser, *The Spectre of Hegel*, Translated by G. M. Goshgarian, Verso, 1997, pp. 163-164, n117.

51 林植堅，「柏拉圖的宇宙論與自然法思想」，載《台大法學論叢》，第31卷第3期，第16頁。

52 法律實證主義者持「慣習主義」的觀點，認為法律的基礎是人類慣習，是為了某一特定目的的決定或規定，與超越人類控制範圍之外的事物無關；自然法論者持「基礎主義」的法律觀念，認為法律是被發現的，而非人類創造的結果。實證法必然要受到人類控制以外的有關因素的權衡。（Mark Tebbit, *Philosophy of Law: An Introduction*, (Routledge, 2nd edition, 2005), pp. 10-11.）

程。於是，我們獲得了證明的最初前提。「依賴於最初前提出發就是依賴於適當的本源。」[53]這個最適當的本源是一個普遍概念，即自然法或自然正義。道德只是自然法的一部分內容；自然法還包含自然觀念、自然秩序、自然法則、自然倫理、自然權利等豐富內容。法律的主體性、客體性、主觀性和客觀性全部存在於這個普遍概念之中。它也是包括人在內的一切存在物的基礎。它本身就包含著存在。它克服了主體與客體、主觀與客觀在法律中的對立性、分離性和主體的外在性，實現了主─客的對立統一。在這個普遍概念中，主體與自然法的最初形態是，主體即是客體，客體即是主體。主體沒有外在的束縛和限制。自然法高於主體（自然人）與客體（實在法）。在主體性發展過程中，作為倫理觀念（作為自然人的個體對自然正義的敬畏，並受之約束），自然法是主體的主觀性的組成部分，主體的主觀性超出自身而進入自身以外的他物。於是，社會制度、法律體系便以客觀對象呈現出來，並獲得了普遍效力。古羅馬的法學家就是用自然法和自然理性來定義諸如占有和義務等法律概念。在古羅馬法學家看來，自然法就是監護未成年人和禁治產人的財產和人格的規則，就是對所有血親親屬繼承財產的可能性的承認；自然法也是人們的自衛權利；根據自然法，實際不可能履行的契約約定是無效的等等。[54]自然法的觀念經過羅馬法獲得了實證法的形式，其實證法的效力雖然僅及於羅馬，但羅馬法的影響力則越過了羅馬的疆界而成為世界法。

　　自然法在實證法中的比重取決於自然法與人的主觀性的統一程度。自然法存在於人們自身內部，卻又是被人自己認識的東西。所以Hegel說：真理在本質上乃是主體。真理是實體與主體的統一。實體離開了主體就不能成為真理。[55]當自然法的觀念（絕對實體）與主體的認識相統一時，即產生客觀實在：實證法律。抽象的內容在實證法律中變成了具體的內容。法律的概念離開了人的精神就成了僵死的「外殼」，而這個精神就來自於

---

[53] Aristotle, *Posterior Analytics*, 72a, in *The Complete Works of Aristotle*, The Revised Oxford Translation, Edited by Jonthan Barnes, Vol. I, Princeton University Press, 1984, p. 116.

[54] J. M. Kelly, *A Short History of Western Legal Theory*, Oxford University Press, 1992, pp. 60-61.

[55] Hegel, *The Phenomenlogy of Mind* (vol. I), Translated, with introduction and notes by J. B. Baillie, George Allen & Unwin Ltd., and The Macmillan Company, 1931, pp. 85, 80-81.

對自然法的意識和認識。主觀對客觀的創造基於兩個要素：主觀本身的認識層次及主觀要受到絕對實體的制約，違背它就等於違背人自身的存在。因此，自然法進入主體本身就具有最初的內在必然性。自然法論者以抽象理性爲邏輯起點論證自然法的絕對性，卻忽視了由於下列原因有可能使自然法出現異質性：理性選擇的可能偏差及人的認識能力的有限性。而法律實證主義者則忽視了人是自然法與實證法的仲介。如前所述，自然法是主觀性和主體性的組成部分，因而，自然法並不、也無法排斥經驗的意義。Hegel說，自然法從屬於如下的必然性：這種必然性與倫理事物的經驗形態的必然性相同。並且，作爲科學，自然法必須表達存在於普遍性形式中的那種形態。[56]自然法也是存在於人的意識中的內部精神和自由意志。人的內部精神、自由意志與外部表現之間具有邏輯必然性。財產、法律、道德、家庭、政府等等都不是爲了某種偶然的主觀目的而創立的權宜之計。[57]自然法與實證法的邏輯必然性更具體地表現在契約關係上。法律上的占有就是自然人把他作爲概念存在的東西（即可能性、能力、素質）轉變爲現實。擁有財產意味著主體的意志在財產中。故財產的概念潛在地、必然地蘊涵著契約的概念，因爲契約雙方是在共同意志中占有財產。[58]這種契約概念存在於任何實證法律的形態之中；契約關係的履行意味著財產的轉移，主體從物中收回了自己的意志。因而契約關係也是意志與意志的關係。[59]自然法經由主體的自由意志對外發生作用；實證法以自由意志爲出發點。實證法是自由意志的表現和實現。所以Hegel說，意志是法的確定位置和立足點。法是自由意志的定在。[60]契約關係中的共同意志或同一意志與自在自爲的普遍意志的關係就是實證法與自然法的關係。在實證法

---

56 G. W. F. Hegel, *Uber Die Wissenschaftlichen Behandlungsarten Des Naturrechts*, in Kritisches Journal der Philosophie, Dcember 1802 and May 1803, Translated by T. M. Knox. Introduction by H. B. Acton. Foreword by John R. Silber Publication Year: 1975. University of Pennsylvania Press, pp. 98-100.

57 張世英，《論黑格爾的精神哲學》，唐山出版社，1995年版，第93頁。

58 Hegel, *Grundlinien des Philosophie des Rechts, oder Naturecht und Staatswissenschaft im Grundrisse*, Berlin, 1933, S. 75, §40; S. 90, §57.

59 Ibid., S. 87, §53; S. 111, §78.

60 Ibid., S. 35, §4; S. 63, §29.

上，內部精神與外部表現形式的統一，就是主觀意志與客觀規範的統一。一方面，自然法的實證法化確立了法律為存在的本質；另一方面，自然法的實證法化是人們的自然觀念的客觀化。法律的存在與本質的關係因此被歸結為概念上的主觀性與客觀性的關係。法律的客觀性不是離主體和主體意識而獨立存在之物。它是表示關係的。它始於自然法背景中的意志與意識，終於一種制度事實。法律的客觀性也存在於人的經驗、思想、意識之中，或者說，存在於進行感知判斷的主體之中。只有作這樣的認知，法律才具有認識的意義。法律是主體的意識活動與經驗判斷相互作用的結果。比如「所有權」的概念，即是經歷了由「權利觀念」、「所有權」、「所有權的物」、「占有」的抽象到具體、再由具體到抽象的辯證過程。法律的客觀性相對地具有相對性。因為「人必然從屬於社會歷史現實的活生生的關聯」；人的個體性部分地是由「文化系統」和外在的社會體制構造起來的。[61]法律發展的進程是其概念所包含的主觀與客觀的規定性的自我展開和自我實現（即主客觀的統一）的過程。對象在主體的意識中被認識的過程，同時也是該對象之本質自我顯現的過程。這個過程由原先以為是自在的存在之事物通過意識本身的轉化而變成為我存在之事物的過程。Hegel把這種過程稱為經驗。[62]所以Hegel說，實體本質上就是主體。[63]這就是實證法的本質之所在。實證法的本質是發展的事物（經驗的社會事實）的本質與主體意識和認識中的自然法觀念的統一性。法律實證主義者和自然法論者都將經驗當作單純的事實來源，將經驗與本質分離，並對立起來，這實際上是將主體排除在實體和存在之外，割斷了意識、經驗、規律、概念之間的必然關聯。「意識在經驗中發現了規律的客觀存在，但同樣地也發現了概念的形式。當這兩種情況結合時，即存在與概念合一時，規律對於意識才是真實的。規律之所以為規律，因為它既顯現為現象，同時自身又是概念。」[64]

---

61 Rudolf Mak kreel，《狄爾泰傳》，李超傑譯，商務印書館，2003年版，第56頁。

62 Hegel, *The Phenomenlogy of Mind* (vol. I), Translated, with introduction and notes by J. B. Baillie, George Allen & Unwin Ltd., and The Macmillan Company, 1931, pp. 143-144.

63 Hegel, ibid., S. 85.

64 Hegel, ibid., pp. 290-291.

　　從上文的綜合分析和論證中，我們找到了自然法、人、實證法三者之間的關聯。如前所述，現有的法律實證主義者都竭力論證法律與道德的分離性；而自然法論者則竭力論證法律與道德的關聯性。但是，他們的理論不僅沒有證明法律與道德無必然關聯或有必然關聯的基本立場，而且被我們發現法律實證主義者和自然法論者的理論體系中各自包含著形式有別、實質相同的理論立場。法律與道德的關聯經由自然法和實證法的關係得以在法律實證主義者和自然法論者的法律概念中交合。

　　現有的法律實證主義者和自然法論者都將Austin的法律概念與主權者的命令聯繫起來，以此作爲Austin的法律實證主義立場。但實際上，Austin的法律概念包含四個方面的涵義，即上帝之法、實證法、實在道德或實在道德規則和比喻性的法律。[65]Austin只是將實證法與主權概念相連結，特別強調主權是實證法的特徵。實證法只是Austin的法律概念的一個內容。主權與法律的關係只是Austin法律概念的一個面向。Austin沒有也無法排除法律概念中的道德內容。他甚至將憲法作爲一種實在道德，而他的實在道德就是具有法律能力和特點的法。Austin一方面將實在道德區別於實證法，另一方面又認爲實在道德中包含著嚴格意義的法律。據此，我們可以認爲，Austin將憲法既作爲實在道德，又作爲嚴格意義的法律。在Austin所處的時代，憲法作爲共同體的最高法律已是普遍的法律現象。Austin之後的論者應該從Austin法律概念的整體內容上把握他的理論立場。

　　法律實證主義者與自然法論者對Kelsen的法律概念理論的研究只關注他的純粹法理論。從他的純粹法理論中論證他的法律實證主義立場。純粹法體系是Kelsen的法律實證主義體系，但並不能就此認爲Kelsen的法律概念就是實證主義的。其實，Kelsen也視法律規範體系爲觀念體系。Kelsen認爲，要讓法律概念脫離正義觀念是困難的。他認爲實證法規範構建的價值總是相對的價值，而正義觀念表示的是一個絕對價值，因爲它是由非實證的規範構建的，該規範主張正義觀念在任何地方和任何時候都是

---

65 John Austin, *Lectures on Jurisprudence, or The Philosophy of Positive Law*, Vol. I, 5th ed. Revised and Edited by Robert Campell, Reprinted from the English Edited by John Murrt, 1911, pp. 77-81.

有效的，它是一個具有不可改變之內容的實質規範。這就是我們可以認為「應當」概念作為一個規範只是觀念性的原因。[66]研究者特別應注意的是，Kelsen將「應當」區分為主觀應當和客觀應當，並認為法律規範是客觀規範。[67]因此，Kelsen的客觀性法律規範既具有正義的規範性，也具有社會的規範性。前者是「客觀應當」意義上的規範性，後者是「主觀應當」意義上的規範性。於是，Kelsen在他的法律規範概念中建立了主觀與客觀的統一性。自然法的內容直接存在於他的社會規範，即客觀的法律規範之中。在Kelsen的法律規範中，不僅有觀念形態，也有社會事實。社會規範本身所含的自然法價值與社會成員對其的價值判斷是不同的事情。無論社會成員的價值取向如何，在客觀上都要受其的約束。而對社會規範的價值性的判斷與評價則與社會成員的價值觀相關聯。Kelsen在「法律規範是客觀規範」這個命題中建立了法律與道德的必然關聯。所謂的客觀規範也是說該規範對社會成員的約束效力不再經由社會成員的主觀性而發生作用。換言之，法律的道德性是客觀存在的，並規範著社會成員。即使是從Kelsen的「基本規範」假設中，我們也不能排斥他的法律概念的非實證意義。首先，Kelsen認為，基本規範是超實證的前提和邏輯的假設。純粹法理論不能借助純實證主義。[68]其次，Kelsen認為基本規範確實存在於法律意識之中。[69]某些法律規範（比如誠實信用、公序良俗）既是法律規範，也是道德規範。遵循它意味著同時受法律與道德的約束。再次，Kelsen的基本規範不是基於社會事實的假設，因此，它的法律效力也不是來自社會事實。於是，其法律概念理論根本區別於研究者一般認為的法律實證主義的基本立場。具體而言，這個基本規範可以是英國的《自由大憲章》，也可以是美國的《獨立宣言》，還可以是法國的《人權與公民權利宣言》，

66　Kelsen, *What is Justice: Justice, Law, and Politics in the Mirror of Science*, Berkeley, University of California Press, 1957, pp. 266, 227, 365.

67　Kelsen, *Pure Theory of Law*,Trans. Max Knight, Berkeley and Los Angeles: University of California Press, 1967, p. 7; Kelsen的「主觀應當」指各種社會規範性，與客觀確定性事實相對應；「客觀應當」指正義的規範性。

68　Kelsen, *General Theory of Law & State*, with a new introduction by A. Javier Trevino, Transaction Publishers, 2006, p. 115.

69　Ibid., p. 116.

甚至還可以是「自然」與「神諭」。[70]與自然法論者對諸如理性、正義等概念的認識論與方法論的立場一樣，Kelsen認爲基本規範是不證自明的。基本規範的效力不能從任何其他規範中推論出來，但它卻是法律體系的效力來源。Kelsen以基本規範作爲法律體系的效力來源的論證在方法論上是邏輯實證主義，其論證雖然在一個封閉的體系內進行，但其論證的邏輯起點是具有自然法內容的。順便指出，Kelsen也被列爲分析法學家行列，但分析法學在Kelsen那裡只是一種方法，不能據此認爲Kelsen的分析法學就是實證主義法學。概念在先是他的認識論基礎，即先確定了基本規範的內涵與外延，並以其爲先決條件進行純粹法理論體系的建構。Kelsen的純粹法雖然排除了基本規範以外的其他一切價值，但他並不能排除基本規範所設定的價值，因爲基本規範的價值即是純粹法體系的價值。綜上所述，從Kelsen的基本規範理論、純粹法理論和客觀性法律規範理論來看，Kelsen的法律理論並不是實證主義的，而是超實證主義的。因爲他雖然證立了一個排除基本規範以外的一切其他價值的等級森嚴的規範體系，但他的基本規範含有自然法內容。那麼，他將基本規範作爲法律體系之效力的終極來源，這等於是將自然法觀念實證法化，正如他自己所說，「自然法理論是主觀利益的客觀化」。[71]客觀化即實證法化。這意味著他對自然法與實證法化的關係的理解也不同於現行的一般理解。從他對基本規範的解釋，及他的純粹法理論以外的其他理論觀點，可以看出，他的法律理論基本上完成了自然法背景下法律與道德的概念性結合，達到了主─客統一的境界。需要指出的是，研究者可以也可能找到Kelsen關於法律與道德無必然概念關聯的明確觀點，或者是Kelsen自己在有意與無意、似與不似之間，將自己的理論定位於法律實證主義，但這並不影響本文對Kelsen法律理論的基本觀點，因爲只有綜合地理解Kelsen的整個法律理論，才能準確地界定他的基本立場。

---

70 Kelsen甚至將自然法的「自然」和「神諭」都當作事實。參見Raz, *The Authority of Law*, Oxford: Clarendon Press, 1979, p. 131.

71 Kelsen, *What is Justice: Justice, Law, and Politics in the Mirror of Science*, Berkeley, University of California Press, 1957, p. 228.

　　Kelsen之後的法律實證主義者爲了堅持「分離命題」的法律實證主義基本立場，都將「承認規則」作爲法律體系的形式系譜判準。Hart的承認規則理論極爲複雜。承認規則的特點是形式與內容分離，以及形式與內容不可分離。一方面，承認規則作爲判準是通過形式而非實質要素決定一個規則或法律體系的效力的。無論是共同體的公職人員還是一般社會成員運用承認規則對形式法效的鑒別只是確定規則制定機構的合法律性。立法過程中的各種判斷和評價因素被排除在鑒別之外。而法律與道德的關聯問題實質上是法律體系和法律規則中有無主體地位、有無人的地位、有無立法者地位的問題。法律實證主義者認爲，必須將承認規則的形式與內容分離才能在法律體系內體現其確定性。[72]另一方面，法律實證主義者關於承認規則的理論又體現爲形式與內容的不可分離性的特點。Hart關於規則的內在面向的理論揭示了承認規則並不是確定的唯一內涵的社會承認規則，不同參與者可以建構不同內涵的承認規則。從理論上說，每一位參與者都可以建構獨立之內涵的承認規則，其總體上的不確定性通過社會成員對承認規則的運用而使承認規則成爲約束運用者個人的確定的規則。這個淺顯的原理引申出一個深刻的原理，即承認規則的效力實際上來自於法律規則體系之外，即是社會成員運用承認規則的權利。當運用承認規則的社會成員的權利經過正當的程序（民主程序）形成立法權力，法律體系的效力始有產生。Hart所設計的承認規則的約束義務，即社會成員（包括官員）必須運用承認規則識別法律規則（初級規則和部分次級規則）的效力來源，實際上將法律規則體系的效力來源導向法律體系之外。承認規則的義務性只是約束了包括官員在內的社會成員必須運用承認規則，並沒有限制社會成員在運用承認規則時的主觀性。要言之，建構一個共同體的法律體系，社會成員必須運用承認規則。規則的內在面向使得社會成員在運用承認規則時得以體現其主體性地位和價值觀。當社會成員的價值觀獲得穩定的多數支持時，便可形成基於社會成員個體價值的法律體系。在這個體系中，個人道德目的的實現意味著與他人道德目的的同一。在這個體系中，

---

[72] Robert George, *The Autonomy of Law*, Positism, Oxford: Clarendon Press, 1996, pp. 292-294.

主觀性和客觀性是統一的。立法即是運用多數相同的主觀標準而獲得客觀的結果。主觀性的東西（比如道德觀念）轉化爲客觀形式（法律規則及體系）。但當道德觀念表現於外而獲得了客觀的法律形式時，主體的主觀性仍包含其中。法律，經由社會成員對承認規則的運用，獲得了形式效力（由民選產生的立法機構的運作制定出符合程序正當性的法律）和實質效力（社會成員及立法者在立法過程中的道德選擇和價值判斷進入法律之中）的統一。一個這樣的法律體系，意味著主體已進入客體之中。主體性與客體的關係在這樣的法律體系中的統一是以權利先在爲基礎的。社會成員接受法律的約束是主體客體化，法律對社會成員的約束是客體主體化。主體與客體都沒有改變各自的基本屬性。這樣的理解既符合初級規則的屬性，也符合承認規則的屬性，又符合次級規則也即法律規則體系的特性。但徹底地改變了分離命題的法律實證主義的基本立場。法律與道德的必然關聯其實就存在於承認規則之中。Hart的承認規則具有正義的規範性。對某一法律體系的承認和接受，當且僅當社會成員在內在面向上承認該法律體系是自己道德觀念的一部分、符合自己的價值選擇、從而認同它的規範效力時，它才是觀念性體系。承認規則具有這種本體論特性。

　　包容性法律實證主義要求承認規則既是社會性的規則，又是可以相容對法律效力施加實質性道德標準的原則之規則。[73]這意味著承認規則必須既是社會性規則，也是規範性規則。前者要求承認規則的效力來自於社會事實，後者要求承認規則的效力來自於道德規範。它們同時存在於承認規則之中，達到了事實與價值、實然與應然的統一。承認規則體現了法律與道德的必然關聯。包容性法律實證主義對承認規則的要求符合本文所分析的承認規則的屬性。這個清晰的立場與包容性法律實證主義的「可分離命題」[74]和「道德安置命題」[75]的模糊表述有很大差別。可分離命題強調法律與道德之間的關係既不像自然法學派認爲的那樣緊密，也不是排

---

[73] Coleman, *The Practice of Principle*, Oxford University Press, 2003, pp. 114-115.

[74] Coleman, *Negative and Positive Positivism*, in Coleman, *Markets, Morals and the Law*, Cambridge University Press, 1988, p. 5.

[75] Coleman, *Authority and Reason*, in Robert Geodge ed., *The Autonomy of Law: Essays on Legal Positivism* (Oxford: Clarendon Press), 1996, pp. 289-319.

他性法律實證主義者認爲的那樣疏遠；法律與道德之間不必然分離，也不必然關聯；而是允許法律與道德可能存在緊密的關聯。如何理解可分離命題？道德觀念是社會成員自身的內容。道德與法律的可能關聯（可分離命題的基本立場）是以道德的可客觀化的可能性爲認識的前提條件。在法律領域裡，道德客觀性既體現在立法過程中，也體現在立法結果中；既體現在法律的形式上，也體現在法律的內容中。因此，不僅在法律中獲得了主觀道德（道德觀念）與客觀性統一，而且道德還是法律的基礎。除非包容性法律實證主義否認法律與道德的必然關聯，即主張「分離命題」而不是「可分離命題」的立場。如此，又回到了法律實證主義或排他性法律實證主義的立場。無怪乎Dworkin認爲包容性法律實證主義根本就不是實證主義。[76]所謂「道德安置命題」，即是將法律的鑒別標準導向法律生效條件的內容，運用承認規則包括對於法律內容的判斷。承認規則不必然侷限於形式判準，也可能以實質法效的判準模式出現。也就是說，承認規則可以安置道德內容。包容性法律實證主義者宣稱，雖然如此，並不影響道德安置命題的法律實證主義立場，因爲承認規則的本旨在於設定法律的生效條件，並未就生效條件的內容作任何限制。

　　本文認爲，根據Hart的最初設計，承認規則既是法律規則，也是社會規則。當承認規則作爲法律規則時，它是初級規則和其他次級規則的形式法效來源。當將承認規則作爲社會規則時，意味著承認規則來源於社會規則；同時，承認規則也是社會成員運用來鑒別法律有效性的形式判準，這意味著承認規則也是方法。社會成員在運用承認規則時具有內在觀點。於是，社會成員的主觀價值必將進入承認規則，即使不明確安置道德內容，承認規則作爲方法時也體現出社會成員的道德價值，從而具有道德內容。進而，道德內容通過被承認規則鑒別爲有效的法律體系和法律規則而獲得客觀化。於是，主觀與客觀在法律規則中達到了統一，主體在客體中得到了呈現。經過Fuller、Dworkin的理論挑戰後，Hart本人將其原來被認爲是「單純事實的實證主義」法律理論辯解爲「柔性法律實證主

---

[76] Dworkin, *Thirty Years On*, (2002) 115, Harvard Law Review, p. 1656.

義」，即Coleman的包容性法律實證主義。因此，道德安置命題也在Hart
的柔性法律實證主義之內。與前述幾位法律實證主義者一樣，雖然Hart與
Coleman等包容性法律實證主義者竭力維護「分離命題」的法律實證主義
基本立場，但仍然未能證立法律與道德無必然的概念性關聯。Coleman將
合法律性作為承認規則的條件，但他同時又認為，一種承認規則使得道德
成為合法律性的一個必要條件；另一種承認規則使得道德成為合法律性的
一個充分條件。前者宣稱，沒有任何規範能夠成為法律，除非它是公平地
將道德作為合法律性的必要條件。後者宣稱，特定的規範之所以是法律，
是因為它們顯示了公正與公平的面向，即將道德作為合法律性的充分條
件。[77]Coleman在此將道德客觀化為公正和公平，並斷定承認規則包含著
道德性。如此，無論承認規則宣稱全部規範是公正的，還是部分規範是公
正的，都不影響承認規則作為法律規則與道德的必然關聯，因為承認規則
是法律體系的效力來源。即使有部分規範不具有公正性，即不具有道德
性，那只是社會成員將承認規則作為方法時，即運用承認規則鑒別法律體
系和法律規則的效力判準時出現了問題，而不是承認規則或其他法律規則
本身的問題。

　　權威理論是Raz的排他性法律實證主義的核心內容。Raz的權威理論
包含如下主要內容：1.如果某人得到許可實施某一行為或經過某位有權人
士的授權實施某一行為，則此人就有權威實施某一行為；2.某人實施某一
行為的權威必須來源於具有授予權限的權威；3.權威來自於他人擁有權
力，但某人有這樣一種權力並不引起某人對他人擁有任何權威。完全可能
是某人毫無權威。權力是權威的特例。某人對他人擁有權力或權威時，無
須被授權就可發布命令。如果某人擁有發布命令的權威，那麼，命令通常
是有效的一階理由和排他性理由。排他性理由可以排除基於完全衝突的理
由或只是某種有衝突的理由而實施行為。[78]本文需要指出的是：

　　第一，Raz的權威概念並不是一個實證主義的概念，權威無法實證
化、客觀化。Coleman的批評基本是正確的。他不確信法律的一個概念性

77　Coleman, *The Practice of Principle*, Oxford University Press, 2003, p. 126.
78　Raz, *The Authority of Law*, Oxford University Press, 1979, pp. 19-25.

特徵是法律必然主張在道德上正當的權威；他也不確信法律權威的確發揮著Raz所說的那種功能，即通過優先的理由證立某一法律；他更不能確信即使法律必須主張某種權威，就意味著每一個法律都一定能夠在應該做什麼的推理中作出實際區分。[79]本文認為，1.權威是一個抽象的概念，命令是一個具體的概念。權威並非產生具體的命令，而是產生於個人內心的確信，帶有個人的主觀性和相對性；2.權威產生於無強制力和約束力的單方服從。也就是說，權威產生於服從者本人。權威是服從者賦予的，而命令的存在並非引起權威的產生。權威產生於服從行為之後，無服從者無權威存在；3.權威是倫理道德範疇的概念，它不同於作為法律範疇的義務概念。義務也是對於特定對象的服從，但義務產生於對象，對服從者具有必然性；4.義務是普遍性概念，權威是特殊性概念。義務是絕對性概念，權威是相對性概念。

　　第二，Raz的權威理由也不構成排他性理由。在Raz看來，排他性理由來自合法律性權威；合法性權威來自於命令。但命令何以產生合法性權威，只是命令是行為的排他性理由。因此引出的問題是，命令是否產生合法律性的來源，命令本身的內容是否具有正當性。命令充其量只是法律的一個淵源，它的特徵不能涵蓋法律體系的全部。當我們證明法律體系的其他內容的合法性時，須訴諸法律以外的其他要素，比如民主制度。即使是正當性的法律體系也並非任何時候都是行為的排他性理由。比如，某個收到法庭命令的證人在到法庭作證的路上遇見兒童溺水，結果救起了溺水者，卻耽誤了出庭作證。在此例中，救人的理由成為有法律理由的出庭作證的排他性理由。證人雖然違反了法律理由，卻符合道德理由。如果出庭作證的法律義務具有道德性，那麼在此例中，救人理由的道德性也排斥了出庭作證義務的道德性，排他性理由及其理由都含有道德內容。

　　第三，Raz將「法律的效力從何而來」的問題轉換成「法律的權威性從何而來」的問題，實際上已改變了法律實證主義的問題的性質。在法律實證主義的理論觀點下，效力須依靠規則的形式系譜而獲得。但即使是在

---

79 Coleman, *The Practice of Principle*, Oxford University Press, 2003, p. 133

法律實證主義的理論觀點下，權威性也不能通過規則體系而獲得。權威與效力具有不同的內涵與指稱，不能將法律的效力替換爲法律的權威。在法律實證主義的範圍內，效力是事實狀態，它對主體的約束力是客觀的，法律的效力是應用日常語言記述的經驗內容。而權威是主觀體驗的東西，是主體對外在事物的感覺意識，它是一個主觀性概念。效力也是一個可分析的概念，效力是可以定義的。在其中既可通過效力的內涵與外延來確定和揭示法律的涵義，也可通過其揭示法律的意義，他們取決於法律的價值內容。而權威是經驗與理性的結晶，只有達到主─客統一，才產生權威。但權威在主─客關係中只是一種意識內容狀態，因此，權威概念在法律實證主義領域裡是不可定義的。

第四，Raz將權威作爲人們行動的理由，實際上是將法律的客觀性導向爲法律的主觀性，將法律的客體性還原爲法律的主體性。儘管Raz用「社會來源命題」證明他的排他性法律實證主義的立場，但從自然法論者的立場觀察，他的權威理論，連同他的二階理由理論，是將法律效力的來源導向包含道德內容的正當性理由。此外，Raz區分「考量階段」與「執行階段」，並認爲依賴於道德論證的階段不屬於「執行階段」，而是「考量階段」；　不實施道德論證的階段才是法律推理的階段；來源命題把法律歸屬於「執行階段」。[80]Raz還通過區分道德約束力和法律效力，用以證明法律與道德無關。[81]這些恰好說明Raz對自然法的理念欲拒還迎，因爲他並沒有具有說服力的論證，只是生硬地將道德從法律中剔除。Raz認爲，法律實證主義者的一個主要困境始終是規範性語言的使用，即在道德話語中使用的相同術語同時也在法律話語中使用。[82]這是否可以視爲Raz對法律與道德之必然的概念性關聯的間接承認。因爲同一術語必須指稱相同的事物。如前所述，包容性法律實證主義不能成立，則排他性法律實證主義也不能成立，沒有前者，就沒有後者；相反亦是。

---

80 Raz, *Source, Normativity, and Individuation*, in Raz, *The Concept of A Legal System: An Introduction to the Theory of Legal System* (2nd ed., Oxford: Clarendon Press, 1980), pp. 213-214.

81 Raz, The Authority of Law, Oxford University Press, 1979, pp. 37-41.

82 Ibid., p. VII.

　　道德衡量在法律推理中的作用也爲法律實證主義者所重視。法律實證主義者認爲，行動的理由應該區分爲一階理由和二階理由。一階理由是行動的基本理由，二階理由是爲一階行動理由或克制行動的一階理由提供的理由。排他性理由是二階理由，且是二階理由的唯一類型。當一階理由和二階理由發生衝突時，是通過實踐推理的一般原則決定排他性理由具有優先性。[83]法律規則應該屬於規範性規則；規範性規則一般都具有規範的語義內容，並以作出決定的方式導引、約束和改變人們的行爲。[84]法律規則以二階理由的方式影響人們的行動。[85]當法律缺乏對所有理由進行全面衡量的實踐能力時，道德在實踐推理中就可以發揮作用。法律推理是實踐推理的組成部分。[86]在適用法律規則時運用道德衡量，法律規則是裁判基礎，道德衡量影響裁判結果。當法律規則缺乏作爲二階理由的正當性時，道德衡量成爲法律推理的依據，道德取代法律規則，保證法律推理及裁決具有正當性。[87]

　　本文認爲，道德衡量命題在法律實證主義理論中存在較多困難。在該理論中，首先，道德衡量須以在法律規則或法律體系中絕對排除道德內容爲前提，而作爲法律體系和法律規則的效力來源的承認規則是可以安置道德內容的。這意味著整個法律體系和法律規則也是可以安置道德內容的。結果，道德衡量有可能成爲對法律體系內的道德內容的衡量，從而違反了道德衡量命題的本來功能。其次，在法律實證主義者看來，法律規則的正當性即是形式來源的合法律性。當法律規則作爲二階理由的正當化基礎缺失時，意味著規則失去了法律的效力。此時，道德衡量取代法律規則，成爲法律推理的基礎，這意味著作爲一階理由的道德理由將成爲法律裁決的

83　Joseph Raz, *Reasons for Action, Decisions and Norms, in Practical Reasoning*, Edited by Raz, Oxford University Press, 1978, p. 132; Raz, Practical Reason and Norms, pp. 146-148.

84　Frederick Schauer, *Playing the Rules*, Oxford: Clarendon Press, 2002, p. 2.

85　Raz, *Reasons for Action, Decisions and Norms, in Practical Reasoning*, Edited by Raz, Oxford University Press, 1978, p. 132.

86　Raz, *On the Autonomy of Legal Reasoning*, in *Ethics in the Public Damain*, Essays in the Morality of Law and Politics, Revised edition, Oxford Clarendon Press, 1994, p. 327.

87　Frederick Schauer, *Formalism*, (1988) 97 Yale Law Journal; Joseph Raz, *The Authority of Law* Oxford University Press, 1979, pp. 201-209.

依據或基礎。這時，裁決的道德內容構成新的法律規則而成為法律體系的一部分，從而打破了法律實證主義的形式效力體系及來源。再次，法律實證主義者，甚至是自然法論者都認為，道德衡量對法官的義務性只是在無規則可以援引的情況下，才構成絕對拘束力。此時的道德衡量是援引法律原則作出裁判。而在有法律規則可以援引的情況下，在法律實證主義者看來，道德衡量並不必然出現在法律推理中。如果認為必須運用道德衡量，則已滑入自然法論者的論域。又次，根據道德衡量命題，規則的正當化，也即二階理由或權威的正當化必須借助三個命題：優先性命題（某一權威作為某一行為得以實現的理由排除並取代了其他理由在行動中的地位）；依賴命題（一切權威性指令應當基於這樣的理由：它們已經獨立地適用於作出指令的主體）；規範證立命題（建立一個具有超越另一個人的權威的規範方式，即將權威規範化）。[88]依據Raz的這三個命題證立法律規則作為二階理由的正當性，已經超越了法律實證主義的範圍。一階理由使二階理由具有正當性是依據優先性命題（排除通盤考量），但優先性命題並不涉及一階理由成為二階理由的實質原因，只是形式標誌。於是，要借助於仍需要證明的標準正當化命題的支援，但依賴命題已為二階理由提供了正當性，且依賴命題就是用以說明二階理由本身具有正當性的，其正當性基於某個一階理由。這樣又將二階理由的正當性導向一階理由，也就是說將規則的正當性導向一階理由。要言之，道德理由或某個道德理由是法律規則正當性的基礎。這是自然法理論的論題。綜合上述分析和論證，本文認為，道德衡量命題如果成立，它應該是自然法理論的命題，因為道德衡量命題要求道德作為整個法律推理的基礎，且只有在具有道德內容的法律規則中才可能進行道德衡量。

　　以Dworkin為代表的自然法論者雖然通過徹底地否定承認規則而批判法律實證主義，但他並未徹底地否定法律實證主義（Dworkin只是否定了包容性法律實證主義）。Dworkin也並不完全否認法律與道德的區別，他只是將法律作為行為理由的效力導向了法律內容的道德正當性的證明，將

---

88 Raz, *The Morality of Freedom*, Oxford: Clarendon Press, 1986, pp. 46-47, 53.

法律概念的結構建構爲「自然權利→法律原則→法律規則」，體現了概念由抽象到具體、再由具體到抽象的往返運動的特點。同時也表明了他並不排除規範的合法性也依賴於形式系譜和社會來源，[89]因爲上述「抽象─具體」的往返運動不可拋離形式系譜和社會來源。更爲重要的是，Dworkin注意到了自然法則與道德的不同，[90]僅將法律的界限上溯到自然權利，自然法因而成爲法律的自然法意義上的背景，構成法律概念發展的不竭源泉。所謂自然法學派，從Dworkin的理論觀察，就是在自然法的背景下，將法律與道德結合起來，而不是將實證法與自然法背景下的道德結合起來。

　　綜上所述，「古典爭議」的雙方都是在自然法背景下主張自己的立場。自然法學派直接擇取了自然法的部分內容作爲法律的必然性內容，將自然權利具體化、實證化爲法律權利，建構起權利先在的法律概念理論。法律實證主義者通過對法律效力的最終來源的假設，間接地建立了自然法與實證法之間的關聯。由於這樣的關聯必須以作爲主體的人爲仲介，這意味著法律實證主義的法律概念是以主體爲邏輯起點。這種認識論和方法論只是將「古典爭議」複雜化，並未改變法律與道德之必然的概念性關聯的基本屬性，因爲法律中的人既是自然存在，也是道德存在。從而，道德都是「古典爭議」雙方的法律概念的基本要素。而道德只是自然法或自然正義的一部分。自然法還包涵著自然觀念、自然秩序、自然法則、自然倫理、自然權利等豐富內容。於是，自然法有如大自然的陽光和空氣，是法律概念存在與發展的取之不盡、用之不竭的源泉。自然法學派的法律概念是，法律實證主義者的法律概念也是。

2009年8月31日

---

[89] Ronald Dworkin, *Taking Rights Seriously*, The Model of Rules I, Gerald Duckworth & Co Ltd., 1977, pp. 14-46.

[90] Quesnay認爲，自然規律可以是自然的，也可以是道德的。他所說的自然的規律可以理解爲明顯地對人類最爲有利的自然秩序的一切自然事件的運行過程。他所說的道德的規律可以理解爲符合自然秩序且明顯是最有利於人類的道德秩序的一切人類行爲傾向。Quesnay認爲，當這兩個規律結合在一起時，我們就稱之爲自然法。（Quesnay，《魁奈經濟著作選集》，吳斐丹、張草紉譯，1979年版，1997年4刷，第304頁。）

貳、論法律概念的基本結構（下篇）

　　「法律是什麼」的問題一直是法哲學和法理學追問的核心問題。「古典爭議」的雙方（法律實證主義者和自然法學派）均從各自秉持的立場對「法律是什麼」這個問題作出各自的理解，並得出了相對立的結論。「法律是什麼」這個問題涉及本體論、認識論和方法論等領域，橫跨法學、哲學、邏輯學、歷史學、人類學、倫理學等多個學科。它既是「法律與道德在概念上有無必然關聯」這個問題的分立命題，也是這個問題的綜合命題。[91]認真研究「法律是什麼」這個問題，有助於我們通過富有邏輯力量的證明揭示制定法深層的先驗範疇，有助於我們認知法律的意義及其規範功能，有助於人類社會共同體及不同的社會共同體產生良法，使法律的存在符合人類生存的基本公理。本文試圖通過論證法律這個概念的基本結構，回答「法律是什麼」這個問題。「法律是什麼」既是本體論範疇的問題，也是認識論和價值論範疇的問題。法律這個概念的「本體」結構決定著它的效力範圍。本文的基本觀點是，法律這個概念是先驗與經驗的綜合，是抽象與具體的遞進式輪迴。它依次以自然正義與人性尊嚴為先驗範疇，經由主觀演繹和客觀演繹，演繹為「人格＋意志自由＋主體性」和「人格權＋意思自治＋主體間關係」這兩個抽象與具體的層次，構成法律這個概念的基本結構。

一、法律概念：先驗與經驗的綜合

　　古希臘的自然哲學為我們研究法律這個概念提供了原初的理論依據。Plato認為，自然所以足為典範，是因為自然作為最大「整體」，表

91　所謂「分立命題」，是指法律實證主義者認為法律與道德在概念上無必然關聯，自然法學派認為有必然關聯；而所謂「綜合命題」，是本文作者認為法律實證主義者和自然法學派都是在本文作者所理解的自然法背景下，回答「法律是什麼」的問題。參見戚淵，〈法律的概念——「古典爭議」的終結之論法律概念的科學探討方式（上篇）〉。作者認為，「古典爭議」所討論的問題實際上不是法律與道德有無必然關聯的問題，而是自然法與實證法有無關聯的問題。將道德置於自然法的體系之中，與自然正義結合起來，就能清楚地論證自然法與實證法的關聯性。

現了、也內在於一切事物的本質的正義或法的原理。此原理也內在於人
的靈魂，且是城邦、政治的原理。自然、城邦及個人的靈魂，有一原理
即「整體」。「整體」與定律、法則概念相關。[92]Plato的自然本身有價
值規範的性質。古希臘哲學把自然宇宙與人的社會視爲「同質」與「一
體」。[93]Plato的自然法就是事物的本質，即自然正義。dikē（正義）本身
含有「律法之意」；[94]Aristotle也視「自然」爲初生（未受後天影響）之
本性，是構成事物的基質，是自身具有運動源泉的事物的本質，[95]自然就
是目的的東西。[96]Aristotle明白認爲，人類秩序應與自然秩序一致。他將
正義分爲「自然正義」與「約定正義」兩類。自然正義對全體公民、在任
何地方都有同一效力，不受人對正義的看法的影響。[97]從Aristotle的分類
中，我們可以得知，自然正義的效力涵蓋了包括人類在內的萬事萬物。斯
多亞學派肯定宇宙爲絕對永恆的自然法則支配，人之存在也從屬於宇宙大
自然的法則。宇宙中的萬事萬物受理性的支配，絕對理性是世界的終極基
礎。人類理性乃是宇宙理性的縮影。[98]古希臘的哲學家和思想家從大自然
的原初本性中看到了萬物原本和諧地生長在大自然之中，構成一個公正、
正義的自然秩序；自然正義適用於自然秩序中的萬事萬物，包括人類。於
是，我們從古希臘哲學家的思想中獲得了同樣適用於人類社會的概念：自
然正義。

　　本文認爲，「自然正義」是古希臘哲學家通過先驗綜合判斷而獲得了
一個範疇。[99]範疇就是先驗的概念。Kant把對概念先天地能與對象發生關

---

[92] G. Vlastos, *Disorderly Motion in the Timaeus, in Studies in Greek Philosophy*, ed., by D. W. Graham, vol. H, Princeton Univ. Press, 1995, p. 259, n. 54.

[93] Enno Rudolph, *Polis und Kosmos-Darmstadt: Zur Einleitung*, id., S. 1-2, 1996; Hans Kelsen, *Society and Nature*, 1943.這也是遠古時代不同民族的思想的共同特徵。古埃及的教士宣稱：「我們的律法自始就是研究一切事物的秩序。」（Timaeus,24B-C, Translated by B. Jowett.）

[94] W. Jaeger, *Paideia*, Vol. I, p. 434, n. 44; p. 444, n. 44.

[95] Robin George Collingwood, *The Idea of Nature*, Oxford: Clarendon Press, 1945, pp. 80-81.

[96] Aristotle, *Physics*, 194a, in *The Complete Works of Aristotle*, The Revised Oxford Translation, Edited by Jonthan Barnes, Vol. I, Princeton University Press, 1984, p. 331.

[97] Aristotle, 1134b, ibid., pp. 1790-1791.

[98] Eduard Zeller, Outlines of the History of Greek Philosophy, Thirteenth Edition, Translated by L. R. Palmer, Dover Publication Inc., New York, 1980, pp. 215-217.

[99] 範疇是Kant先驗哲學的一個重要概念，它指涉一般直觀的對象的純粹知性概念。同一個知

係的方式的解釋稱爲概念的先驗演繹，以之與經驗演繹相區別。[100]先驗演繹由主觀演繹和客觀演繹構成。先驗演繹的目的是要證明先驗範疇的必要性。主觀演繹要表明的是，知識本質上爲一整體，其中的各種表象是相互比較相互聯結。聯結是一種自發性活動，它得自於知性範疇，是知性獨有的任務；它是一切知識中必然呈現的根據。這種聯結可稱之爲「綜合」。而綜合是主體的知性活動，即一切對象方面的聯結都以主體爲根據，靠主體綜合而產生。[101]主觀演繹從兩個方面具體體現了主體的主動性和創造性：一方面，綜合活動的本質就是人類理性的本質；另一方面，綜合過程是經驗知識經由意象而達到概念的深化過程。[102]主觀演繹並不排斥客觀，也不排斥經驗，它是一個由客觀走向主觀，由經驗走向先驗的過程。它從既定的事實（例如，自然秩序，人的自然屬性與社會屬性等）走向先驗的原理。自然正義，雖然是古希臘哲學家獲得的一個先驗概念，但卻是從「自然之本性」這樣的客觀事實出發所獲得的範疇。自然正義之於人類社會，意味著人類社會蘊涵著自然本性、普遍理性等自然法思想。

　　古希臘的自然法思想在古羅馬法律化。古羅馬的法律家認爲，iustus（正義）是對合乎實在法的關係的稱呼；acquitas（公正）產生於一個含有「統一」、「平等」意思的詞根，它生動地體現著法的宣告性原則，即爲單個人的活動確定條件和限度，而這些條件和限度對於每個人都是平等的。給每個人以穩定和永恆權利的意志。[103]古羅馬的萬民法與自然理性密

性，而且通過它在概念中憑藉分析的統一而造成一個判斷的邏輯形式的同一種行動，也憑藉一般直觀中雜多的綜合統一，把一種先驗的內容帶進它的表象，把表象的純粹綜合付諸概念。純粹知性概念是一個判斷和直觀中的各種不同表象的純然綜合提供統一性的功能。純粹的知性概念先天地指涉客體。參見Immanuel Kant, *Critique of Pure Reason*, Translated by Norman Kemp Smith, Macmillan And Co., Limited, 1929, pp. 111-115, 155-157, 158-160. 而所謂的「先驗綜合判斷」就是把經驗中的感性直觀綜合起來，進入理性領域，成爲必然的知識。先驗綜合判斷限於經驗，但又具有不依賴於經驗的「先驗必然性」，它是「必然的經驗知識」。範疇來自於「主體─理性」，正是先驗必然關涉對象的概念。參見葉秀山，〈康德的先驗邏輯與知識論〉，載《廣東社會科學》，2003年第4期。

[100] Immanuel Kant, *Critique of Pure Reason*, Translated by Norman Kemp Smith, Macmillan And Co., Limited, 1929, p. 121.

[101] Kant,《純粹理性批判》，藍公武譯，商務印書館，1960年版，第92、102、120-122頁。

[102] 楊建梓，〈析康德範疇的先驗演繹〉，載《晉陽學刊》，1992年第4期。

[103] Pietro Bonfante，《羅馬法教科書》，黃風譯，中國政法大學出版社，1992年版，第4-5頁。

切關聯，自然理性爲所有民族規定了相同的律法。自然理性被視爲所有民族都適用的法律。[104]於是，從「自然正義」這個先驗概念中，我們又獲得了法律領域中的平等原則。[105]平等原則雖然是從自然秩序中的「自然正義」推演而來，但平等原則還不是法律的正當性的終極基礎。由於平等原則是「自然正義」的實證法化，所以它具有客觀性質，且易於經驗判斷。如果以平等原則爲邏輯起點進行推演，那麼，這樣的演繹也只是經驗性的演繹，因爲前提是經驗性的。經驗演繹僅涉及概念事實上的來源方式，而與概念的正當性無關，[106]無法涉及概念得以證立的終極依據。於是，這個法律上的客觀原則，促使我們尋找該原則背後之單純的先驗概念，因爲自然正義不單是爲平等原則而存在的先驗概念，它是一切事物的先驗概念，其涵蓋的範圍，超越了人類社會。因此，要尋找法律概念的終極基礎，必須再由客觀走向主觀，由經驗走向先驗。如果說，「自然正義」是一切事物的倫理價值，那麼，導源於「自然正義」的「人性尊嚴」即是人類社會的倫理價值。「人性尊嚴」是人本身固有的倫理價值。法律概念的本質內涵即是人的倫理屬性。這就是胎兒也是法律上的主體的意義之所在。法律上的平等有形式與實質之分，但人性尊嚴的平等性既無形式與實質之分，也無時間與空間之別。任何人都具有完全相同的人性尊嚴，且不得有任何例外。是故，「人性尊嚴」是對「平等原則」的抽象概括，它是純粹知性概念，所以它是法律概念的先驗概念，是我們推演和證立法律概念的先驗範疇。換言之，我們可以以「人性尊嚴」爲先驗來源，邏輯地從中獲得法律概念。於是，通過「人性尊嚴」這個先驗範疇，思維法律概念，這是因爲這個範疇本身包含著構成法律概念的先驗條件。

---

[104] Adolf Berger, *Encyclopedic Dictionary of Roman Law*, Transactions of the American Philosophical Society held at Philadelphia for promoting useful Knowledge, New Series-volume 43, Part 2, 1953, pp. 528-529.

[105] 在古羅馬時期，「平等」雖然在法律上有所體現，但尚未具備基本權的特徵。但Oestreichs認爲，「平等」在那時只是處於倫理與社會的思想的討論層面。參見Gerhard Oetreicks, *Die Entwicklung der Menschnrechte und Grundfreiheiten: eine historische Einführung*, in: Bettermann / Nenmann / Nipperdey (Hrsg.), *Die Grundrechte*, Bd. 1, 1. Hbd., 1966, S. 13. Oestreichs的這一觀點是值得商榷的。

[106] Kant, *Critique of Pure Reason*, Translated by Norman Kemp Smith, Macmillan And Co., Limited, 1929, p. 121.

　　以「人性尊嚴」爲先驗範疇的先驗演繹是客觀演繹。客觀演繹是以主觀演繹所獲得的先驗範疇爲根據，去闡明先驗範疇的客觀有效性，[107]即人性尊嚴在法律體系中的客觀有效性。主觀有效性只是對主體自身有效，而不具有客觀有效性。客觀演繹的方法是綜合法。依據綜合法建立起來的純粹理性體系，不根據任何已知的東西，同時也不尋求任何事實的支援，而是根據理性本身，力求從理性的原始萌芽中開發出知識來。[108]不根據任何已知的東西，不依靠任何事實，並不是說完全排除經驗的作用。客觀演繹確立了一切知識之邏輯上的必要條件與標準，即知識的先驗統覺作用與綜合作用是知識客觀有效的邏輯標準。同時也證明了範疇的經驗使用的正當性，完成了理性意識到經驗事實的建立。[109]這樣，客觀演繹便是從主觀走向客觀、從先驗走向經驗的過程，它是從經驗的先驗根據（純粹理性）走向經驗的自然系統（知識體系）。客觀演繹進一步解決了法律概念的本體論問題，即法律是什麼的問題。而法律概念的本體論問題即是從客觀和本質兩個方面揭示法律的意涵。如上所述，我們通過主觀演繹獲得了一個先驗範疇：人性尊嚴。根據客觀演繹，人性尊嚴，便是我們證立法律概念之基本結構的先驗範疇。人性尊嚴之於法律概念的抽象內涵是「人格、意志自由和主體性」這些要素。

　　人格是人性尊嚴的倫理體現。作爲法律概念，它是先驗與經驗的結晶。古希臘哲學家賦予persona以哲學上的「人格」意義。柏拉圖認爲，人格在於人以眞實的自我而存在於權利關係中，這是靈魂的最佳存在。即理性的獨立實體的自然存在。古羅馬在此基礎上賦予persona以法律上的「人格」涵義。[110]羅馬法上的人格（personalis）也指權利主體的權利能力，後者具體地指稱從事法律上的行爲和交易的能力。因此，人格包含法

---

107 Kant, ibid., p. 12.

108 Kant, *Prolegomena to Any Future Metaphysics That Will Be Able to Present Itself as Scince*, Oxford University Press, 2004, p. 79.

109 楊建梓，〈析康德範疇的先驗演繹〉，載《晉陽學刊》，1992年第4期。

110 Werner Jaeger, *Paideia: The Ideals of Greek Culture*, Translated from the Second Edition by Gilbert Highet, Vol.II, Oxford University press, 1943, pp. 343-344. P. W. Duff, *Personality* in Roman Private Law, Cambridge University Press, 1938, 9.

律上的資格。[111]這種人格只有自由民才可以擁有。因此，它不具有抽象的普遍性，不是自然正義和人性尊嚴在法律概念上的全面呈現。因爲先驗的概念必然具有抽象的形式平等性，是經驗的概念的實質平等性的依據。在羅馬法中，這個概念的原初狀態即與物權連結在一起，且與人格權概念「授受」不清。Hegel深刻地指出，這是將以實體性關係爲前提的權利和有關單純抽象人格的權利混爲一談。Hegel認爲，人格是不可轉讓、除去了外在性的實體性的規定。[112]實際上，羅馬法上的「人格」應該被理解爲實在法上的人格權。人格之於主體不可轉讓的屬性是主體的純自我相關性，它區別於主體間的實體性關係。人格的存在必然導致人格權的發生。人格的標誌即是人格權的構成，諸如姓名權、肖像權、隱私權、名譽權、信用權、生命權、健康權、性自主權等等。於是，人格作爲抽象的倫理價值在制定法上的體現便構成一系列人格權。人格權是擁有人格的主體將其意志顯現於外的結果，是人格及其倫理價值獲得客觀有效性的證明。人格，不僅使作爲倫理存在的個體獲得了類型權利，也使這些權利在與相同的主體所形成的實體性關係中獲得了客觀有效性。人格，一端連結著人性尊嚴，一端在制定法上具體化，進而在對象上產生客觀效力。在制定法上，是人格權而不是人格經歷了「從身分到契約」的歷程，逐步獲得了它的平等性和普遍性。人格是人人與生俱有的天賦權利。

意志自由是人格的倫理價值的基本要素，也是人格存在的基本條件。古希臘哲學家（Democritus, Epicurus, Lucretius）認爲世界的一切都是由原子構成的；原子的運動整體上由機械規律決定，但原子也會在自己運動的方向上作自由地變化。原子的這種自由是對人類自己的意志自由的一種解釋。正是在這個意義上，後人從他們主張的原子偏離運動的思想中建立了人類意志自由的學說。人的意志自由就是承認人的自主性，承認人類把

[111] Adolf Berger, *Encyclopedic Dictionary of Roman Law*, Transactions of the American Philosophical Society held at Philadelphia for promoting useful Knowledge, New Series-volume 43, Part 2, 1953, pp. 629, 379-380.

[112] Hegel, *Grundlinien des Philosophie des Rechts, oder Naturecht und Staatswissenschaft im Grundrisse*, Berlin, 1933, S. 75, § 40; S. 99, § 66.

握自己的命運並承擔責任。[113]Kant雖然將意志自由作爲實踐哲學的基本範疇，但他的自由概念是先驗的理念，自由只有通過具體的東西（精神與行動）才能表現出來。在他那裡，自由是實踐活動的先驗前提。意志自由是純粹主觀的範疇。意志自由可以產生準則。「準則」亦即主觀的原理，其應用的條件是主體以爲這種條件只對自己的意志有效。Kant認爲，一個理性存在者應當將他的主觀的「準則」視爲普遍的客觀的實踐法則。準則的單純立法形式，由理性展示出來，進而使自己適應普遍立法。在這裡，Kant是說先驗自由經過自我立法（一個準則作爲一個自我施加的規則而成爲行動的理由），並同時視爲普遍法則，亦即實踐的原則，而使意志自由獲得了實踐上的客觀有效性。因爲法則是客觀的，對一切意志都是普遍有效的，它是對任何人都有效的客觀的原則。[114]在Hegel的法哲學中，意志自由與法（精神的內容）是一致的，意志自由的屬性是：人就是自由意志，「法」體現在三個環節中，即抽象法、道德、倫理；每一環節都是一種特殊的「法」，是自由在一種特殊性下的體現。在抽象法環節，自由是自由意志的外在化和客觀化；在道德環節，體現著主觀的自由，是自由意志的內部狀態；在倫理環節，自由獲得了充分的體現，是內與外、主觀與客觀的統一。[115]在自由意志所存在的三個階段，既有先驗的內容（純粹主觀的意志），也有經驗的內容（意圖、需要、利益），又有先驗與經驗綜合的內容（作爲意志存在的個體的自由在倫理階段獲得了主觀與客觀的統一）。關於意志的自由，Hegel認爲，自由就是意志；沒有自由，意志是空洞的；自由，只有當它是意志，且作爲主體，才是現實的。[116]但是，此時的自由意志，還沒有獲得它的客觀有效性，乃是因爲Hegel區分了法與法律的不同。他認爲，意志是自由的主體和法的立足點；意志是自由的，

[113] Anders Wedberg, A History of Philosophy, Vol. 1, Oxford: Clarendon Press, 1982, pp. 29-42, 142.

[114] Kant, *The Critique of Practical Reason*, Translated by Thomas Kingsmill Abbott, Longmans, Green & Co., 1952, pp. 297-301.

[115] 張世英，《論黑格爾的精神哲學》，唐山出版社，1995年版，第94頁。

[116] Hegel, *Grundlinien des Philosophie des Rechts, oder Naturecht und Staatswissenschaft im Grundrisse*, Berlin, 1933, S. 39, § 4.

所以自由就構成法的實質性內容與法的規定性。[117]道德、倫理、國家，既是自由意志的定在，也是法的不同表現形式。而從內容上說，這種法由於下列規定性取得了實定的要素，即客觀有效性：第一，人民的特殊民族性；第二，普遍概念的必然性；第三，實際裁判的效力性。[118]對於主體個人來說，意志自由的實定法意義是意思自治。「人的意志可以以其自身的法則去創設自己的權利義務。當事人的意志不僅是權利義務的淵源，而且也是其發生的根據。」[119]這個原理不僅表現在私法體系中，而且也是公法體系的基礎。近現代民主政體都是建立在以個體為主體的國民意志的基礎之上，[120]主權是個人意志的集合和體現。在此際，意志的內容在主觀和客觀同一中不只是主體的內在目的，而且已經實現於外，從而獲得了外在客觀性。[121]自然人擁有了人格和自由意志就是主體。Hegel甚至認為，主體就是自由意志。[122]

於是，主體、人格、意志自由，在法律概念中出現重合，而主體性則是與人格和自由意志相區別的法律概念的構成要素。主體性是人格、自由意志的倫理性的邏輯結果。因此，法律的概念在本質上不多不少、不大不小地等同於主體性的概念。但主體性在不同時空有不同的內容；主體性概念的內容決定著抽象法律概念的內容。考察法律發展的歷史，在法律的早期，由於人尚未被看成是具有主體性的東西，主體性根本無法在法律中獲得體現。在羅馬法上，有三個關於人的概念，即homo、capu、persona。

---

[117] Hegel, *Grundlinien des Philosophie des Rechts, oder Naturecht und Staatswissenschaft im Grundrisse*, Berlin, 1933, S. 38, § 4; S. 39, § 4.

[118] Hegel, *Grundlinien des Philosophie des Rechts, oder Naturecht und Staatswissenschaft im Grundrisse*, Berlin, 1933, S. 32, § 3. Hegel還將這種法等同於自然法，並認為它們與實定法的關係正同於《法學階梯》與《學說匯纂》的關係。（Hegel, *Grundlinien des Philosophie des Rechts, oder Naturecht und Staatswissenschaft im Grundrisse*, Berlin, 1933, S. 33, § 3.）

[119] Carbonnier, Droit civil, t.l, Les obligations, p. 45, 17a éd., Presses Universitaires de France, Paris, 1992. 引自尹田，《法國現代合同法》，法律出版社，2009年6月第2版，第17頁。

[120] 羅馬法是私法自治的發源地，但在羅馬時期，所謂羅馬共和的國民，只不過是羅馬的自由民。羅馬公權的來源還不是基於普遍民主。因而，意志自由或個人意志還不是羅馬公法的基石。

[121] Hegel, *Grundlinien des Philosophie des Rechts, oder Naturecht und Staatswissenschaft im Grundrisse*, Berlin, 1933, S. 138, § 110.

[122] Hegel, *Elements of the Philosophy of Right*, Translated by H. B. Nisbet, Cambringe University Press, 1991, p. 135.

Homo是指生物意義上的人，包括自由人和奴隸。Caput這個詞有多個含義。一般用來指個人，因而含有自由人與奴隸的區分。Caput也指羅馬公民的公民身分，包括三個必要要素：係爲一個自由人，擁有羅馬公民資格，屬於一個羅馬家庭（或爲家長或爲一名家庭成員）。Persona指自然人、個人和人。享有權利和承擔義務是persona的法律地位，因而這個詞主要用於區分自由人和奴隸。Persona也用於指稱奴隸，雖然在法律上奴隸被當作物對待。[123]從羅馬的人法可以得知，這三個指稱人的概念只有家長才具有法律上的主體性地位。在中世紀，哲學原則是思維與存在的斷裂，自由或主體性沒有被看成是構成人的本質的東西。而近代哲學的原則才是主體性原則。[124]伴隨著主觀權利的興起，主體性在近代法律中獲得了全面徹底地體現，並在《法國民法典》中被推到了極致。基於此，Hegel將主體性概念分爲兩種形態：一是純粹主觀的、無內容的，是自爲地自由的意志；另一是法律上的主體，必須表現爲擁有與意志直接不同而可以與主體分離的東西（即所有物）。[125]在民法理論中，將「人身」作爲法律關係的客體，違背了法律概念的主體性理論。任何對象都是主體性的顯現，而客體是外在於主體的東西，即使沒有主體性的呈現，客體仍然是客觀存在的東西。而沒有主體性呈現的對象，對主體而言，則不具有法律意義。所謂主體擁有對象，乃是主體之間所形成的法律關係（靜態的和動態的）的具體內容。沒有這些內容，也就不可能有法律關係存在。所謂法律上的主體性，即是法律關係中的主體性，它是法律概念中的具體內容，與法律概念的抽象環節中的主體性相區別。而Hegel所謂的純粹主觀的主體性，即是法律概念中的抽象層次，等同於主觀權利的概念。[126]因爲Hegel的概

[123] Adolf Berger, *Encyclopedic Dictionary of Roman Law*, Transactions of the American Philosophical Society held at Philadelphia for promoting useful Knowledge, New Series-volume 43, Part 2, 1953, pp. 381, 488, 628-629.

[124] 張世英，《論黑格爾的精神哲學》，唐山出版社，1995年11月初版，第212-213頁。

[125] Hegel, *Grundlinien des Philosophie des Rechts, oder Naturecht und Staatswissenschaft im Grundrisse*, Berlin, 1933, S. 72, § 35; S. 76, § 41. 客體在法學理論上之以「對象」名之。Object在西文中源自拉丁語objectum，意爲迎面丟來之物，指事物對人的關係。最廣義的對象是一個主體的意識行動所指向的一切。（Latin-English Dictionary, by John T. White, and J. E. Riddle, London: Langmans, Green, And Co. p. 1307.）

[126] 國內譯者將Recht譯成「法權」，未能確切地表達這個詞的涵義。通說認爲，Recht既指主觀

念既是抽象概念，也是具體概念，所以他將主體性的一個形態從法律中「分離」出來。實際上，這個形態的主體性與法律中的主體性是抽象概念與具體概念的關係。Hegel還將主體性的實現過程分爲三個階段：抽象法領域中的「人」還未達到主體性，只有道德領域中自由意志才是主體性，但道德領域中的主體性也有其侷限性，因爲道德行爲的主體是個人，個人的主觀意志和特殊意志不是客觀意志和普遍意志。倫理領域中的「主體性」以特殊性與普遍性、主觀性與客觀性相結合爲特點。[127]如前所述，在Hegel的法哲學中，道德、倫理都是法（主觀權利和客觀法）的表現形態。於是，主體性在倫理領域的完全實現，意味著由先驗概念「自然正義」（哲學上）與「人性尊嚴」（法學上）演繹而來的主體性概念獲得了它的客觀有效性。法律的客觀有效性不等於以客觀主義、本質主義爲特性的本體論內容，它恰恰是法律的主體性或主觀性這樣的本體論內容在對象上的顯現。

　　於此，我們已經從先驗範疇中獲得了法律這個概念的抽象層次，它是先驗與經驗的綜合結果。

　　法律實證主義者對於法律概念的研究肢解了概念的研究方法，同時也肢解了法律來源的綜合性質。綜合方法在先驗邏輯中具有重要地位，它同時體現在四個方面：先驗知識的標準（純粹的、普遍的和必然的）、先驗知識判斷的條件、知識的聯結和統一的過程和方法論（先驗演繹）。[128]Kant的綜合，既有先驗綜合判斷（如知識標準），也有經驗綜合判斷（知識判斷的條件），又有先驗與經驗的綜合判斷（知識形成過程），共同構成知識來源的綜合方法論，缺少這種綜合的任何一個面向，知識的來源都是有缺陷的。這個問題表現在法律概念理論中，既會發生法

權利，也指客觀法律。Hegel關於「主體性」的兩種形態是在Recht這兩個相區別的意義上使用的。在《法哲學原理》的中譯本及研究《法哲學原理》的著作中，均將Recht譯爲或表述爲「法權」。 所謂Hegel的「法權哲學」，其實，分別是他的權利哲學和法律哲學。將其解釋爲「法權哲學」，誤解了Hegel的法哲學體系。他的法哲學體系是由權利哲學和法律哲學構成的。迄今，國內的Hegel法哲學的研究者尚未表示出將其作區分的意思，甚是遺憾。

[127] 張世英，《論黑格爾的精神哲學》，唐山出版社，1995年版，第214-215頁。

[128] Howard Caygill, *A Kant Dictionary*, Blackwell, 1995, pp. 35-36, 382-284.

律概念構成要素的缺少，也會出現理論論證方法的缺陷。

　　在法律實證主義的法律概念理論中，Austin的理論一直被界定爲「經驗實證主義」。經驗實證主義理論將「分離命題」與「還原命題」結合起來，[129]以「主權者的命令」充當法律權威性的來源。Austin一方面認爲法律是一種事實形態，另一方面又將法律概念的要素確定爲命令、主權、義務、制裁。[130]從Austin對這些要素的解釋中，我們發現，所謂命令即是實證法及其解釋，習慣法是命令的一種例外，而義務與制裁因主權者所生。主權，在Austin的法律概念中，是一個複雜的概念，其涵義因時空的不同而不同。最初，主權表現爲特定的優勢者，社會成員對其的服從是「習慣性服從」。這意味著人們最初對法律的服從也是習慣性服從。社會成員在法律中沒有主體性地位。但是，Austin的主權概念又包含著多數與少數的關係。在Austin的世代，近代憲法已經產生，主權已是民主理論範疇的概念。因而多數與少數關係下的主權概念，與憲法上民主的演進相符。Austin並沒有通過假設來確定法律的效力來源。他對法律與主權關係的理解意味著他的法律概念中包含著自然法背景下的平等觀念。但是，如前所述，法律的終極來源，即先驗範疇，並不是平等，而是自然正義下的人性尊嚴。所以，Austin沒有以先驗範疇爲起點，探索法律概念的基本結構。沒有先驗範疇，在他的方法論中，也就不可能有先驗演繹，包括從經驗到先驗的主觀演繹，再從先驗到經驗的客觀演繹。於是，他的論證方法只能是從經驗到經驗的經驗性演繹，這就使得他雖不得不宣稱法律與道德是分離的，卻並不能證明他不是在包含著自然道德的自然法背景下研究法律概念，他的法律概念滲透著自然法內容，只是他的論證方法無法顯示自然法內容。「經驗演繹只能是純經驗性的。經驗性的證明不足以證明這種演繹方法是正當的。」[131]經驗概念只能在感官印象和純粹直觀中找到其

---

129 Stanley L. Plauson, *The Neo-Kantian Dimension of Kelsen's Pure Theory of Law*, (1992) 12, Oxford Journal of Legal Studies, p. 320.

130 Austin, *Province of Jurisprudence Determined 1832*, pp. 87-89.

131 Kant, Critique *of Pure Reason*, Translated by Norman Kemp Smith, Macmillan And Co., Limited, 1929, p. 121.

知識的質料。[132]法律實證主義者的通病是把感覺經驗當作判斷依據，導致他們的演繹依據既有經驗事實，也有先驗內容（自然法內容）。不幸的是，他們自認為在他們的演繹依據中排除了先驗內容，而只有經驗事實。Austin論證方法的問題還表現為，他只有知識判斷，而無知識標準；只有分析判斷，而無綜合判斷。先驗演繹需要經驗驗證，經驗演繹需要先驗標準。也就是說，論證方法不能捨棄從經驗到先驗、再從先驗到經驗的過程。例如，羅馬法上的「物」的概念就不只是從經驗中所得來的，而是根據法律的需要，形成了「物」之概念的基本結構。在羅馬法上，「物」既包括有形物，也包括無形物和抽象的觀念、法律關係、權利。在訴訟實務中，「物」既指訴訟標的，也指訴訟本身。在契約法上，「物」還指標的的交付。[133]羅馬法上「物」之概念的形成包含著上述演繹過程。只是經驗演繹，不可避免地要步入循環論證的圓軌，而作為法學方法，不可避免地受到了詮釋學循環的約束。法學研究者在研究法律概念時，要把經驗演繹與先驗演繹區別開來。研究法律概念的構成方法是先驗演繹與經驗演繹的綜合方法。因為「經驗惟有通過先驗概念才是可能的」。[134]如果沒有先驗概念，經驗論證因缺乏標準也就難以成立。法律概念的構成既有經驗前提，也有先驗前提。Austin的分析判斷只是解釋性的，對知識的內容毫無增加。Kant認為，一種判斷之稱為知識，必須提供新的東西；分析判斷是說明性的判斷，對已有知識無所增加；綜合判斷是擴展性的判斷，對已有的知識有所增加。[135]因此只有綜合判斷才是知識。法律的演進過程實際上體現為法律概念的內涵豐富和外延擴大的過程。法律概念的演進意味著法律知識的增長。更為重要的是，以解釋性方法為特徵的分析判斷，無須尋找法律概念的先驗範疇，也就不需要在內涵與外延方面論證這個先驗範疇

---

132 Ibid.

133 Adolf Berger, *Encyclopedic Dictionary of Roman Law*, Transactions of the American Philosophical Society held at Philadelphia for promoting useful Knowledge, New Series-volume 43, Part 2, 1953, pp. 676-677.

134 Kant, *Critique of Pure Reason*, Translated by Norman Kemp Smith, Macmillan And Co., Limited, 1929, pp. 122-123.

135 Kant, ibid., pp. 48-49.

的客觀有效性。因此，Austin的法律概念在效力面向上沒有終極來源。

　　Kelsen的法律實證主義被稱爲「規範實證主義」。他將「分離命題」與「規範性命題」連結在一起，[136]以基本規範的假設至上性來保證一個等級式法律體系的效力來源。Kelsen將基本規範視爲一種先驗邏輯的預設（transcendental-logical presupposition）。[137]由於基本規範的效力既與事實無關，也與內容無關，基本規範的效力只涉及形式效力，因此Kelsen的規範體系只是形式上的規範應當或規範當爲的體系。這種規範屬性所引起的「規範與當爲」的關係是實證法的基本命題：「如果A是，那麼B應當是」。[138]

　　從Kelsen法律理論的這些基本要素中，我們可以發現，基本規範既不是來自於先驗綜合判斷，也不是經驗的構成要素。Kelsen的基本規範假設與先驗邏輯毫無關係。先驗邏輯不通過假設獲得先驗範疇，它通過先驗綜合判斷，經由經驗到先驗的主觀演繹而獲得先驗範疇；並且它的客觀效力也不是基於假設，而是經由先驗到經驗的客觀演繹，獲得先驗範疇的客觀有效性。主觀演繹是發現經驗所以可能的先驗依據。[139]假設是沒有演繹的主觀判斷，它不是使經驗可能的範疇。同時，在先驗邏輯中，形式與內容是統一的。Kelsen的規範體系完全排除了效力來源的內容屬性，只是形式的層級結構，其效力等級的推演方式是通過形式邏輯而實現的，一個規範與另一個規範的關係只是外在連結。此外，Kelsen的規範應當也不是應然應當，後者是基於先驗範疇的客觀有效性，而前者是基於基本規範而獲得客觀有效性的概念。應然應當完全是應然價值的要求。規範應當只具形式效力，因而只是實然價值的要求。Kelsen本人將基本規範當作「先驗邏輯

---

136 Stanley L. Plauson, *The Neo-Kantian Dimension of Kelsen's Pure Theory of Law*, (1992)12, Oxford Journal of Legal Studies, p. 320. Plauson認爲，「規範性命題」認爲法律與事實可以分離，否定了通過事實要素揭示法律性質的可能。

137 Kelsen, *Pure Theory of Law*. Trans. Max Knight, Berkeley and Los Angeles: University of California Press, 1967, p. 201.

138 Kelsen, *Introduction to the Problems of Legal Theory*, Trans. Bonnie Litschewski Paulson & Stanley L. Paulson, Oxford: Clarendon Press, 1992, p. 24.

139 Kant, *Critique of Pure Reason*, Translated by Norman Kemp Smith, Macmillan And Co., Limited, 1929, pp. 11-12.

預設」，說明這位法理學前輩並未深入研究Kant的先驗哲學。不少後來的研究者也將Kelsen的基本規範與Kant哲學纏在一起，實在是一種錯誤的理解與詮釋。不過，這也從另一面向看到Kelsen的概念設計，他是希望基本規範包含先驗內容的；而所謂基本規範是「先驗邏輯預設」，就是說，他的預設在邏輯上具有先驗內容，只是以基本規範爲效力來源進行邏輯演繹時，不考慮它的先驗內容。因此，Kelsen的假設方法與他的演繹方法充滿著不可調和的矛盾。是故，我們不能從Kelsen的純粹法理論判斷他的法律概念理論所具有的基本性質。對此，不才已在〈論法律概念的科學探討方式〉一文中作過深度論證。

毫無疑問，Hart的法律概念理論是法律實證主義的頂峰，其迷思般的「承認規則」使莘莘學子如癡如醉地走上了研究法律實證主義的道路。同樣毫無疑問的是，Hart的法律概念沒有先驗範疇，因而也就不需要運用先驗演繹的方法。他將基於社會性的假設的承認規則作爲法律概念中的核心要素，並以承認規則作爲識別其他法律規則的效力判準。在Hart的法律概念理論中，法律效力始於承認規則，也終於承認規則。承認規則在法律體系的日常運作中，極少被明確地評述爲一項規則，但它卻是提供判準以衡量法律體系內其他法律規則的效力，且爲終極效力規則。Hart重視「各判準的等級排序」與「各判準的來源（成文憲法，制定法，司法先例）」，[140]說明他並非不知道承認規則是可能的「第一原則」，雖然他沒有論證承認規則是「第一原則」，也沒有追溯承認規則得以發生作用的終極依據。承認規則有成爲「第一原則」的潛在可能是Hart的法律實證主義比Kelsen的規範實證主義稍微進步的重要之點。後者只是將假設的概念（即基本規範）作爲法律概念的終極效力。實際上，承認規則一旦被社會成員運用，其效力依據或判準就發生轉移。由於社會成員的價值取向多元與多樣，構成效力判準的內容及方式也會千差萬別，有可能來自社會經驗事實，也有可能來自先驗綜合判斷，正是因爲承認規則的適用無法擺脫先驗綜合判斷。但Hart一律將承認規則的效力來源導向已經存在的社會

---

[140]Hart, *The Concept of Law*, Oxford: Clarendon Press, 1961, p. 98.

經驗事實，[141]因爲承認規則的存在，公職人員運用承認規則的實踐活動，乃至社會規則在Hart的理論中都是當作事實而存在的。Hart所謂的「最低限度的自然法」也是經驗事實，而與通說中的自然法內容並無關聯。承認規則、社會規則的效力皆來源於社會事實。於是，在Hart的法律概念理論中，社會事實就是法律效力的終極來源。此與先前揭示的承認規則的特性相悖。由於Hart未將承認規則的終極效力導向人自身。與基本規範不同，承認規則有導向與人自身的本質規定性相符合的先驗範疇的可能。Hart本來可以將他的法律概念理論建立在先驗哲學的基礎之上。遺憾的是他沒有這樣做。導致他對承認規則的解釋充滿矛盾。承認規則內在地包含著運用承認規則的社會成員的主觀性，而社會事實只具有單純的客觀性。由於缺少先驗與經驗的綜合，承認規則的主觀性和社會事實的客觀性，就不能統一到一個概念，即「法效」之中。在Hart的理論中，法律的效力，要麼來源於社會事實，要麼來源於承認規則。當兩者無法統一時，法律概念理論的不可證立就無法避免。認爲法律效力來源於社會事實，即社會規則，無疑是將法律的構成簡單化了。如果抽掉人自身的主觀價值，社會規則就只是法律義務的來源。換言之，社會規則只有與主體的主觀價值統一時，才是構成法律的前提。由於Hart並不承認規則中的主觀價值，或者更確切地說，他並沒有把承認規則的終極效力導向人的主觀價值，於是，承認規則也就變相地等同於社會規則了。如前所述，Hart的承認規則潛在地包含著先驗範疇，但Hart的論證方法卻是從經驗到經驗的經驗性演繹。他只追求結果，卻不追溯所得結果的原因。於是，他的結果要麼是作爲事實的經驗，要麼是作爲經驗的事實。經驗性的演繹無法說明從經驗得來的對象如何與不能從任何經驗得來的對象發生關係。雖然人類的一切知識都不能超越其經驗，但是人類的經驗也總是受著先驗理性的規定和約束。[142]在Hart的規則理論中，由於他不考慮承認規則在被社會成員運用時要受到理性的規定與約束，這就使得Hart沒有挖掘承認規則中可客觀化的主觀價值，諸

[141] Hart, ibid., pp. 103-105.

[142] Kant, *Critique of Pure Reason*, Translated by Norman Kemp Smith, Macmillan And Co., Limited, 1929, pp. 121-125.

如人性尊嚴、人格、意志自由和主體性。

Dworkin的法律概念理論由他的法律原則和法律規則理論構成。[143] Dworkin明確地將法律原則作爲構成正義、公平及其他道德信念的必要條件。也就是說，正義之價值是經由法律原則實現的。在法律原則的背後，有著整個法律共同體落實自由平等原則的道德信念。綜觀Dworkin的法律概念理論，雖然他沒有對自然法作過任何有體系的論述，但他的「權利命題」包含著豐富的自然法原理，其核心思想是「平等關懷與尊重」。由於Dworkin將共同體的道德信念視爲支持實現自由平等原則的力量，因此，他的平等原則，進而，他的權利命題，也包含道德權利。由於道德權利一定是主體自身的權利，所以，Dworkin的道德權利中也一定包含著人格、意志自由、主體性等價值。Dworkin的「權利命題」還體現出「人性尊嚴」價值。[144]如前所述，人性尊嚴的價值便是自然法的當然內容，也是本文所論證的法律概念之基本結構的先驗範疇。我們可以說，Dworkin是從作爲事實的經驗出發，去追溯經驗的先驗條件。不止於此，Dworkin以自然權利或道德權利作爲先驗範疇，建立起他的法律原則理論。他認爲，法律概念無法被法律規則所窮盡。法律必須包含豐富的原則內涵，才能體現它的正當性和規範性。他認爲，法律原則是法律的一部分，卻又未排斥法律也包含著大量規則。原則與規則都是法律。這意味著自然權利或道德權利既可以通過法律原則、也可以通過法律規則來實現，從而他的先驗範疇便通過法律原則和法律規則獲得了客觀有效性。自然法一直被法律實證主義者認爲是觀念形態，但在Dworkin這裡卻獲得了客觀性證明，成爲其法律概念的必然內容。Hegel說，概念由主觀到客觀的這種過渡因推論的必然性是必然的。主觀概念是邏輯理念最初兩個階段（存在和本質）辯證發展的結果；主觀性既是辯證發展的，它就會突破它的限制，通過推論以展開它自身進入客觀性。當概念由「主觀」辯證地發展並最終進入客觀的時

---

[143] Ronald Dworkin, *Taking Rights Seriously*, Gerald Duckworth & Co Ltd., 1977; *Law's Empier*, Harvard University Press, 1986.

[144] Dworkin, *Taking Rights Seriously*, Gerald Duckworth & Co Ltd., 1977, pp. 82-90.

候，主觀概念的普遍性、特殊性和個體性也最終轉化爲客觀性了。[145]概念只有過渡到客觀，才具有現實意義。Dworkin通過用先驗範疇對自然法內容和社會經驗事實的統一，也就是把自然權利或道德權利的普遍性授予對象—法律原則和法律規則，使對象擺脫了個別性，而成爲普遍性的客觀知識。Dworkin實際上完成了Kant先驗邏輯中的主觀演繹和客觀演繹兩個過程。由於他的法律理論體系是從先驗與經驗的綜合中推演出來的，所以他的法律概念理論具有確定性、必然性和普遍性的性質。

　　綜上所析，先驗演繹對於法律概念研究不只是具有方法論意義，同時也具有認識論意義和本體論意義。認識，一定是主體的認識，是意識到主體性的主體的認識。於是，主體的意識、經驗、思想都會對認識對象發生作用，也只有在主觀的、直接的、存在的經驗中才能認識現象，通過個人的主觀經驗才能接近眞理。[146]法律概念的形成實質上是主體「同化」客體的過程。[147]本質的顯現必須通過一種以對象屬於自我的態度所進行的活動才能達到，而這些活動就是整個人類社會歷史文化活動。[148]法律概念的本質既存在於蘊涵著自然正義的自然秩序之中，也存在於主體的主觀意識之中。作爲前者，法律概念的本質是先驗的，因爲人類只是宇宙的一部分，人類與宇宙的萬物同受自然正義的約束；作爲後者，法律概念的本質是經驗的，因爲它積聚著整個人類共同體歷史文化的豐富內涵。任何一個法律概念不只是簡單地由社會事實歸納而成，因爲這樣產生的法律概念外在於主體，進而也外在於人的意識、經驗和思想。

---

[145]Hegel，《小邏輯》，賀麟譯，商務印書館，1980年，第369-372頁。

[146]Kierkegaard, *Concluding Unscientific Postscript*, translated by D. F. Swenson and W. lowrie, Princeton University press, 1941, pp. 116-118; Patrick Gardiner, *Kierkegaard*, Oxford University Press, 2002, p. 93.

[147]「主體同化客體」是Piaget的理論。意思是：參與產生這個客體的轉換系統，依靠對客體施加作用，而進入和世界相互作用的關係中。同化是認知的過程，通過同化，主體把新的知覺要素或刺激物整合到原有的圖式或行爲模式中去。同化並不能引起概念的變化，但可以引起概念的生長。（Piaget，《態射與範疇：比較與轉換》，劉明波等譯，華東師範大學出版社，2005年版，第172-175頁。）這正是法律概念類型化的特點。

[148]張世英，〈本質是一個與人類歷史文化俱進的發展過程〉，載《江蘇社會科學》，2007年第5期。

二、法律概念：抽象與具體的輪迴

在先驗邏輯中，Kant明確地區分了知性和理性。他確證理念是屬於理性的，並把理念與抽象的知性範疇或單純感覺的表象區別開來。也就是說，他將概念區分為知性範疇與理性理念。Kant認為，一切知識，甚至一切經驗，都是主體經過思維的知覺而構成的，他將原來屬於知覺的規定轉變為思維的範疇。知性的範疇，由於範疇本身或內容自身的固有矛盾必然引起理性世界的矛盾。這樣，知性範疇向理性理念發展就是一種必然的規律。[149]Hegel認為，抽象概念是脫離特殊性的一種抽象的共同性，其所表示的抽象共同性只是所有個體事物被歸屬在一起和它們的共同之點。它反映的是對象的抽象同一性。而具體概念所表示的普遍性裡同時複包含有特殊的和個體的東西在內。概念的各環節有異中之同，有其差別中的確立的不可分離性。[150]法律概念的基本結構的第一環節就是抽象概念，其反映對象的抽象同一性。人格、意志自由和主體性，不加區分地為每一個自然人所擁有，不附加任何其他限制。

1. 人格

Kant將人格概念作為知性範疇，人格是超脫了自然機制的自由和獨立性。人格將人自己與只有知性所能構想的事物秩序連結起來。[151]依據Kant的先驗哲學，知性範疇中的概念是由經驗到先驗而獲得的概念。這樣的概念就是Hegel的辯證邏輯中的抽象概念。Hegel認為，人格構成法的概念和抽象的因而也是形式的法的自身抽象基礎。[152]Hegel的法（Recht）由主觀

---

[149]Hegel，《小邏輯》，賀麟譯，商務印書館，1980年版，第126-127、130、131頁。

[150]Hegel，《小邏輯》，第334、335頁。

[151]Kant, *The Critique of Practical Reason*, Translated by Thomas Kingsmill Abbott, Longmans, Green & Co., 1952, p. 328.

[152]Hegel, *Grundlinien des Philosophie des Rechts, oder Naturecht und Staatswissenschaft im Grundrisse*, Berlin, 1933, S. 72, §36. 羅馬法上的人格制度與實體權利相連結。根據羅馬法的規定，人分為三種：自由人，與之相對的奴隸，不再是奴隸的被釋自由人。相應地，羅馬人的人格包括三個等級：完全的人格、不完全的人格、無人格。同時，羅馬法還規定人格可以變更。自由權的取得和喪失是人格的最大變更。參見Justinian，《法學總論》，商務印書館，1989年，第14、33-34頁；Pietro Bonfante，《羅馬法教科書》，黃風譯，中國政法大學出版社，1992年版，第32-33頁。故羅馬法上的人格實際上是身分。因此，人格在羅馬法中已是具體概

權利和客觀法構成。依據德國19世紀的理論，主觀權利是客觀法認可的意志力量，它立足於對法律體系的依附，能夠決定爲自己利益向他人實施法律規範允許的強制。[153]在此際，主觀權利是Hegel的法律概念中的抽象概念，是法律概念的第一環節。主觀權利的發展，即是普遍存在於客觀法中的具體的權利規範。法律（客觀意義上的Recht），在Hegel的精神哲學中，是個人主觀精神的外部表現。主觀精神是精神發展的第一階段，客觀精神是第二階段；而「抽象法」則是客觀精神的第一階段。人格在抽象法中是抽象概念。

2. 意志自由

與抽象的人格概念相連結，Hegel的自由意志也被統一在抽象法中。抽象法體現著抽象的自由，是單純的個人的自由意志。自爲地存在的意志，即抽象的意志，就是人。而法就是自由意志的定在。意志在抽象法中是獨立存在的個人的單純的自由，是沒有具體內容的自由。但作爲主觀的或道德的意志表現於外時，就構成行爲。[154]在法律概念中，自由意志的抽象性反映著主體擁有自由意志的抽象普遍性，有如形式意義上的平等概念。人性尊嚴之不可轉讓和不可放棄已揭示了人之爲人的抽象存在，即本質存在。

3. 主體性

主體性是人格和自由意志的抽象表現形式。Hegel將自由意志等同於主體。主體性作爲以意志自身爲對象的意志，它自在地是自由的普遍物。一方面，被規定爲主觀的、自爲地自由的意志，呈現爲主觀意志的法的形態；另一方面，在主觀意志的法的發展過程中，主觀意志進一步在它的對象中規定它所認同的東西，使之成爲意志的眞實概念，即在意志的普遍性的意義上是客觀的概念。[155]從法律史上考察，法律上的主體性概念肇端於

念，而非抽象概念。
153 Jacques Ghestin 和Gilles Goubeaux，《法國民法總論》，法律出版社，2004年版，第133頁。
154 Hegel, *Grundlinien des Philosophie des Rechts, oder Naturecht und Staatswissenschaft im Grundrisse*, Berlin, 1933, S. 140, § 113.
155 Hegel, *Grundlinien des Philosophie des Rechts, oder Naturecht und Staatswissenschaft im Grundrisse*,

羅馬法上將社會成員當作個體的觀念。法律所具有的確切性特點最適合將其成員當作個體而不是群體的社會。社會要求將人們當作個體來看待，個人作爲個體在社會中的地位必須由法律正式承認。但是，這不意味著個人具有對抗社會的特殊價值。[156]也就是說，早期的這種個體與現代意義上擁有個人主義思想和人格平等思想的個體還相差甚遠。眞正平等、具有獨立人格及自由意志的主體性內涵還是在近代以後產生，人人生而平等的平等思想在近代便賦予了人人在法律上平等的主體性地位。主體性伴隨著自由主義、個人主義、理性主義而成爲一切法律和法律關係的基礎。近代以後，哲學上的主體性原則已在法律上得到完全、充分地的體現。

人格、意志自由和主體性，既是獨立的抽象概念，又綜合地構成法律概念基本結構中的抽象環節。在這一環節中，它們的關係是：人是意識到主體性的主體；人人都具有平等的人格意味著人人都平等地擁有自由意志。

正如知性範疇向理性理念的發展是必然的那樣，抽象概念隨著人的認識的發展必定要上升爲具體概念。[157]抽象概念的形成是認識過程中的必然，因而，作爲法律概念的基本結構的抽象環節（人格、意志自由和主體性）也必然地要隨著人的認識向著具體概念發展，即「人格向人格權、意志自由向意思自治、主體性向主體間關係」的發展具有必然性。抽象概念向具體概念發展，並最後形成具體概念，並不是抽象概念轉化爲具體概念，而是包含於具體概念。[158]也就是說，每一個具體概念也都包含先驗範

Berlin, 1933, S. 136, § 107. 本文所運用的分析方法之一——先驗邏輯，即是以主體性爲價值取向的邏輯。在其研究對象主客體關係中，以人爲主體，以自我意識爲出發點，以現象爲其客體或對象。主體按照自身的內在尺度和需要，來統攝客體，建構對象。客體的存在、屬性和變化是按主體的目的並與法則的規定相一致。（參見溫純如，《認知、邏輯與價值》，中國社會科學出版社，2002年版，第131頁。）所謂的範疇，即來自作爲主體的「我思」的先驗結構，即先驗綜合功能。參見Kant, *Critique of Pure Reason*, Translated by Norman Kemp Smith, Macmillan And Co., Limited, 1929, pp. 125-126.

156 Peter Stein and John Shand, *Legal Values in Western Society*, Edinburgh University Press, 1974, pp. 115-116.

157 Hegel，《邏輯學》（上卷），楊一之譯，商務印書館，2009年版，第56-57頁。

158 賀麟曾將Hegel的Begriff、notion譯爲「總念」。「總念」是指具體的共相，亦即與特殊相結合的一般性，是有內容的、普遍性的觀念；而概念是抽象的普遍性的觀念，指抽象的共相，亦即脫離了特殊的一般性。參見Hegel，《小邏輯》之賀麟「譯者引言」，第vii–viii頁。總念

疇，也都是從先驗範疇演繹而來。

1. 人格權

人格是人的抽象存在。人格是自然法上的概念。倫理價值是人格的當然內容。其內涵豐富，外延狹小，與權利能力概念不同，後者內涵小而外延大。權利能力是實在法上的概念，它產生於人人平等的自然法觀念，[159]是人的倫理存在在實在法上直接體現。人的倫理價值的外在化，即構成人格權。[160]人格權的內涵是權利主體的權利能力，其外延是權利能力爲內涵的人格權標誌。因此，是「人格權」概念而不是「人格」概念與「權利能力」概念相當。人對於自身的權利是一種意思支配力，而由人格權延伸的支配權是主體的人格權所獲得的利益，即人格權支配的對象。「人格權的法律意義在於人可以享有各種屬於人的價值，即享有上的正當性。」[161]而作爲關係存在，人格權是構成實在法上的法律關係的基礎。因此，抽象的人格必然具體化爲人格權；抽象的人格概念必然具體化爲人格權概念。實在法在具體地體現和保障人格權的同時也體現和保障了抽象的人格。人格、權利能力、人格權、人的倫理價值，統一在實在法律之中。正如Savigny所說，「一切權利均爲道德上的每一個個體自然人的固有自由而存在。人格人或權利主體這類概念的涵義在最初就必須與自然人的概念一致，並且，這兩種概念涵義的原初同一性可以用下列格言表述：任何個體自然人，且只有個體自然人才是具有權利能力的主體。」[162]

2. 意思自治

法律概念之基本結構的第一環節的意志自由也是一切實在法（私法與公法）的基礎。意志自由是意思自治的抽象概念，也是意思自治的源泉。

和概念的關係即是本文中的具體概念和抽象概念。「總念」包含概念。

159 Rolf Knieper, *Gesetz und Geschichte: Ein Beitrag zu Bestand und Veränderung des Bürgerlichen Gesetzbuches*, (*Law and History - On formation and Chang of the German Civil Code*), Nomos, 1996, S. 56.

160 馬俊駒，《人格和人格權理論講稿》，法律出版社，2009年版，第347、467頁。

161 同上，第165頁。

162 Savigny, *System des heutigen Römischen Recht*, II, S. 2, 227. Here citing from Rolf Knieper, *Gesetz und Geschichte: Ein Beitrag zu Bestand und Veränderung des Bürgerlichen Gesetzbuches, (Law and History - On formation and Chang of the German Civil Code)*, Nomos, 1996, S. 58.

權利的「意志說」是與「利益說」相一致的兩個表現階段。利益是權利意志的顯現於外，是權利的具體部分，而意志是權利的抽象部分。由於意志是無具體內容的，所以意志不能單獨地成為法律關係的內容。只是權利的具體部分，或者更準確地說，是利益，才是法律關係的內容。Hegel認為，在契約中，主體轉讓的是物，以及作為外在物的財產，而主體的整個人格及普遍的意志自由這些實體性的規定是不可轉讓的。所以，Hegel視契約關係為意志對意志的關係。[163]是故，意志自由潛在於契約關係中，經由意思自治具體化為契約自由，共同構成私法自治的核心內容。意志是法律的構成成分。意志本身具有法律的性質。日本學者きたむら いちろう說，所謂私法自治，在今天就是意指根據私人的意思形成法律關係的自由。私法自治就是私人的意志自由。而石田穰更認為，意思自治並不是需要基於私法的明文規定而被直接承認。換言之，無論私法上是否承認，意思自治理念都是存在的，意思自治源於私法上的自然屬性。[164]與人格權相同，意思自治也是以人性尊嚴作為其倫理基礎。「在私法上，意思自治的主體（私法上的人）的變遷，與意思自治範圍的擴大是一致的。」[165]在今天的民法中，意思自治已經具體化為私法的基本原則，及以此為基礎的各項具體制度。意思自治原則雖然不是公法上的原則，但它也可以視為公法上的法律關係的來源。意思自治是公民政治選擇和政治自由的條件和基礎，也是普選權的基本價值源泉和制度基礎。

3. 主體間關係

具有主體性的主體的存在，不可能永遠停留在孤立的個體存在階段；抽象的意志自由也會顯形於外，發生意志對意志的關係，進而獲得具體的內容而構成具體的法律關係。這是基於人格與意志自由的主體性發展到一

---

[163] Hegel, *Grundlinien des Philosophie des Rechts, oder Naturecht und Staatswissenschaft im Grundrisse*, Berlin, 1933, S. 98-99, § 65, § 66; S. 111, § 78.

[164] きたむら いちろう，〈私法上的契約關係與意思自律的原理〉，《基本法學4—契約》，日本岩波書店，1983年，第166頁；石田穰，《民法總則》，日本悠悠社，1992年，第258頁；引自李軍，〈私法自治的基本內涵〉，載《法學論壇》，2004年第6期。

[165] 徐猛，《意思自治及其合理限制》，第5-6頁，中國人民大學博士學位論文，收藏於北京國家圖書館學位論文閱覽室。

定階段的必然結果。因此，法律關係是主體間的具體關係。法律關係也是具體概念。權利與義務不是法律關係的內容，而是法律關係的主體的必要要素。主體即是權利義務的同一載體。不存在享有權利而不履行義務或者只履行義務而不享有權利的法律關係的主體。連結法律關係主體的是各種精神實體和物質實體。我們也可以稱這些精神實體和物質實體為法律關係的內容，它們表現為具體的精神利益和物質利益。客體只與主體發生關係而構成主體──客體關係，而法律關係是主體間關係。客體是主體單方可以處置的對象，而法律關係中的精神實體和物質實體（即內容）是主體雙方共同處置的對象。主體間關係雖然來源於由主體性導出的意志與意志的抽象關係，但它卻是具有具體內容的具體概念，因為主體間關係是一種實體性的存在。這種實體性的存在既呈現為特殊性和個體性的法律關係，也包含著人格、意志自由和主體性的抽象普遍性。於是，抽象與具體、形式與內容、主觀與客觀、先驗與經驗在具體概念中實現了綜合。

　　如同獲得先驗範疇的客觀有效性那樣，具體概念的產生是概念自身的本性和人的認識過程的產物。「概念的最初規定性是一般直接的和抽象的東西。在開端中，概念是未發展的、無內容的東西。但人的認識是從內容到內容向前轉動的。首先，這種前進是這樣規定自身的，即它從單純的規定性開始，而後繼的總是愈加豐富和愈加具體。因為結果總包含著它的開端，而開端的過程以新的規定性豐富了結果。但普遍的東西構成基礎，在以後規定的每一階段都提高了它以前的全部內容，它不僅沒有因為它的辯證的前進而喪失什麼，丟下什麼，而且帶著一切收穫和自己一起使自身更豐富更密實。」[166]這就是具體概念從具體到抽象，再由抽象上升到具體的過程。但不止於此，概念的發展並不是終止於具體概念。概念由抽象向具體發展具有必然性，具體概念的內容向抽象概念回復也具有必然性。換言之，概念的發展是由抽象到具體、再由具體到抽象的往返運動，即遞進式輪迴過程。這是由辯證邏輯的概念觀或具體概念的特性所決定的。Hegel雖然沒有揭示出概念發展的這一特性，但本文可以從Hegel的具體概念理

166Hegel，《邏輯學》（上卷），楊一之譯，商務印書館，第56-57頁；（下卷），第549頁。

論中發現這一規律。第一，具體概念在具體的普遍性中複包含有特殊的和個體的東西。這說明具體概念是可以展開、從而特殊化的。這種特殊化表示概念已是潛在的特殊性，使我們獲得了對概念已有要素的認識；但此時概念的特殊性還沒有顯著地發揮出來，從而也可以爲我們提供概念未來可能的要素。辯證邏輯中的概念是具有內容的，或者更確切地說，是形式與內容的統一。日常習慣的「具體」被理解爲感性存在，這是直觀的感性的具體性。理性和理念的「具體」是指不同的規定性的統一。[167]這兩種「具體」的綜合運用，使具體概念呈開放性結構，成爲開放性的概念。第二，個體性和普遍性作爲概念的環節不可能是彼此孤立的兩種規定性，它們是彼此互相聯繫的。因此，具體概念是處於一定體系中的，並且總是展開其自身爲體系的。[168]抽象概念因爲其抽象同一性的特性，它是具體概念的整體先在前提，是具體概念的整體的抽象源泉。而具體概念因爲其特殊性和個體性的屬性，必然存在於體系之中，且表現爲相互界定的特性。概念的特殊性和個體性的發展必然引起概念的整體發展，進而引起概念體系的發展。第三，具體概念的個體性須理解爲主體或基礎，它包含有種和類於其自身。[169]因此，辯證邏輯中的具體概念具有類型的特徵，以及可類型化的特性。第四，具體概念是完全具體的東西，是主體本身，絕對具體的東西就是精神。[170]這意味著具體概念是無限的，無論是其形式還是內容；是可以無限發展的，無論在其形式上還是在其內容中。第五，概念就是存在與本質的眞理。概念從存在中發展出來，也就像從它自己的根據中發展出來那樣，就概念與存在和本質的聯繫來說，概念是返回到作爲簡單直接的存在的那種本質。因此這種本質的映現便有了現實性，而這種本質的現實性同時也是一種在自己本身內的自由映現。[171]這說明概念在其自身內，包含著由抽象到具體、再由具體到抽象的遞進式輪迴過程。具體概念的開放性結構爲概念的類型化提供了可能性和必然性。形式與內容在概念的兩個環

---

[167]Hegel，《小邏輯》，賀麟譯，商務印書館，1980年，第417、335頁。

[168]Hegel，《小邏輯》，第338-339頁。

[169]Hegel，《小邏輯》，第338-339頁。

[170]Hegel，《小邏輯》，第334-335頁。

[171]Hegel，《小邏輯》，第324-325頁。

節中的統一，打破了形式邏輯下概念與類型的絕對界限。概念之間的關係不再是外在關係，而是具有本質規定性和本質同一性的內在關係。進而，本質的層次性容納了事物的不同層次的特徵，使具體概念中的類型複可類型化。如此不斷豐富的具體概念，其內在質料可以不同程度地回復到概念的第一環節，即抽象概念，從而使抽象概念獲得了更加豐富的本質內涵。隨著人們認識過程的深入，又上升到具體概念之中。這種遞進式輪迴成為概念發展的基本規律。法律概念的形成與發展也符合這一規律。試以所有權概念為例加以分析。

所有權概念是抽象概念與具體概念的統一。作為抽象概念，所有權是人格、意志自由與主體性的表現。所有權的具體載體就是所有物。「在所有物中，個人借助於該所有物將其意志賦予在所有物上，即給予其一直以定在。所有物就成為這個單元意志的人格的東西。個人的意志就成為人的意志。」[172]於是，所有權就成了反映人格的抽象普遍性的概念。當人格、意志自由和主體性體現在一個物（精神實體或物質實體）上時，所有權便是一個具體概念。「惟有人格才能賦予物以權利。故人格權本質上就是物權；物權就是人格本身的權利。」[173]這就是說，作為抽象概念的人格，經由意志自由的作用，必然要顯現於外，將主體性投射到一個關係概念之中，從而構成一個具體概念。從人格概念中可以推演出所有權概念，所有權是基於人格的法律秩序。所有權概念潛在於人格、意志自由、主體性各概念及其綜合概念之中。人對自己的所有權也是如此。人與自身的關係構成人的意志與人自身的所有關係，人對自己的所有權即是意志自由和勞動力自我支配權。顯見，這種所有權既是抽象的也是具體的。當其存在於自身時，是抽象的；當其表現於外而形成與他人的關係時，則是具體的。

所有權在意志對物的關係上有更具體的規定性。它們表現為占有、使用、轉讓。占有是意志在物中的肯定性定在；使用是意志在物中的否定性

---

[172]Hegel, *Grundlinien des Philosophie des Rechts, oder Naturecht und Staatswissenschaft im Grundrisse*, Berlin, 1933, S. 82, § 46; S. 85, § 50; S. 85, § 51.

[173]Ibid., S. 75, § 40.

定在。但轉讓卻是意志由物回到了主體自身。[174]也就是說，當物未脫離主體時，意志在物中；當物脫離主體時，意志仍在主體自身。具體的所有權概念暫時消失了，但與具體的所有權統一的抽象的所有權仍然存在於主體自身。因此，所有權也是主觀性與客觀性的結合。取得、占有、使用使物的實質變爲我的所有物，體現出所有權的客觀性。同時，占有、使用也是人格和意志的實現，顯示其主體的主觀價值。

　　所有權概念的存在及其發展呈現爲抽象與具體的遞進式輪迴狀態。認識抽象概念與具體概念之遞進式輪迴的核心要素是事物本質。依據事物本質，所有權概念先驗地存在於人自身之中。「人能作爲理念而存在，必須具有外部的自由領域，因爲人本身在這種最初還是完全抽象的規定中是存在的無限意志，這個有別於意志的東西被規定爲可以與意志分離的東西。」[175]Hegel所說的這個外在的東西，即是物。本文認爲，這個物可以是物質實體，也可以是精神實體。純粹概念是現實的東西，即本質的或自在而存在的東西；純粹概念也是精神的實體，即自在而自爲的存在。實體在本質上即是主體；具體存在就與它的本質同一了。[176]首先，依據先驗邏輯，所有權概念先驗地存在於法律概念之中，因爲它體現了事物本質，而事物本質是感覺事物在其變異過程中始終不變的部分，否則事物就不存在了。各事物的本質就是其自身的目的性。所有權既是抽象概念，也是具體概念。所有權在抽象概念中體現爲人格、意志自由和主體性，在具體概念中則體現爲人格權、意思自治和主體間關係。其次，事物本質是認知的尺度。知識的目標是事物之實然，即事物的本質。「事物的本質，作爲同一類的每個事物中的一種理念，隱蔽在現象的核心。」[177]因此，透過事物的本質，我們可以將不同形態或特徵的所有權歸類於所有權概念，構成類型化的所有權概念，諸如民法中的股東所有權、信託財產權、建築物區分

---

[174] Ibid., S. 87, § 53.

[175] Ibid., S. 76, § 41.

[176] Hegel, *The Phenomenlogy of Mind* (vol. I), Translated, with introduction and notes by J. B. Baillie, George Allen & Unwin Ltd., and The Macmillan Company, 1931, pp. 86, 97.

[177] Heinrich A. Rommen, *The Natural Law: A Study in Legal and Social History and Philosophy*, Translated by Thomas R. Hanley, liberty Fund Inc. 1998, pp. 145-146.

所有權、團體所有權、雙重財產權等等。用抽象的權利指涉具體的物質實體，財產權包含著抽象與具體兩個部分。所有權潛在於財產權概念之中，有其抽象的權利或抽象的內容：人格、意志自由與主體性。有學者設計出「權利束」概念表示一個結構鬆散、形式各異、由各種具體範疇組成的權利體系。所有權就是一種「權利束」。[178]於是，英美法系的財產權概念，也獲得了所有權概念的本質特徵。英美財產法上的財產是以實際享有的權利來衡量的。權利主體的人格、意志自由及主體性在他人所有的物上可獲得直接意義。這可以被視爲所有權概念的另一種表現形式，即主體間關係中的所有權。這是具體的所有權概念。這樣，當事人基於他物權而生的利益，也是財產權的概念範圍，例如用益物權，進而也具有類型化的所有權特徵。表像是本質的反映；理念寓於概念之中。根據Grey的觀點，物的使用人、收益人與所有人一樣，都可以作爲權利主體對物進行支配，只是支配的形式不同，因而各自擁有的權利形式與內容也不同而已。[179]無疑，「權利束」中的每一個具體的權利或隱或顯地都具有所有權的本質規定性，因爲權利無論在形式上，還是在內容中，都是主體的人格、自由意志、主體性的歸屬，也是主體的精神利益和物質利益之所在，它們都是主體不可或缺的本質要素，義務和責任等其他要素則是由權利派生出來的。更重要的是，所有權與其他法律概念一樣，是一種關係性存在。所有權的排他性特徵意味著所有權是主體之間的關係性概念。所有權包含著潛在的「法律關係」。即便是作爲物（精神實體或物質實體）的法律概念，也是如此。因爲體現在物上的必定是一種關係。「權利束」作爲具體的所有權概念使抽象的所有權概念在其必然性的第二環節中類型化。辯證邏輯中的具體概念必然呈現類型化狀態。同時，「權利束」使具體的所有權概念呈

---

[178]Thomas C. Grey, *The Disintegration of Property, in Ethics, Economics and the Law of property*, edited by J. Roland pennock and John W. Chapman, New York University Press, 1980, pp. 69-85. 本文認爲，對建築物區分所有權的考察是與土地所有制聯繫在一起的。所有權人仍擁有一系列具體的所有權，雖然不包含對土地的所有權。但各個建築物的所有人對土地的占有與使用可視爲用益物權，及其他面積的共同所有權，與其住宅所有權構成「權利束」。

[179]Thomas C. Grey, *The Disintegration of Property, in Ethics, Economics and the Law of property*, edited by J. Roland pennock and John W. Chapman, New York University Press, 1980, pp. 69-85.

開放性結構，將與其本質規定性相符合的權利形式和內容納入具體的所有權概念之中。概念的作用就是把雜多的表象綜合成一個統一體。而要做到如此，就必須在某種概念之下，使雜多的表象（直觀到的和再生的）連結在一起。[180]再次，事物本質將先驗範疇、抽象概念、具體概念融貫起來。由「權利束」概念可以得知，一個概念實際上就是一個體系，且是一個開放的體系。正是因為辯證邏輯中的概念是形式與內容的統一，所以這種概念摒棄了形式邏輯下概念與類型的對立狀態，而將概念包含於類型之中，從而構成符合事物本質屬性的類型化的概念體系。需要強調的是，形式邏輯的概念是將「共相」作為事物本質。「單純的經驗意識活動以為對象外在於自我。按這種方式認識到的事物本質不是事物的深層本質。由意識所屬的知覺、知性諸階段發展到絕對知識的最後階段，實體才完全表明自己是主體，事物才顯現它的絕對本質，而呈現具體的、最高的個體性。」[181]辯證邏輯中的概念所把握的是事物的絕對本質。事物本質存在於概念之中，因而也存在於體系之中。基於事物本質的體系必然包含先驗範疇，因為當我們揭示出概念的本質屬性時，即事物本質時，實質上就是先驗範疇獲得了客觀有效性。最後，事物本質也綜合了抽象的所有權概念和具體的所有權概念的共同屬性。具體的所有權概念的類型化豐富了具體所有權概念，但不止於此，具體的所有權概念的內涵可以回復到抽象的所有權概念，從而豐富了抽象的所有權概念。這樣的往返遞進式輪迴運動，即是所有權概念的發展過程。絕對的個人所有權基於動產的天然個人化；動產的個人化催生了不動產的個人化，從而導致絕對所有權的產生。[182]絕對所有權概念是單純的抽象所有權概念與具體的所有權概念的對應，此時，所有權概念的抽象與具體在它們的內涵與外延上都是相等的。由於社會權的興起，所有權概念的相對性出現了。於是，具體的所有權概念（類型）豐富了，從而也豐富了抽象的所有權概念。從不完全所有權到絕對所有權，

---

[180]Kant, *Critique of Pure Reason*, Translated by Norman Kemp Smith, Macmillan And Co., Limited, 1929, pp. 154-155.

[181]張世英，「本質的雙重含義：自然科學與人文科學」，載《外國哲學》，2008年第2期。

[182]梅夏英，「民法上所有權概念的兩個隱喻及其解讀」，載《中國人民大學學報》，2002年第1期。

再從絕對所有權到相對所有權，抽象所有權概念中的人格、意志自由和主體性獲得了社會意義，複包含社會意義。Hegel說：「概念是無限創造性的形式，它包含一切充實內容在自身內，並同時又不爲內容所限制和束縛。」[183]這是辯證邏輯的概念特性，也是辯證邏輯的概念方法的魅力所在。法學研究只注意形式邏輯的概念方法，而長期忽視辯證邏輯的概念方法。抽象概念與具體概念各自的特性告訴我們，把握具體概念的同時，必須揭示具體概念背後的抽象概念，因爲它們始終處於無限的遞進式輪迴運動狀態。

　　從上述分析可知，法律概念之基本結構的第一環節──抽象概念雖然直接來源於先驗範疇，但也包含著豐富的經驗內容，因爲先驗範疇來自先驗與經驗的綜合。從先驗範疇演繹而來的抽象概念具有向具體概念發展的必然性，於是出現了法律概念的第二環節──具體概念。具體概念雖然來自於抽象概念，但抽象概念的形成經歷了由具體到抽象的過程，因而抽象概念也包含著具體的和經驗的內容。這樣，抽象概念作爲具體概念的先在環節，便成爲具體概念的形式和內容的不竭源泉。抽象概念的內涵越豐富，具體概念的內涵也越豐富。同時，由於具體概念的形成是抽象向具體的無限延伸，這就導致具體概念呈現爲開放結構，將不斷出現的新事物納入其中。類型化在此成爲可能。隨著人的認識能力的提高，人們可以從事物之類型中抽象出本質特徵，並將其回復到概念的第一環節，從而豐富了抽象概念。當人的理性認識能力上升到可以發現萬事萬物的絕對本質時，便可以豐富先驗範疇。概念的存在與發展是一個無限遞進式輪迴的過程。這種認識和研究成果才符合人類生存的基本公理。它來自於自然正義。由此可見，由先驗邏輯和辯證邏輯導出的法律概念，同時包含了法律實證主義和自然法學派、乃至所有其他法學派的法律概念的內容和形式。換言之，各法學流派在研究法律概念時，雖然沒有使用或沒有完整使用先驗邏輯和辯證邏輯的演繹方法，但並不說明他們的法律概念完全不包含經過先驗邏輯和辯證邏輯的演繹而獲得的法律概念的內容和形式。下面通過分析

---

[183]Hegel，《小邏輯》，賀麟譯，商務印書館，1980年版，第328頁。

法律實證主義者和自然法學派的法律理論中的核心概念，便可瞭解他們的法律概念的基本結構及其問題。

Austin的法律概念與他的「主權」概念密切相關。分析他的法律概念的基本結構，必須分析他的「主權」概念的結構。Austin將法律視爲主權者的命令。因此主權者便是法律在形式和內容上的共同來源。主權概念始創於Aristotle。到現在，大多數人都將主權概念與國家最高權力連結，或者等同於國家最高權力，並由立法權、行政權和司法權構成。但Austin的主權概念並非如此。他所謂的主權者既可以是某個特定的個人，也可以是由若干個人組成的某個群體或集合體（代表），還可以是「平民」（最高統治群體的一個組成部分）構成。[184]他們都是獨立政治社會的最高統治者。只要是最高的，他們便是法律的來源。Austin的主權概念也不限於近代以後的國家。近代以前的人類社會的法律也是來源於主權者。於是，隨著主權者在形式與內容上的多樣化，也引起法律來源的多樣化。這正與Austin的本意相符。Austin並沒有給主權的形式或內容加以確定。同時在方法論上，Austin的理論沒有先驗範疇，也沒有主權概念的抽象環節，因而他的主權概念的具體環節也不是從抽象環節發展而來，但Austin的主權概念具有具體時空下的具體內容，即在不同時空條件下具有不同的具體內容。所以，法律的來源，在Austin的理論中，既不是通過演繹獲得的，也不是通過歸納獲得的，而是描述性質的。從描述的方法論中，我們無法判斷主權概念是實證主義性質的，還是自然法性質的。這就爲我們進一步分析和揭示Austin的法律概念提供了界面。Austin法律概念的基本結構的內容是「人」，其形式是一些人對另一些人的習慣性服從的狀態背後的內容。如前所述，主權者是由「人」構成的。由於這種「人」在Austin的主權概念中是不確定的，因此，其法律概念的內容所具有的價值內涵也因「人」而定，但只要是「人」，必然包含人格、意志自由和主體性諸要素，只是它們不具有從先驗範疇演繹而來的人格、意志自由和主體性諸概念所具有的規定性和抽象同一性。當它們體現爲法律時，該法律所具有的

---

[184] Austin, *Province of Jurisprudence Determined 1832*, pp. 219-220, 243-244.

特性也是如此。「主權」概念的不確定性導致法律概念的不確定性。「如果Austin的公式有任何意義的話，應該認為將主權歸屬於社會統一體的全體人民。」[185]但這只是近代以後民主國家的「主權」特性。在此基礎上產生的法律被認為是具有先驗範疇的法律體系。事實上，Austin的主權概念在內容上是變化的，其與國家及其概念的演進相伴隨。Austin並沒有對其主權概念的內容作深度闡述，因此他的法律理論被界定為實證主義。[186]而從形式觀察，「習慣性服從」背後的內容是「命令」。Austin認為，每一種法律或規則就是一個命令。作為命令的例外，立法機關對實在法的解釋，以及出自司法機關的習慣法，也是被習慣性服從的內容。在Austin看來，習慣法由國家強制力實施時就變成了實在法。[187]而對實在法的解釋仍是實在法的一部分，因此它們都具有命令的特徵，包含了責任、義務與制裁。如果孤立地考察「法律命令說」，Austin的法律概念是實證主義的，但Austin的「命令」是「主權者的命令」，於是，「命令」的形式和內容與「主權者」的形式與內容密切關聯，更確切地說，「命令」的形式與內容就是「主權者」的形式與內容的邏輯演繹而來。雖然Austin的「主權者」概念是隨時空變化著的，但在不同時空下，他的「主權者」概念卻有著確定的規定性和抽象同一性，進而必然發展為具體概念所具有的具體內容和具體規定性。法律概念所應有的抽象與具體的內容在「命令」概念中得到了統一。具體概念之內容的增長必將豐富抽象概念，從而達到抽象與具體的遞進式輪迴狀態。但是，由於Austin對「主權」概念的解釋是描述性的，即使它體現為民主制度中的「主權」概念，也不能依此推演出Austin的「主權」概念是由先驗範疇演繹而來；這是因為民主制度中的主權只是Austin「主權」概念的一部分，自然正義和人性尊嚴這樣的先驗範疇只能演繹出民主制度中的主權概念，而不能演繹出其他主權概念。這個缺陷是Austin將主權者命令作為他的法律概念的形式與內容所不可避免

---

[185] 林文雄，《法實證主義》，三民書局，1982年版，第61頁。

[186] 事實上，Austin承認法律與道德有密切關聯，法律與道德因基於同一原理——倫理自然律，它們均來自人類的理性，它們是人類道德性的伸展。(Stumpf, *Austin's Theory of the Seperation of Law and Morals*, in Vanderbilt Law Review, Vol. 14, No. 1 (1960), pp. 125-126.)

[187] Austin, *Province of Jurisprudence Determined 1832*, pp. 100-101.

的，也是他研究法律來源的方法（描述性方法）所無法避免的。這樣的詮釋符合Austin的「法律命令說」。於是，我們發現，Austin的法律概念具有歷史法學派的特性。歷史法學派的法律理論不是法律實證主義的理論範疇，它部分地屬於自然法理論、部分地不符合自然法理論；部分地可以溯因及於先驗範疇，部分地沒有先驗範疇。法理學界一直將Austin的法學方法論歸類於分析法學，將他的法律本體論歸類於法律實證主義。這樣的觀點過於籠統，不能反映Austin法律理論的性質。究其原因，在於沒有將Austin的「主權」概念與「命令」概念區分開來加以分析：前者是法律概念的內容，後者是法律概念的形式，內容決定形式，而不是相反。分析法學的方法追求形式邏輯的分析方法，排除了概念的內容要素，因而，得出的結論必然是實證主義的。而恰恰是，法律實證主義作為法律本體論，追問的是「法律是什麼」的問題，它是有具體內容的。將法律方法論與法律本體論混為一談是法理學研究經常出現的毛病。這也說明使用形式邏輯的概念方法無法揭示「法律是什麼」的本體論問題。本體是經驗與先驗的綜合、觀念與實在的同一、形式與內容的統一。事物的本體只能在通過辯證邏輯方法而獲得的概念中得以存在、得到體現。儘管新分析法學的作家（例如Hart）對Austin的理論有所否定，但仍然沒有跳出上述方法論與本體論混為一談的藩籬，因而仍然將Austin的法律理論定位於法律實證主義。這種見解持續了一百多年沒有變化，乃是因為研究者習慣性地因循已有的成見。鑒於Austin的法律理論在「古典爭議」中的地位，重新審視他的法律理論，對於我們重新認識處於「古典爭議」中的法律實證主義，進而認識自然法理論，都具有特別重要的意義。

　　Kelsen的基本規範既不是形式邏輯中的抽象概念和具體概念，也不是辯證邏輯中的抽象概念和具體概念。形式邏輯中的抽象概念是指反映事物的屬性和關係的概念，它的外延是指事物的這種或那種屬性；具體概念則是指反映具體事物的概念，它的外延是一個或一類具體事物。[188]「辯證邏輯中的抽象概念（即知性概念）是通過知性思維活動抽象概括而形

---

[188]George Bealer, *Quality and Concept*, Clarendon Press·Oxford, 1982, pp. 177-195.

成的概念，其所反映的對象的普遍性是一種抽象普遍性；而具體概念（即理性概念）與其自身是同一的，即它不僅反映對象的特殊性，同時也將對象的特殊性包含於自身內，從而使自己具有普遍性。[189]Kelsen的基本規範不具有上述概念構成的任何特點，正因為它是假設。如前所述，基本規範不是通過邏輯演繹而獲得的概念。但從Kelsen對基本規範的解釋中，我們發現，基本規範包含著先驗範疇、抽象概念和具體概念及其方法的局部內容。Kelsen說：「各種內容從一開始起就都全部包含在基本規範中。」雖然這些內容實實在在地是法律的當然內容，但這些內容並不是通過先驗邏輯和辯證邏輯方法演繹而來的，所以它們連同基本規範一起，也是假設的內容。本來，Kelsen可以通過「基本規範」這個假設，運用溯因推理的方法，揭示出基本規範得以存在及有效的「絕對第一原理」，將其對法律的認識活動建立在符合人類理性認識的基礎之上，從而獲得具有邏輯力量支援的法律概念。正如Plato所說：在這種認識活動中，「理性本身不是把它的假設當作首要原則，而把這些假設只當作假設，即是把它們當作暫時的出發點，以便可以從這個出發點上升到根本不是假設的東西，上升到絕對第一原理。」[190]這個「絕對第一原理」就是Kant的「先驗範疇」。Kelsen之所以沒有這樣做，是因為他認為人類行為是受道德法則、宗教法則和制定法這樣的規範性關係所支配的，以區別於自然法則的因果性。因果性的因與果之間的關係不受制於人的行為，而規範性的條件與效果之間的關係則要受到道德法則、宗教法則和制定法的約束。因果性的因與果是無限循環的，即無終點；而規範性的條件與效果並不無限地循環，即有終點。[191]在這裡，Kelsen將自然科學的法則與自然法則混為一談。自然科學的法則是人類整體的一部分，而自然法則則涵蓋了人類整體。自然科學的法則受單純的因果律支配，但自然法則，例如「萬物平等和諧共存」，就不是因果性的，它是人們透過自然狀態的規律性現象揭示出來的事物本

---

[189]Hegel，《小邏輯》，賀麟譯，商務印書館，1980年版，第172-173、249-250、332頁。

[190]Plato, *The Republic*, 511b-c, Translated and with an International by R. E. Allen, Yale University Press, 2006, p. 225.

[191]Kelsen, *What Is Justice: Justice, Law, and Politics in the Mirror of Science*, Berkeley, University of California Press, 1957, pp. 332-333.

質。人們可以直接從自然法則中獲得先驗範疇，並以此爲邏輯起點，演繹
出法律概念的基本結構；人們也可以根據不同性質的事物，將作爲自然法
則的不同事物本質直接適用於個案之中。例如將「講學自由、探討眞理、
發展學術」作爲大學的本質，解釋大學自治的範圍。[192]於是，自然法則也
就具有了規範性，與道德倫理法則及法律規則一樣，獲得了客觀有效性。
人們應該注意到，Kelsen將他的規範體系區分爲靜態規範體系和動態規範
體系，並認爲自然法在觀念上傾向於是靜態的規範體系；實證法因基本規
範存在於立法機構的委託之中，因而構成一個動態的體系。整體上，自然
法與實證法之間的對比在某種程度上可以呈現爲靜態的規範體系與動態的
規範體系之間的對比。因爲自然法只有在現實的人類條件中適用時才能實
現自己，故不得不引入委託原則。此時，自然法也就不知不覺地變爲實證
法了。[193]由於基本規範是包含著不同價值內容的規範，因此，我們有理由
認爲，基本規範是連結靜態規範體系和動態規範體系的規範，以基本規範
爲效力來源的實證法規範體系，也就不同程度地包含了來自自然法的內
容。儘管Kelsen將他的規範理論稱爲「純粹法學」，將他的規範體系的效
力來源完全形式化，以爲這樣建立起來的法律規範體系就是實證主義的法
律體系。但這個規範體系的最終效力來源則不是實證主義的。Kelsen不考
慮概念和體系的內容不等於概念和體系就沒有內容。基本規範包含著各種
價值，並可在不同的方向上作價值延伸。規範體系獲得效力的方法不完全
是客觀的，而包含著人們的主觀判斷。這樣一來，主觀與客觀、主體與客
體、形式與內容、甚至是經驗與先驗，在基本規範中獲得了統一。沒有完
整先驗範疇而只有先驗內容的的法律概念的抽象與具體兩個環節的要素同
時存在於基本規範之中，它們無所謂從抽象到具體、再從具體到抽象的遞
進式輪迴過程，便具有概念內容的豐富性和概念效力的無限性。需要特別
指出的是，由於基本規範不是從基於自然秩序的先驗範疇演繹而來，它所
包含的內容有可能具有正當性，也有可能不具有正當性。由基本規範演繹

---

[192]司法院大法官釋字第405號解釋。

[193]Kelsen, *General Theory of Law & State*, with a new introduction by A. Javier Trevino, Transaction Publishers, 2006, p. 400.

而來的法律規範體系也是如此。所以，我們可以否定Kelsen的法律概念理論是實證主義的，但我們不能肯定Kelsen的法律概念是完全立基於自然正義的，或者是基於人性尊嚴的。一如Austin的「主權者」概念那樣。而對立的價值不可能存在於同一概念之中，這是基本規範的問題，也是法律概念研究中「假設」方法不可避免的問題。

　　承認規則是Hart法律概念的核心要素。如果給Hart的法律概念下一個定義，則就是「法律是一種承認規則」。在Hart看來，承認規則是一個共同體的法律體系的效力來源，也是法律共同體成員鑒別法律有效性的工具。換言之，承認規則既是法律，也是產生法律的工具。由此可知，Hart同時賦予了承認規則客觀性和主觀性。Hart的法律本體論一向被認爲是法律實證主義，其法學方法論被認爲是新分析法學。這也是Hart本人所持的立場：法律與道德在概念上是分離的；對法律概念的研究，不是給它下定義，而是闡明法律概念的含義。Hart關於法律概念的立場與方法，因他的承認規則的複雜性而呈現出不確定性。如前所述，雖然Hart拒絕先驗範疇，但承認規則是包含著主觀性的，即社會成員在運用承認規則時所不可避免要使用價值判斷和先驗綜合判斷的方法，Hart並未解釋它們對法律有效性會產生什麼影響及如何影響。由於Hart的語義分析方法因循從具體到具體的過程，所以Hart的法律概念中沒有認識活動從具體到抽象的第一階段。但是，對承認規則的運用並不只是依賴於語義分析方法。承認規則的運用既是經驗的，也是語用的。這意味著對承認規則的運用，既有分析，也有綜合，是兩者相結合的方法。運用的結果便是主觀性與客觀性的統一；因其具有普遍效力，因而也是包含了特殊性和個體性的普遍概念。由於承認規則可以被社會成員反覆運用，法律共同體的成員必然可以將先前運用承認規則所獲得的具體結果（內容）抽象化，進而上升到更高層次的具體環節。如同基本規範那樣，法律概念的抽象與具體這兩個環節的內容在承認規則中同時存在。雖然新分析法學與法律實證主義在方法與本體上均排斥先驗範疇，但未能排斥承認規則中不同程度地存在的先驗內容。與基本規範的內容的絕對無限性不同，Hart對承認規則的設計，僅賦予承認規則相對的靈活性。Hart同時反對形式主義（formalism）和規則懷疑論

（rule-scepticism）。形式主義教條式地理解規則的涵義，以至於規則中的一般術語在每一個個案的適用中都必須是相同的涵義。規則懷疑論認為法律是由法院的決定和對法院的決定的預測所組成。在法院適用之前，成文法只是法源（sources of law）而不是法律。Hart認為，在相信規則是具有權威性的制定法的同時，也要正視制定法和先例的開放結構留給法院的創制功能。雖然在任何社會團體中，規則的存在使人們預測成為可能，但預測不能等同於規則。Hart相信真理就在兩者之間。[194]在這裡，雖然只是立法者和司法者是運用承認規則的主體，雖然在運用承認規則時要同時摒棄形式主義和規則懷疑論，但與「主權者」概念一樣，由於沒有明確的先驗範疇的約束，立法者可以將不同的價值內容納入法律規則；而司法者在創造法律時，也可以注入不同的價值內容。承認規則理論產生於現代社會，因而它自然地會包含更多的現代成分。對承認規則的運用，更多的是以民主方式進行，因而它終極地包含更多的先驗內容。這樣的詮釋符合承認規則的特性。是故，從法律實證主義的概念理論中，導不出法律與道德在概念上必然分離的結論。作為方法論的語義分析和作為本體論的法律實證主義片面地相互影響，共同罔顧法律概念的本質規定性。闡明一個概念或語詞的含義只是揭示了該概念或語詞之內涵的一部分。含義不等同於內涵。任何概念或語詞都是有完整內涵的，否則就不存在概念或語詞了。概念或語詞的用法，只是使概念或語詞的含義與情境相結合，其結果不能違背概念的本質規定性，或者說內涵。因此，把握概念或語詞的用法不是研究概念本身，根本無法確定概念的內涵及其來源，不可能得到本體論上的法律概念。法律概念的意義是由主體賦予的；其內涵與外延也是由主體把握的。法律的客觀性必須對人類整體富有意義，法律概念本身才具有意義。法律實證主義者試圖將法律與道德分離開來，實際上等於將作為道德載體的人（主體）從法律概念中抽離出來。但從上面分析中，我們看到，法律實證主義者的基本概念（主權者、基本規範、承認規則）都在不同程度上是「主體性」的呈現，這個「主體性」概念在不同時空下包含著不同

---

[194] H. L. A. Hart, *The Concept of Law*, Oxford: Clarendon Press, 1961, pp. 126, 133-134, 144.

程度的先驗內容，只是它們不是整體性地從先驗範疇演繹而來。

Dworkin的法律概念包含著本文立論的法律概念的基本結構。如前所述，Dworkin是將自然權利，亦即他所稱的道德權利，作爲先驗範疇。他的法律原則和法律規則都是從這個先驗範疇演繹而來。雖然他沒有在他的法律概念理論中明確提出抽象概念與具體概念這兩個環節，但他的「權利命題」（這是他的法律理論的核心命題）中實際上包含著從抽象到具體的邏輯過程，以及由這個過程所獲得的內容。在論及「平等權」概念時，他認爲，平等權包含兩種不同的權利，一爲平等對待的權利，二爲作爲相同的人對待的權利。根據自由主義的平等觀念，作爲相同的人對待的權利必須被認爲是平等概念的基本要素。在那些特殊環境中，越是堅持對平等對待權予以限制，它就越是要符合這項基本權利。僅當作爲相同的人對待的基本權利表現爲要求行使這些權利時，個人的各種自由的權利才必須得到承認。[195]在他的權利概念中，有作爲概念之第一環節的抽象概念，即他所說的「基本權利」；有作爲概念之第二環節的具體概念，即他所說的「各種自由」。由於Dworkin的權利概念由自然權利演繹而來，所以他的權利概念包含著辯證邏輯中的概念所具有的抽象與具體兩個環節。抽象概念是概念的低級階段，具體概念是概念的高級階段。「低級的概念是自在的、潛在的較高概念，較高的概念是自爲的、展開了的較低概念。最初的概念是潛伏著的最終概念。一個較後、較高的概念都是從較前、較低的概念中推演而來。」[196]在概念的抽象環節，權利體現爲抽象的普遍性，每個人都擁有相同的人格、意志自由和主體性，它們在法律上是絕對的；而在概念的具體環節，權利作爲具體概念，是普遍性與特殊性和個體性的統一，人格權、意思自治和主體間關係，在法律上是相對的，也就是說，有相應的規範存在。抽象的權利概念是具體的權利概念的靈魂，具體的權利概念是抽象的權利概念的外部顯現。與具體環節相比，在抽象環節上，權利更能體現主體的存在及其價值。當抽象的權利概念必然展開爲具體的權利概念

---

[195]Ronald Dworkin, *Taking Rights Seriously*, Bloomsbury, 1997, pp. 327-328.

[196]張世英，《論黑格爾的邏輯學》，中國人民大學出版社，2010年版，第56頁。

時，在這個過程中，有主體同化客體的內容，包含著人格、意志自由的主體性顯現在法律概念形成的整個過程中。自然法學派就是以這種方式賦予法律這個概念的意義的。

通過揭示法律這個概念的基本結構，我們知道，研究法律這個概念的本質規定性需要認識論、本體論和方法論的綜合知識及其運用。形式邏輯、語義分析、實證分析、規範分析、描述主義等方法論和實證主義等本體論，及其它們的結合，無法完成這項研究任務。先驗演繹和辯證邏輯同時包含了認識論、本體論和方法論。通過先驗演繹中的主觀演繹，由經驗到先驗獲得先驗範疇，再經由客觀演繹，由先驗到經驗而論證先驗範疇的客觀有效性。這個邏輯過程常識性地符合人的理性認識能力及其特性，並同時揭示了人作為主體在此過程中的本質規定性。於是，邏輯、認識和本體在先驗演繹中融貫為一體，是人的綜合體現。在辯證邏輯中，邏輯、認識論和本體論是一致的。基於思維與存在的同一，思維形式與存在的規定一致，思維同時也就是認識，邏輯學當然同時也就是認識論。而思維與存在的同一說認為思維不僅是我們的思維，同時又是事物或對象的本質，於是，關於思維的學說（邏輯學）當然同時也就是關於事物或對象的學說（本體論）。[197]自然法學派和法律實證主義者在各自的概念理論中都包含有上述原理，只是它們存在著較大但非實質的差異：自然法學派完整地包含著上述原理，雖然他們沒有明確地這樣揭示法律的概念；法律實證主義者或多或少地包含著上述原理，雖然他們明確拒絕這樣揭示法律概念的方法。

2010年6月3日

---

[197]Hegel，《小邏輯》，商務印書館，1980年2版，第74、78-79頁。

第七章　論法理學的範圍

多年來，法理學一直是各大學法學院系的必修課程，該課程名稱雖均為法理學，但在講授中，各講授者均自行其是，講授內容彼此之間相差甚遠。在理論研究中，不少學者對什麼是法理學、法理學的範圍如何確定等基本問題作了很多有益的研究，可是尚無大致的統一意見，主要是，法理學與法學、法哲學、法理論等範疇糾纏不清。在此，對學者們的研究成果作一梳理並藉此發表一些個人淺見是很有必要的。

一、法理學與法學

一般認為，法理學作為一門學科，可以上溯到古羅馬時期。現行法理學教科書和其他法學研究專著一直認為拉丁語Jurisprudentia是今日「法理學」這個詞的詞宗。以此為詞源，派生出了法語、德語、義大利語、西班牙語中的「法學」一詞，以及英語中的Jurisprudence一詞。今日的法理學一詞被公認為是英語Jurisprudence一詞的漢譯。這是不準確的。拉丁語Jurisprudentia一詞是由jus與prouidere合成，前者的意思是「法律」、「正義」、「權利」，後者的意思是「先知」、「聰明」、「知識」。Ulpian說：「法學是關於神與人的事物的知識，是區分正義與非正義的科學」。[1]顯然，該詞的內涵要比「法理學」一詞的內涵深入而豐富。更重要的是，由Jurisprudentia一詞派生出來的Jurisprudence（法語）、Jurisprudenz（德語）及Jurisprudence（英語）一詞的含義均解釋為「法學」和「法律學」，並無「法理學」之義。考察Jurisprudentia的演變過程，我們知道，它最終被用來指示一門學科（法學、法律學），後人想當然地將「法學」和「法律學」這門學科等同於今日的「法理學」這門學科。顯然會引起歧見。有學者更是認為，Jurisprudence包含並列兩義：

---

[1] *The Institutes of Justinian*, Translation Into English, with an index by J. B. Moyle, D. C. L., Oxford at The Clarendon Press, 1913, p. 3.

法學（science of law＝Jurisprudenz及Rechtswissenchaft）、法哲學（legal philosophy＝Rechtsphilosophie或philosophie des Rechts）。[2]自古羅馬職業法律家對法典的解釋與宣傳始，法學或法律學作爲一門學科發展至今，幾乎包羅了整個法學領域，「法理學」顯然難以與之對應。換言之，法理學所包羅的內容顯然要小於法學或法律學。法理學只是法學或法律學的一部分。

二、法理學與法律哲學

從語源上考察，Jurisprudence與legal philosophy扯上關係應該是Austin所著*Province of Jurisprudence Determined*（1832）一書。Austin故世後，Robert Camplell在編輯氏著時，將書名改爲*Lectures on Jurisprudence or the philosophy of Positive Law*。可見，在Austin的著作中，Jurisprudence之義就等同於The philosophy of positive law（實證法哲學，即法律哲學）。而在漢語中，將氏著中的Jurisprudence譯爲「法理學」[3]是不準確的。正確的書名應是《法學的範圍之確定（1832）》和《法學或實證法哲學講義》。[4]這也說明，英文Jurisprudence一詞還有「法律哲學」之義，至少這位法律實證主義大師這樣使用過。在此之後，Jurisprudence即被多數英、美學者大致指稱對於「實證法」加以分析的一般理論，即「分析法學」。而在德文中，Jurisprudenz指稱「法律解釋學」。在法國學者和部分美國學者中，Jurisprudence則指稱「法院判例學」。[5]

從內容上考察，Kaufmann認爲，法哲學是將法學中的基本問題以哲學的方式加以探討和回答，所以，它是哲學的一部分，而不是哲學的分支，更不是法學的分支；法哲學總是追問知識與體系的後設問題（即超體

2　顏厥安，《法與實踐理性》，中國政法大學出版社，2003年版，第4頁。

3　這是多數大陸學者的譯名。

4　這是我的譯名。也可參見 Robert Campell' version, *Lectures on Jurisprudence, Or, the Philosophy of Positive Law*, 2 vols. by John Austin, rev. and ed. by Robert Campell, London: J. Murray, 1885.

5　根據 Pound, Jurisprudence有五種涵義：「法學」、「先進法律體系之比較解剖學」，「分析法學」，「法院判例學」，「法」的同義語。（Roscoe Pound, *Jurisprudence*, Vol. 1, West Publishing Co., 1959, pp. 7-11.）可見，這五種涵義與「法理學」一詞都沒有關係。

系的問題），而無特定實質對象。[6]Hegel更明確地認為，「法學是哲學的一個部門。」[7]顯然，法學與法理學的研究對象不是如此。哈特認為法哲學應研究的問題主要是：1.法律的定義和法律概念的分析。2.法律推理。哈特著重分析了法律適用的演繹推理和演繹論證。他還認為應該區分對法官實際適用法律的方法的描述和對法官選擇適用法律的方法的評論或評價。3.法律評論或評價。他認為有必要區分對法律與法律概念的分析和對法律的評論和評價。[8]可見，Kaufmann那不是法學一分支的法哲學與我們今日所謂的「法哲學」相近，而Hart的法哲學則與我們今日所謂的「法理學」相近，兩位大師對法哲學研究對象的不同區分，根源在於Kaufmann以存在主義哲學為背景，而Hart則以分析哲學為基礎。

三、法理學與法律理論

在歐美法學界，還有一門學科，稱之為「法律理論」（Rechtstheorie, Legal Theory）。該理論僅認同實證法是法律；它試圖解決實證法的邏輯前設，因此，它本身已經指出超越實證法的必要性。但由於它僅僅將邏輯前設（比如基本規範）作為一種假設，所以，當人們希望將實證法解釋為一種規範概念時，仍然無法證立實證法的約束力。[9]在此際，法律理論雖然不同於Kaufmann意義上的法哲學，也有別於Hart立場上的法哲學，但卻與Austin的法律哲學（the philosophy of positive law）之含義幾近相同，進而，也可以認為，與Austin的Jurisprudence幾近相同。當然，Jurisprudence一詞還包含「法學」、「法律學」之義，那麼，法律理論之含義顯然不同於法學之含義，前者只是後者的一個分支學科。而法理論也不同於法律

6　A. Kaufmann and W. Hassemer (Hrsg.), *Einführung in Rechtsphilosophie und Rechtstheorie der Gegenwart*, 3., unveränderte Auflage, G. F. Müller Juristischer Verlag, Heidelberg: Karlsruhe, 1981, S. 3-5.

7　Hegel，《法哲學原理》，範揚、張企泰譯，商務印書館，2009年7月版，導言第2頁。可見Hegel是將法學等同於法哲學。通觀Hegel的《法哲學原理》，其實是對具體的部門法律進行哲學詮釋。在Hegel看來，對部門法律的理解必須上升到哲學層面，才能稱得上是法學。

8　H. L. A. Hart, *Essays in Jurisprudence and Philosophy*, Clarendon Press, Oxford, 1983, pp. 88-119.

9　*Staatslexikon: Recht Wirtschaft Gesellschaft*, Herausgegeben von Der Görres-Gesellsechaft, Sechste, völlig neu bearbeitete und erweiterte Auflage, Sechster Band, 1961, Verlag Herder Freiburg, S. 720-721.

學。法律學，依據Jurisprudentia一詞的演進過程可知，它側重於法律釋義學。法律理論雖然也包含法律釋義學，但它的理論範圍要比法律釋義學寬得多。根據Kant的見解，釋義學就是純粹理性不預先批判其自身能力的教條主義行事方式。釋義者從未加檢驗就被當作是眞實和先設的前提出發。法律釋義者不追問法律是什麼，不探究法律知識在何種情況下、何種範圍內、以何種方式存在。這不是說法律釋義學本身不預先批判是必然的；但即使法律釋義者在釋義時進行了批判，比如對法律規範進行批評性審視，也總是在體系內論證，並不觸及現存體制。在法律釋義學的範圍內，這種取態是完全合法的。[10]顯然，法律釋義學的範圍只是對現有的法律規範的涵義的闡釋，而不產生新的法律解釋，也不引起法律是什麼的議題。它實質上只是法律方法的一種。法律方法的範圍是關於如何適用法律的，因而，關於如何適用法律的議題，當然可以是法律理論的範圍。由於法律理論這一法學之分支學科的研究對象侷限於實證法，而排除了自然法理論，所以，它也不可能與今日中文之「法理學」的含義等同起來。後者的理論範圍比前者大。

綜上可知，Jurisprudence一詞的含義還不曾與中文之「法理學」有詞義關係，雖然在法學界已公認中文「法理學」一詞是英文Jurisprudence的漢譯，但從上面的分析可以看出，這是有疑義的。今日，作爲一門學科的「法理學」之名稱，既不來源於Jurisprudence（法學）、Nomology（法律學），也不是來源於the philosophy of law（法哲學）和Legal Theory（法律理論）。

---

10 Kant, *Critik der reinen Vernunft*, I.- I. Aufl. Ausgabe B, S. XXXV. Baden-Baden, 1995; Kaufmann and Hassemer, Hrsg., *Einführung in Rechtsphilosophie und Rechtstheorie der Gegewart, 3., unveränderte Auflage*, C. F. Müller Juristischer Verleg Heidelberg: Karlsruhe, 1981, S. 1-2; Europäische *Enzyklopädie zu Philosophie und Wissenschaften*, Herausgegeben von Hans Jörg Sandkühler, in *Zusammenarbeit mit dem ISTITUTO ITALIANO PER GLISTUDI FILOSOFICI*, Band I, Felix Meiner Verlag, HAMBURG, 1990, S. 587.

四、「馬克思主義法學或法理學」和「中國特色的社會主義法學或法理學」

大陸法學界素有「馬克思主義法學或法理學」和「中國特色的社會主義法學或法理學」的稱謂。「中國特色的社會主義法學或法理學」是馬克思主義法學或法理學的組成部分、是馬克思主義法學的中國化。我們不能粗魯地否定這樣的稱謂。但是在這裡，我們需要論證的議題是：什麼是馬克思主義法學或法理學；什麼是「中國特色的社會主義法學或法理學」；兩者的關係是什麼。

我們知道，Marx的代表作是《資本論》，因此，Marx是經濟學家。Marx的博士學位論文是《德謨克利特的自然哲學與伊壁鳩魯的自然哲學的比較》，顯然，Marx也是哲學家。研究者一致認為，Marx及與Engels在《論住宅問題》、《家庭、私有制與國家的起源》、《英國工人階級狀況》、《德意志意識形態》等著述中論及法與法律。但「Marx並沒有建立有關法律的著作體系」。[11]也就是說，Marx未就「法律是什麼」的問題發表過系統的理論見解，更不用說是建構系統的法學或法理學理論體系。因而，Marx本人也沒有關於法律的較為清晰一致的觀點和立場。Marx曾運用自然法學派的方法，認為真正的法律，就是能使自由成為人的社會存在的一部分。[12]Marx也將法律看成是階級工具，是壓迫地位較低的社會階級的工具，是階級鬥爭的武器。[13]「階級工具論」完全否定了法律的形式特性：效力的普遍性和來源的民主性。因而，也不是法律實證主義的法律觀。Marx又認為，法律作為上層建築的一部分，是由經濟基礎決定的，在此觀點下，Marx只是表述了法律與經濟的關係，並沒有從經濟學的視角，說明法律是什麼。Marx認為，「不是人們的意識決定人們的存在，相反，是人們的社會存在決定人們的意識。社會的物質生產力發展到一定階段，便同它們一直在其中運動的現存生產關係或財產關係發生矛盾。隨

11　Wayne Morrison, Barrister and Solicitor, *Jurisprudence: From the Greeks to Post-Modernism*, Carendish publishingLimited, 1997, p. 251.

12　Hugh Collins, *Marxism and Law*, Oxford University Press, 1982, p. 121.

13　Hugh Collins, *Marxism and Law*, pp. 27-30, 90-93.

著經濟基礎的變更，全部龐大的上層建築也或快或慢地發生變革。」[14]從Marx的這段文字中，我們可以看出，Marx否定了人在法律中的主體性地位。這與自然法的法律觀和方法論背道而馳。從Marx的論述中，無法判斷他所認為的法律是什麼。因此，Marx本人不是法理學家或法學家。

　　大陸法理學界認為，《德意志意識形態》一書是馬克思主義法學誕生的標誌。該著所闡述的唯物史觀和以唯物史觀為基礎的法律觀標誌著馬克思主義法學理論和方法論的形成。在氏著中，Marx與Engels揭示了法和法的關係根源於社會物質生活條件（關係），根源於利益的衝突，法隨著經濟條件的發展而發展等客觀規律，揭示了法與階級、國家的聯繫，闡明了馬克思主義法學的一系列原理。本文認為，這樣的判斷是抽象過度的體現。

　　如果要將Marx的社會發展觀當作法學或法理學的內容，那麼，法理學研究的方向應該是論證法律的消亡，因為Marx認為法律隨國家消亡而消亡。Marx認為，「在共產主義社會，自由取得支配地位，法律是不必要的，並且會逐漸消失。」[15]

　　而馬克思主義，按照大陸學界的理解，是包羅萬象的學問，它主要包括辯證法、唯物論、剩餘價值理論、勞動價值論、科學社會主義、階級鬥爭學說。我們同時也知道，馬克思主義的辯證法來源於Hegel；唯物論來源於Feuerbach；剩餘價值論來源於Adam Smith；勞動價值論來源於David Ricardo；科學社會主義來源於Owen、Fourier、Saint-simon；階級鬥爭學說來源於Migne、Guizot、Thiers。我們必須證明，上述內容與法理學有直接關聯，才能運用「馬克思主義法學」的表述。從上文的分析中，我們知道，法理學主要是探討法律是什麼與如何運用法律的知識、理論及思想體系，凡是圍繞這兩個問題的流派都是法理學的範圍。顯然，馬克思主義的上述內容與此並無關聯。那麼，「中國特色的社會主義法學」與「馬克思主義法學」的關係是什麼呢？首先必須界定什麼是「中國特色的社會主義

14　Marx，《政治經濟學批判》序言、導言，徐堅譯，人民出版社，1964年版，第3頁。
15　Hugh Collins, *Marxism and Law*, p. 120.

法學」。我們不能排除可以有「中國特色的社會主義法學」，但是至今沒有人能令人信服地完成這項論證任務。「中國特色的社會主義法學」至少應包括這樣的內容：第一，對法律是什麼的研究有大陸法學家自己的觀點、理論和思想體系；第二，從中華民族的傳統文明中找出法律的內容，但必須與時代精神相符合，因爲在古代是法律的內容，在當代未必還是法律的內容；第三，第一與第二必須在形式和內容上都有邏輯關聯。在證立了「中國特色的社會主義法學或法理學」之存在後，再證明它與馬克思主義的關係。一旦這個證明也能成立，才有馬克思主義法學或法理學的表述。但是，就目前的研究資料可以知道，上述論證都沒有進行。事實上，我們從一系列統編教科書中可以看到，「馬克思主義法學」和「中國特色的社會主義法學」只是作爲一個章節加以點綴，而教科書的主要知識內容都屬於法理學的範圍，與西方法理學知識範圍並無多少差異。[16]

　　「法理學」之名稱最初產生於東京帝國大學，由該大學教授ほづみ のぶしげ所創造，用以表示講授法之根本問題之課程（明治14年，1881年）。而此前，在日本的大學課程設置上，採用過「性法學」、「自然法」（文久年間，1861-1863年間）、「法科理論」（明治3年，1870年）和「法論」（明治7年，1874年）之名稱。ほづみ のぶしげ教授之所以未承繼「法論」之名稱，是因爲他認爲「法」有「佛法」和法學上所謂的「法」等義，應加以區分；同時，他認爲若稱爲「法論」，會給人一種講經論道的感覺。而ほづみ のぶしげ教授也未採用「法律哲學」之名稱，是因爲當時哲學研究者限定哲學爲「主觀性」之形而上學，從而引起教學上的不便。因而，ほづみ のぶしげ教授受當時經驗主義、實證主義之法律思想的影響，放棄主觀哲學之影響，採用了「法理學」這個對任何學派都不帶來影響的名稱。[17]這一資料，至少可以給我們提供以下知識資訊：第一，「法理學」一詞最初來源於大學課程之名稱；第二，作爲課程之名稱的「法理學」與Jurisprudence一詞沒有直接關係；第三，作爲一門課

16　張文顯主編，《法理學》，法律出版社，2007年3版；朱景文主編，《法理學》，中國人民大學出版社，2008年1版。

17　ほづみ のぶしげ，《法窗夜話（49話）》，曾玉婷、魏磊傑譯，法律出版社，2015年版。

程的「法理學」既包含主觀性之法形上學，也包含客觀性之法形上學；第四，ほづみ のぶしげ是爲了教學講授方便起見，排除了「法形上學」（即法律哲學）之名稱，而並未排除法律哲學之內容；第五，ほづみ のぶしげ教授的「法理學」在內容範圍上要比我們今天所謂的「法理學」廣，它幾乎等同於我們今日所謂的「法學」。

今天，我們考察和界定「法理學」之範圍的境況，無論在事實上還是在理論上，都已發生了很大變化。法律實踐已不僅僅侷限於對法典的解釋，法學的學科分類名目繁多，已相當精細，儘管在理論上的證立還成問題。而在法學理論研究中，各個分支學科彼此繫連，要想比較清晰地找出界限，幾乎是不可能的，以至於有人認爲，我們去對法理學和法哲學之類的名稱及內涵作區分是毫無意義的。但另一方面，各大學法學院系又必須開設此一課程，如將這門課程稱爲「法哲學」，[18]可能會使一大批教員望而卻步，稱爲「法學基礎」，有失法理學的品質，無疑是降低了這門課程的知識標準。那麼就只好稱爲「法理學」了。本文認爲，一門課程叫什麼名稱並不重要，名稱向來有約定俗成的性質。關鍵是內容，確定什麼樣的內容才能符合作爲一門大學法學專業之課程的「法理學」，這就要求考慮內容的科學性問題。常識告訴我們，作爲一名法科的學生，首先應該瞭解法律是什麼，而對此問題的回答，不同學派有不同的答案；而雖有各種學派，但最終可歸於兩大理論領域：法律實證主義和自然法理論。因此，法理學的知識內容必須包括此兩大理論領域的基本知識。由於法律實證主義者和自然法學派對「法律是什麼」存有本質上的分歧，而要證立各自的觀點立場，必須要使用到論證理論。因此，法律論證理論和法學論證理論也是不可或缺的基本知識內容。

---

18 本文認爲，法哲學僅僅研究法律的本體問題，關注法律的整體存在。比如，法律概念論給「法律」下了一個定義，法哲學就要追問爲什麼是這個定義而不是那個定義，並從本體上回答這個定義是否正確。正如哲學也是研究和回答其他學科的本體問題一樣。從這個角度觀察，Kaufmann的以下見解是正確的：法哲學是哲學的一部分，而不是哲學的一個分支學科，更不是法學的一個分支學科。

五、法理學的英文和德文名稱

我將法律的範圍確定爲法律規則、法律原則和法理（legal principia or the principia of law）。對於法律規則和原則作爲法律的構成很容易理解；而對於法理作爲法律的一部分也不難領會，因爲很多國家都將法理作爲有效法的一部分，或在法律文本中表明，或在司法實務中運用。法理學實際上就是關於上述法律的範圍的理論。對「法理學」過寬或過窄的界定都會與相關的其他術語相衝突。眾所周知，Jurisprudence一詞沒有「法理學」的含義，它的意思是法學。俗稱的「法理」也不等同於「法理學」。Nomology、the philosophy of law or legal philosophy、the theory of law or legal theory、legal principia or the principia of law 等用語都不能用來表述法理學。於是，從法理學的範圍考量，我將「法理學」的英文名稱表述爲Lawprincipiumology。

德文Jurisprudenz 或 Jura 的漢譯是「法學」，等於Jurisprudence；根據德英詞典，德文Rechtslehre的意思是legal science和 Jurisprudence，德文中也沒有「法理學」一詞。根據德英詞典，Rechtswissenschaft 的意思是legal science。Rechtstheorie 的意思是 legal theory 或theory of law。而被德漢詞典注釋爲「法理」的德文詞是：1.Rechtsprinzipien；2.Rechtsgrundsatz；3.Rechtstheorie。但是，根據德英詞典，1.的意思是principle of law；2.的意思是rule of law；3.的意思是theory of law。在中文簡體字的譯作中，Rechtstheorie也被譯爲法理學。由於德文「原則」 和 「原理」是一個詞prinzip，因此1.與英文中的legal principia或the principia of law涵義相同。於是，我將「法理學」的德文名稱表述爲Rechtsprinzipienologie。

我在《法理學》課程的教學過程中，編制了本科生、碩士生、博士生三個階段的法理學課程大綱，確定了法理學的範圍。

本科生法理學課程大綱

課程目的：掌握法理學的基本知識、基本理論和基本思想；瞭解法律是什麼；初步掌握適用法律的方法；培養運用法理分析問題的能力。

教學時數：54課時。

緒論：

一、法、法律與法理學：1.「法」的涵義及其演變；2.「法律」的涵義及其演變；3.法律與其他規範形態；4.法理學的形成；

二、法理學在法學體系中的地位：1.法學的「血液」；2.良法的尺規；3.方法的素材；

三、國內法理學研究現狀。

第一部分：法理學的核心問題──法律是什麼

一、問題的形式：法律與道德在概念上有無必然關聯；

二、二元論與一元論；

三、問題的發展：1.「自然法論與法律實證主義」兩派對壘；2.「自然法論、剛性法律實證主義與柔性法律實證主義」三派鼎立；3.自然法是自然法論與法律實證主義的共同來源。

第二部分：法律的概念

一、法律的構造：1.人是目的；2.自然正義、平等原則、人性尊嚴；3.人格、意志自由、主體性；4.人格權、意思自治、主體間關係；

二、法律的範圍：1.法律規則；2.法律原則；3.法理；

三、法律的效力：1.民主與法律的效力；2.層次與範圍；3.惡法非法（Lex iniusta non est lex）；4.司法審查與法律的效力；

四、法律的體系：1.法典法與判例法；2.國內法與國際法；

附釋：法系。

第三部分：法律的適用

一、法律方法及其範圍：1.法律方法的範圍；2.對法律方法的不同理解；

3.法律方法與法學方法的區別；

二、法律行爲：1.概念與構成；2.法律行爲的種類；3.法律行爲的無效；4.法律行爲效力來源：（1）意志效力理論；（2）法定效力理論；（3）信賴責任理論；

三、法律關係：1.法律關係的種類：（1）「權利—權利」關係；（2）「權利—權力」關係；（3）「權力—權力」關係；2.法律關係的內容：精神實體與物質實體；3.法律關係的形成與存在基礎；

四、法律責任：1.立法者與法律責任；2.法律的適用與法律責任；3.過錯責任原則；4.責任分配理論；

五、法律解釋：1.法律解釋的原因；2.法律解釋的目標；3.法律解釋的方法；4.各種解釋方法之間的關係；5.法律行爲的解釋；6.法律解釋的幾個特殊問題；7.羅馬法上的倫理解釋；

附釋：法條理論。

六、法律推理：1.定義與特徵；2.法律推理的過程分析；3.法律推理的有效性；4.法律推理的形式；（1）歸納推理；（2）演繹推理；（3）類比推理；（4）溯因推理；

附釋：案件事實的形成及法律判斷。

七、法律思維：1.思維及思維的類型；2.法律思維發生的一般過程；3.法律思維的內容；4.法律思維應注意的問題；5.法律思維與類型思維。

第四部分：法律的功能

一、法律與正義：1.正義的概念；2.法律與形式正義；3.法律與實質正義；

二、法律與自由：1.自由的概念；2.自由對法律的要求；3.法律對自由的保障；

三、法律與平等：1.平等的概念；2.形式平等與實質平等；3.法律與平等保護；

四、法律的規範功能：1.規範應當與應然應當；2.法治與社會公正；3.權利保障與社會秩序。

碩士生法理學課程大綱

課程目的：使所學專業研究生能從本體論、認識論、價值論上掌握法律（法律規則、法律原則、法理）的運用。

教學時數：54課時。

緒論：

一、法理學的範圍：1.自然法理論；2.法律實證主義；3.法律論證理論與法學論證理論；

二、法理學的基本問題：法律是什麼；1.「古典爭議」的基本內容；2.「古典爭議」的最新成果；

三、法理學學習方法：1.概念的理論體系；2.命題與問題的理論體系。

第一部分：法律規則

一、規則的含義：1.描述性規則；2.分析性規則；3.實踐性規則；

二、法律規則：1.簡史：（1）習俗與習慣；（2）命令；（3）規範；（4）規則；2.法律規則的種類：（1）教科書的分類；（2）Hart的分類；3.法律規則的理論基礎：法律實證主義：三個基本命題（社會事實命題、來源命題、分離命題）；4.法律規則的事實來源：（1）社會規則與規範規則；（2）法律規則的形成；（3）法律規則的基本結構；

三、法律規則的效力：1.法律規則效力來源：（1）基本規範；（2）承認規則；（3）憲法規範；2.法律規則的效力理論：法律實證主義規則效力理論及其問題；3.法律規則的效力與主體間性；

四、法律規則證明理論：1.融貫性論證；2.以言說理論爲背景的法律論證理論；3.Alexy的內部證立與外部證立；4.佩策尼克的法律轉化理論；5.語用—辯證的法律論證理論；

五、法律規則的適用技術：1.一般事例與延展情況（核心事例與邊緣地帶）；附釋：Wittgenstein傳統；2.類型思維：（1）類型思維的特點；（2）類型思維在方法論上的意義；（3）類型與概念；（4）Larenz的類型論；（5）Kaufmann的類型論；（6）類型思維的侷限

性。

第二部分：法律原則

一、法律與原則：1.法律原則是法律的一部分；2.法律原則的表現形態；
　　3.法律原則的基本特徵；

二、Dworkin的法律原則理論：1.法律原則論證；2.法律原則的識別判
　　準；3.整全法理論；

三、第三種規範標準：1.法律可適用性；2.法治證立性；

四、Alexy的法律原則理論：1.原則是「理想應然」；2.原則是「最佳化誡
　　命」；3.原則作為理由；4.原則衝突與規則衝突；5.法律原則與比例
　　原則；

五、法律原則的屬性：1.內在道德性；附釋：立法過程；2.原則性：價值
　　導向的基本規範；3.可證立性；

六、法律原則的功能、適用與效力：1.功能；2.適用（與規則的區別）；
　　3.法律原則與法律解釋。

第三部分：法理

一、自然法理論簡史：1.古希臘的自然法思想：一種哲學觀；2.古羅馬的
　　自然法思想：一種法律觀；3.神學主義自然法；4.近代自然法（亦
　　稱古典自然法或理性主義自然法）；5.現代自然法（亦稱復興自然
　　法）；

二、自然法與法律規則和原則：1.法與權利觀念：（1）權利先在論；
　　（2）法學理論中的權利本位論；2.法律與實踐理性；

三、自然法的效力證明：1.Kaufmann的良知與共識理論；2.Habermas的言
　　說理論；3.Perelman的新修辭學；

附釋：戚淵的法律概念論。

博士生法理學課程大綱

課程目的：認知「法律是什麼」是法理學的核心問題；掌握研究「法律是什麼」的基本知識、基本理論和基本方法；能夠運用哲學、社會學、經濟學的基本方法研究法學；培養規範運用規範知識的能力；形成研究者自己的可證立的法律觀，亦即「法律是什麼」的基本立場和理論體系。

課程時數：36課時。

第一部分：法律概念論

一、法律是什麼：1.古典爭議；2.道德與法律；3.自然法理論與法律實證主義；

二、問題與命題：1.古典爭議的幾個主要命題；2.「法律是什麼」爲綜合問題與命題；3.假設的問題；4.分析與綜合；5.分析法學的分析；6.自然法學派的法律解釋理論；

三、本體與方法：1.形式邏輯的概念理論；2.辯證邏輯的概念理論；3.邏輯、認識論、本體論的一致性；4.客觀主義與本質主義；5.法律是什麼與本體和方法；

四、法律的基本結構：1.先驗綜合判斷與經驗；2.先驗演繹：主觀演繹與客觀演繹；3.主觀演繹與先驗範疇；4.客觀演繹與客觀有效性；5.自然秩序——自然正義——平等原則——人性尊嚴；6.抽象概念與具體概念；7.人格、意志自由與主體性；8.人格權、意思自治與主體間關係；9.具體概念與類型化。

第二部分：法學方法論

一、方法：1.詞源；2.基本因素；3.屬性；4.作用；

二、法學方法：1.概念；2.特徵；3.法學方法與法律方法的區別；4.法學方法與法律方法的關聯；附釋：1.詮釋學循環；2.什麼是理性？

三、經濟學分析法學：1.名稱；2.產生背景；3.經濟學與法學的異同：（1）研究主題；（2）分析方法：A.基本的理性假設；B.基準點；4.Coase定理與Posner原則；5.Marai的新經濟分析法學；6.對經濟學分

析法學的評論；

四、社會學分析法學：1.名稱；2.產生背景；3.社會學分析法學的特點；4.社會學理論與法學；（1）社會事實；（2）社會行為；（3）社會現象；（4）社會連帶；5.社會學方法與法學；（1）理解的方法；（2）現象學方法；（3）批判理論；（4）建構主義；

五、哲學方法與法學：1.概述；2.哲學方法論的種類；3.哲學方法論產生的途徑；4.哲學方法論的特點；5.邏輯方法；（1）形式邏輯、先驗邏輯、辯證邏輯；（2）分析與綜合；（3）比較與分類；（4）歸納與演繹；6.語言分析方法；（1）含義與內涵；（2）釋義與定義；7.概念分析方法；8.論證方法。

　　本文認為，三個大綱中的內容，是作為一門課程的法理學的核心內容，也是法理學的規範內容，捨去任何一項都是不完整的。我將這些內容稱為「規範法理學」，以區別於大陸法理學界包羅萬象之「法理學」名稱。我以為，作為一名大學法科學生，必須具備大綱中的知識基礎，才能具備專業素養；進而，作為一名法學研究者，如沒有這些知識基礎，就不可能深入、準確地研究任何法學領域內的理論問題和實踐問題。

　　從更抽象的層次來看，一門學科是什麼，logos一詞給了我們如下啟示和要求：邏輯與理念。「邏輯」一詞引申自logos；以─logy為詞尾的學科也是起源於logos。logos一詞現在有「理性」、「理念」、「概念」、「根據」、「關係」等涵義和意義。要言之，一門學科必須具有理念與邏輯，知識只不過是理念的外在形式，而邏輯（論證邏輯、辨證邏輯）可以檢驗何為知識，何為偽知識，並將一門學科融貫地連結成體系，成為真理的結晶。如果一門「學科」沒有理念和邏輯，則就不能被恰當地稱為學科。

　　是故，我們有迫切的理由重新審視和修改大陸現在的教科書體例和體系。現在的教科書體例都是概念、定義和特徵，以及依據它們的展開。在其中，概念與定義還停留在形式邏輯的知識階段：概念＝內涵＋外延。這種概念方法的特點是確定性、封閉性、僵化性、不周延性。在這樣的概念

方法下，一個概念不可能涵蓋概念意義所指涉的所有事物，並將新生事物排除在概念之外，導致抽象過度和具體不足的概念缺陷。Hart在五十年前就對形式邏輯的概念方法提出了批評。他認為，法律概念所指涉的事物有「典範」和「邊界」的區別。在法律概念所指涉的事物中，有一些是不會引起爭議的，這些事例是典範事例；還有一些是邊界事例，邊界事例不具備與典範事例一樣的明朗特徵，在適用時，比較起典範事例，會有較多的疑義。Hart據此否定對法律概念的定義。[19]不才認為，如果不能對概念定義，而只能按照語言分析哲學所推崇的「使用即意義」的方法來理解和適用法律概念，那麼將喪失法律體系所應具有的、基於概念意義的確定性和穩定性之基本特徵，導致「使用即疑義」的結果。因此，語言分析哲學的概念方法，也即Hart的概念方法雖然比形式邏輯的概念方法進步了很多，但仍然存在著「完全開放性以至不確定性」等重大缺陷。

　　我的概念方法是「概念＝意義＋涵義」。概念是可以定義的。第一，對概念的定義是語詞的置換，而不是涵義和意義的置換；第二，對概念的定義只是定義概念的意義，而不是定義概念的外延；第三，在一個概念中，涵義和意義不是分離的，它們是不同層次的同一。意義根植於概念深處，涵義是概念的表層現象。一個概念的意義基本確定，深而豐富；一個概念的涵義呈開放性，不時發展。這種概念方法使概念的類型化成為可能。也就是說，這種概念方法是定義和類型化的合成。定義確定了概念的基本意義，保證了法律概念和法律體系不缺乏基於意義的確定性和穩定性；類型化保證了一個概念不會犧牲個別事物的殊異性、意義的豐富性和涵義的開放性。近年來，大陸法理學界對概念方法的研究給予了高度的關注，但鮮有涉及概念的類型化方法。如果法理學界有豐富的類型理論的研究成果，那麼大陸現有的法學教科書必將全面改寫。既便如此，這只是教科書知識真理的必要條件，即具備了邏輯結構和要素，其充分條件還需要具有法的理念。也就是說，法學要以「人性尊嚴」為邏輯起點建構法理學

---

19 Hart, *The Concept of Law*, 2nd edition, with a postscript edited by Penelope A. Bulloch and Joseph Raz And with an Introduction and by Leslie Green, Oxford University Press, 1994, pp. 15, 121-122.

和部門法學的概念和體系，[20]始能出現擲地有聲的法學教科書。

2005年4月初稿／2011年11月定稿

第八章　再論法律實證主義

一

　　在過去的幾年裡，我在研究法律這個概念的過程中，對法律實證主義作過多次多方位的剖析和批判，在建構我自己的法律概念理論的同時，我基本上對法律實證主義者的法律概念理論及法律實證主義本身持全面否定的立場。法學界在以往的研究中，將法律實證主義的主要來源歸結爲實證主義哲學和語言分析哲學。這兩個來源正好構成了法律實證主義的本體論和方法論。不幸的是，在法律實證主義的理論體系中，本體論與方法論是互爲否定的。「哲學實證主義產生於自然科學，其爲了科學學而否認認識論，因爲它只用科學的實際成就來衡量知識。」[1]實證主義用科學學替代了認識論，從而也否定了本體論。同時，實證主義也否認認識的目的是解釋整個認識的意義。實證主義把科學對科學自身的信任教條化，所以它起著使研究不受認識活動自我反省的影響的作用。它通過使現實客體化的方法，把認識侷限於由科學的坐標系所規定的維度上。[2]認識只是現實的重現。完全否定了認識論之後，作爲方法的語言分析便應運而生。職是之故，法律實證主義又被稱爲分析法學或分析實證主義法學，從而完成了從本體論到方法論的脫胎換骨。更確切地說，法律實證主義者是拋棄了本體論而轉向了方法論，以方法論否定本體論。這也說明從自然科學中抽象出來的理論與方法無法適用於對法律的研究，無法成爲法學理論的哲學基礎。因而是語言哲學、分析哲學、休謨問題，而不是實證主義哲學產生了法理學中的法律實證主義。而在法理學中，法律實證主義與法學實證主義往往又是混爲一談的。

1　Habermas, *Erkenntnis und Interesse*, Mit einew neuen Nachwort, Suhrkamp, 1994, S. 113.
2　Habermas, *Erkenntnis und Interesse*, S. 88-89, 115.

在研究過程中，我終於發現了法律實證主義的問題，大致可以歸納爲：研究對象（法律這個概念）的知識的無限性與實證主義知識的有限性所構成的矛盾。也就是說，法律這個概念只有置於博大精深的理論體系中，才能獲得其全貌，包括它的意義與涵義；才能獲得融貫證立的法律概念理論。在人類思想史上，這樣的理論體系只有古希臘哲學和德國古典哲學，它們爲集大成者。古希臘哲學在本體論上對終極實體、終極原因、終極目的的追求；古希臘哲學強調對人類理智、理性的開發和運用，通過理智與理性尋求普遍和一般；古希臘哲學引導人們對超越感性世界的存在原理與眞理的追求；古希臘哲學運用邏輯構造概念範疇體系的研究方法，[3]特別是Plato將倫理道德、社會、政治與本體論、知識論結合在一起的正義論，他那囊括宇宙萬事萬物、對世界作出完整圓通的解釋說明的宇宙論；Aristotle那包含人與社會的自然觀，他那開知識、理論、思想之先河的概念論、範疇學、論題學、邏輯學、自然觀，都給法律體系的建構和法學理論研究提供了思考途徑，構築了法律體系和法學研究在本體論、認識論和方法論上的終極依據和不竭源泉。古希臘哲學孕育出了羅馬法；而羅馬法，即便是在今天，也不啻是世界法。羅馬法深邃的哲理、強烈的正義精神、濃郁的人文理念、宏大的體系、縝密的邏輯結構、高度抽象的概括和精緻的解釋方法，都可以從古希臘哲學中找到淵源。

德國古典哲學汲取了古希臘哲學及18世紀啓蒙哲學的精髓，形成了一系列思想深邃、體系宏大、內涵豐富、論證嚴密、結構嚴謹的哲學理論。Kant的「人是目的」命題、先驗範疇、實踐理性、星空與道德律；Fichte的行動哲學；Schelling的自然哲學和自由本質理論；Hegel的概念論、邏輯學、歷史哲學和絕對精神，同樣爲其後來的世界各國的法律體系的建構和法學理論研究提供了不竭的思想源泉和理論依據。而在其後的形形色色的哲學流派，諸如實證主義、分析哲學、語言哲學、現象學、存在主義、詮釋學、結構主義、解構主義、實用主義、後現代主義、新馬克思主義，等等，都具有「盲人摸象」的特點，運用其中的任何一個流派的哲學理論

3　黃頌傑、章雪富，《古希臘哲學》，人民出版社，2009年版，第641-651頁。

作爲法學研究的依據，都不可能獲得可以自圓其說的法律概念理論和法學理論。在閱讀和研究過程中，我也驚異地發現，上述形形色色的哲學流派大多數與古希臘哲學和德國古典哲學並無思想理念上的系脈關聯，甚至與中世紀文藝復興時期的哲學、17世紀的形而上學和18世紀的啓蒙哲學也無思想理念上的系脈關聯。它們不像古希臘哲學和德國古典哲學那樣，來自於對宇宙整體和人類自身的思索和抽象；它們不是直接來源於整個宇宙和人類自身合而爲一的哲學理論；它們阻卻了人類思想體系的完整傳承和系脈式地發展；它們肢解了集大成者的思想體系；它們中的每一個流派都給其後的理論和現實帶來了惡果。法律實證主義既是上述部分哲學流派所產生的惡果，也是某些法律體系和法律實踐中各種惡果的理論來源和依據。

二

作爲本體論的法律實證主義欲成立，必須證立實證法中不包含任何倫理道德價值，因爲法律實證主義的研究內容就是實證法。

Positive law的中文譯成是實證法、實在法、實定法、制定法。這些譯名又被理解爲相同的涵義，即由人類的意志或立法者的意志產生的法律。而在法理學中，Positive law總是與法律實證主義連結在一起的，是法律實證主義的單純研究對象。本文通過對Positive law的涵義與意義的釐定，論證從Positive law中導不出法律實證主義。進而論證Positive law與自然法的一致性，即自然法在Positive law之上或之中。本文認爲將Positive law譯爲實證法容易遮蔽法律實證主義的性質；實證法也不只是法律實證主義的研究對象，而同時也是任何法學流派的研究對象；純粹是「實證的」實證法並不存在；實證法的譯名引起人們將制定法與法律實證主義的研究對象混爲一談。而這些正是我們批判法律實證主義的關鍵知識點。因而在寫作方式上，本文通過揭示實證法的涵義與意義否定法律實證主義的三個基本命題；並通過實證法的演進論證Positive law與自然法的一致性。

1. 實證法概念的來源

在古希臘早期，表示世俗法律的最初概念是dikē。在荷馬之後的時

代，在抒情詩人的作品中，出現了古希臘後期用來表示習慣及制定法的語
詞nomos，在這一時期，希臘人開始了以公共形式制定規則的活動。最初
的立法與個人立法者相聯繫（比如雅典的德拉古與梭倫，斯巴達的萊克格
斯等等）。但最早的Positive law最初並不叫nomos，而是被稱爲themoi。
顯然nomos仍舊僅指習慣法。隨著立法民主的擴大，nomos的涵義也逐步
擴大，以至包括了法律。[4]當Aristotle區分自然正義（physikon dikanom）
與約定正義（nomikon dikaion，即實證法規定的正義）時，nomos就已
經專門用來指制定法了。在古羅馬，法學家認爲ius civil等同於nomikon
dikaion，即Positive law。[5]Aristotle的區分表明在古希臘已有制定法與自然
法的區分。「城邦的法分爲自然的和法律的。」[6]顯然，古希臘的制定法
早於《十二銅表法》，後者一直被認爲是世界上最早的制定法。希臘語
thesei一詞指由人的意志刻意創造出來的東西，並與那種不是以此方式發
明出來的、而是自然（physei）生成的東西相區別。這個詞被拉丁化後，
成爲positus（制定法）或posotivus（約定的、實證的、有條件的、任意
的、絕對的等等）。於是，positive（實證的）一詞開始在法律領域中使
用。[7]

　　Positive law大致有以下幾類涵義與解釋：第一類是將positive law解釋
爲立法者意志的產物。立法者的語詞與意圖是法律有效性的唯一基礎。[8]
第二類positive law是指由實證化（positivierung）而得到的法律：positive
law就是把涉及正義的原則變爲具體的和一般的法律規則。這就是說，
自然法的實證化而形成了實證法。[9]這等於是說實證法是包含自然法的法
律。我們只有承認實證法具有此種功能時，實證法的名稱才具有法律的意

4 J. M. Kelly, *A Short History of Western Legal Theory*, Oxford University Press, 1992, pp. 8-11.

5 *Natural Law in Roman Thought, in Studia et Documenta Historiae et Iurie*, 15 (1949), pp. 17-18.

6 *The Complete Works of Aristotle*, The Revised Oxford Translation, Edited by Jonthan Barnes, Vol. II, Princeton University Press, 1984, 1134b.

7 F. A. Hayek, *Law, Legislation and Liberty: a new statement of the liberal principles of justice and political economy*, London: Routledge and Kegan Paul, 1982, Vol. 2, p. 45; Vol. 1, p. 20.

8 Kelly, *A Short History of Western Legal Theory*, Oxford University Press, 1992, p. 324.

9 Heinrich Rommen, *Die Ewige Wiederkehr Des Naturrechts*, Verlag Jakob Hegner G. M. B. H., Leipzig Gesamtherstellung von Josef Kösel, Graphische Anstalt, Kempten, 1936, S. 247-249.

義。

2. 從實證法的概念中導不出法律實證主義

　　根據通說，法律實證主義的基本認識是法律與道德在概念上無必然關聯。法律實證主義者的法律與道德之關係實質上就是實證法與自然法之關係。而從實證法概念中導不出法律實證主義者的基本立場。從上述分析可知，實證法與自然法只存在兩種關係：自然法在實證法之上或之中。在第一種關係中，實證法與自然法又存在一致性與不一致性兩種狀況。

　　實證法與自然法的一致性最初體現在古希臘時代的themis與dikē的關係中。Themis是古希臘女神，是神的秩序的化身。Themis是眾神的戒律，dikē是模仿themis的世俗法律。連結themis與dikē是一種正義觀念，即人們對何爲正當的共同感知。[10]在後人指代法律的語詞nomos中，觀念與規範是不可分離的，它們構成了共同的約束。在雅典的群體生活中，總是將什麼是當爲的等同於什麼是習慣上所爲的。[11]「應當」與「是」是一致的。在古希臘雖有懷疑論者質疑實證法與自然法的一致性，但基本的觀點仍然認爲兩者是一致的。智者學派雖然認爲法律是人爲建構的，但同時也承認所有人都被賦予了自然法上的自由與平等的觀念。[12]奴隸制在古代的存在無法從實證法與自然法上予以證立。毋寧是實證法的異化。在古羅馬，法是根植於自然之中的最高理性。[13]無論在理論上還是在實務中，總是以自然法和自然理性來定義具體的規則和制度，甚至是概念與術語。自然法與自然理性被視爲是人的自然本性、事物的固有屬性。[14]

　　在中世紀，自然法的基礎是二元的。教會與國家、教皇與皇帝各自有一套嚴密的等級制度和規則體系。早在Aquinas於13世紀完成自然法的體

---

10 R. Köstle, *Die homerische Rechts – und Staatsprdnung*, in E. Berneker (ed.), *Zur griechischen Rechtsgeschichte*, 180; Kelly, *A Short History of Western Legal Theory*, Oxford University Press, 1992, p. 7.

11 J. W. Jones, *The Law and Legal Theory of the Greeks*, Oxford, 1956, p. 34.

12 Heinrich Rommen, *Die Ewige Wiederkehr Des Naturrechts*, Verlag Jakob Hegner G. M. B. H., Leipzig Gesamtherstellung von Josef Kösel, Graphische Anstalt, Kempten, 1936, S. 15.

13 Kelly, *A Short History of Western Legal Theory*, Oxford University Press, 1992, p. 58.

14 Ibid., p. 60.

系化之前，基督教的教義中就已存在如下堅固傳統：在世俗法的標準之上
存在著更高的標準，它是衡量世俗化的尺度，並可能使世俗法歸於無效。
與此同時，古希臘和古羅馬的古典自然法理念實際上是經由早期的基督教
會傳遞到鼎盛時期的中世紀，並最終進入高級法和基本權利的現代世俗
語境，通過可對抗最高立法機關所制定的實證法的司法審查過程獲得其效
力。[15]因爲Aquinas認爲，人的自然本性與自然法的法則相一致。避免人的
愚昧、保全人的生命與生存、維持人的各種本能、維持社會生活秩序，都
與自然法相關。[16]Aquinas的自然法是客觀的第一戒律，價值與現實不分。
而在世俗法領域，日爾曼人的一種觀念得以流傳，即國王的統治不能逾越
人民世代相傳的法律的界限，而且要受這些法律的約束。在中世紀，儘管
國王對人民不負責，但他要負責代表人民，他的統治應符合人民的利益。
因此，正當法律應是爲了全體人民的利益而起草的。[17]

在立法實務中，習慣主導著中世紀的法律觀念。各民族將習慣按等級
編纂爲自己的法典，對它們的任何改變都是出於法典內在和諧的必要。[18]
在近代，自然法除去了神性的光芒，而成爲理性的體現。自然法更多地
運用於立法與司法。Grotius以「人天生是社會性的存在」爲其理論的起
點，將自然法闡釋爲一套規範各國相互關係的可適用的原則。[19]自Grotius
開始，人類法不應與超驗價值體系衝突的觀念獲得了基於理性的、世俗性
的存在。Montesquieu說，人們必須承認，在有實證法之前，就存在公正
的關係；正是它們確立了實證法。[20]1780年Frederick大帝簽署了編纂法典
的法令。根據該法令，自然法優於16世紀以來爲德國普遍接受的羅馬法，
只有那些與自然法和現行憲法相容的羅馬法，才能收錄《普魯士普通邦

---

15 Ibid., p. 104.

16 St Thomas Aquinas, *Selected Political Writings*, Translated by J. G. Dawson, Basil Blackwell, Oxford, 1954, p. 123.

17 Kelly, *A Short History of Western Legal Theory*, Oxford University Press, 1992, pp. 99-100.

18 Jean d'Ibelin, Assizes of Jerusalem I; R. W. and A. J. Carlyle, *A History of Medieval Political Theory in the West*, 6 vosl. London and Edinburgh, 1903-36, iii. 44.

19 Kelly, *A Short History of Western Legal Theory*, Oxford University Press, 1992, p. 225.

20 Montesquieu, *The Spirit of Laws*, Translated by Anne M. Cohler et al., Cambridge University press, 1989, p. 4.

法》。自然法的效力還表現在該法的具體規定中：「自然法與實證法皆未
禁止的活動，就是被允許的活動。」[21]在司法實務中，在英國，18世紀末
期，Stowell法官認爲，「一種建立在普世的理性原則基礎上的法律是自
然法眞的和活生生的支脈。」Mansfield法官也在一個裁決中宣稱：「依
據自然正義和衡平的規定去歸還財產是被告的義務。」以一般習俗、商業
慣例以及被視爲合理的做法爲基礎的商法被認爲是自然法的分支。[22]在法
國，重農學派宣稱，法官在適用法律前，應讓自己確信他們適用的被稱
爲有效的法律的確是符合社會秩序之自然法則和正義的戒令的。[23]他們應
當衡量實證法的規定是否違反那些支配著所有人權利義務的基本正義法
則。[24]

　　在這個時代，自然法獲得了理性的涵義和意義。通說認爲，理性的出
現改變了自然法與實證法相一致的思維方式。這種觀點認爲，在其中，理
性成爲一種新的一元論分析因素。「理性被視爲人的一種思維能力。」[25]
理性作爲人的意志能力可以體現在立法成果中；單從這一點觀察，理性是
實在法的組成要素。但如前所述，理性也是人的認識能力，因而，理性可
以連結自然法與實在法。另一種觀點認爲，從古代世界到宗教改革後期，
對自然法的信仰綿延不絕，唯有啓蒙運動的理性和科學精神才使它黯然
失色。[26]這種認識將自然法界定得太窄。實際上，理性可以將自然法具體
化，理性可以成爲實證法的補充成分。18世紀的理性儘管是世俗的，但並
不是說否定神的存在，它根植於已賦予其神的血統的17世紀之前的歐洲傳
統，不願與自然法徹底分離。[27]理性時代的特徵在於該時代的社會哲學從
道德神學中解放出來，聲稱其本身也是可以直接適用的法律原理。由此獲

21　Kelly, *A Short History of Western Legal Theory*, Oxford University Press, 1992, pp. 262-263.

22　Ibid., pp. 266-267.

23　Charles de Butré (1768), in Mario Einaudi, *The Physiocratic Doctrine of Judicial Control* (Cambridge, 1938), 37.

24　Pierre Samuel Dupont de Nameours, *De l'origine et des progrès d'une science nouvelle* (1767), in Einaudi, *Physiocratic Doctrine of Judicial Control* (Cambridge, 1938), 44-45.

25　A. Kaufmann and W. Hassemer (Hrsg.), Einführung in Rechtsphilosophie und Rechtstheorie der Gegenwart, 6., unveränderte Auflage, G. F. Müller Juristischer Verleg, Heidelberg, 1994, S. 57.

26　Kelly, *A Short History of Western Legal Theory*, Oxford University Press, 1992, p. 333.

27　Ibid., p. 312.

得了下述發展：首先是晚期的道德神學家，之後是社會哲學家向實證法直接提出了道德和社會要求。所以，理性法是自然法的表現形式之一。[28]這種命題基於以下認識：自然與理性是一回事。「法律立基於自然。法律在本質上依賴於自然，也即以先天的理念爲其基礎。」[29]理性不僅是正確的法的認識工具，也是其源泉。人類完全是受自身的認識能力的引導。不再是權威和傳統決定什麼是「正確的法」，相反，應當起作用的是合理的理智力，即合情合理的理性權利。法哲學擺脫了神學。自然法世俗化了。[30]事實上，這種理性主義哲學與斯多葛派的理性一脈相承。「斯多葛教義的核心是帶有普遍的希臘理智主義印記的倫理學。依據此種倫理學，正確的知識乃是倫理的基礎。」[31]理性、倫理、自然、正確知識、法律與立法，在理性概念中融爲一體，其表現形式就是實證法。

　　實證法與自然法的一致性表現是實證法必須符合理性法。理性法按照自然法的要求改變實證法，其範圍包括憲法、私法、國際法。在憲法領域，個人與國家的關係爲何的問題，自然法自始至終擔當了超越實證地批判或正當化某種既存憲法狀態的工作。合理地論證所有憲法議題，都必須採取自然法的論證方式。在私法領域，強化羅馬法本身的自然法內涵。實證法不僅採納了理性法的體系，它也接受了該體系建構概念的方法。對人的道德屬性的思考是這個體系的起點。自然法學家借助人的道德屬性論證契約的約束力、法律的效力、給付義務的可能性。而在國際法領域，理性法最早也最直接成爲現行法的領域就是國際法。[32]

　　自19世紀始，法學理論多元化的趨勢加劇。在短短的二百年間，觀點紛呈，學派林立。已具規模的法學流派就有功利主義法學、歷史法學、人

---

28 Franz Wieacker, *A History of Private Law in Europe: With Particular Reference to Germany*, Translated by Tony Weir, Oxford: Clarendon Press, 2003, p. 199.

29 Heinrich Rommen, *Die Ewige Wiederkehr Des Naturrechts*, Verlag Jakob Hegner G. M. B. H., Leipzig Gesamtherstellung von Josef Kösel, Graphische Anstalt, Kempten, 1936, S. 29.

30 Supra note 25, pp. 57-58.

31 Heinrich Rommen, *Die Ewige Wiederkehr Des Naturrechts*, Verlag Jakob Hegner G. M. B. H., Leipzig Gesamtherstellung von Josef Kösel, Graphische Anstalt, Kempten, 1936, S. 28.

32 Franz Wieacker, *A History of Private Law in Europe: With Particular Reference to Germany*, Translated by Tony Weir, Oxford: Clarendon Press, 2003, pp. 216-218.

類學法學、社會學法學、自由法運動、現實主義、分析實證主義、復興自然法等等。每一法學流派的理論，甚至是每一法學流派中的不同作者的理論觀點，對立法與司法實務都產生了舉足輕重的影響。本文無意對上述流派的觀點逐一分析，我想說的是，在此一時期，自然法與實證法的一致性雖然遭到破壞，但未引起方向性的改變，且是從更加豐富多彩的角度賦予自然法與實證法的一致性的，比如功利主義法學者Jeremy Bentham的信仰是個人自由的神聖性；Mill建構了功利與正義的直接關係；Savigny的公理是每個民族都有自己的個性，這實際上是自然正義思想的另一種表達；自由法運動根據法典精神進行法律適用的理念；Erich的「承認理論」；等等。而自然法的影響力雖然在19世紀到20世紀上半期有所減弱，但在「二戰」後經歷了強有力的復興，且表現出了新的特點：（1）神學主義傾向和世俗主義傾向的交錯；（2）相對自然法與絕對自然法的交錯，相對自然法占主導地位；（3）社會本位傾向與個人本位傾向的交錯，社會本位傾向占主導地位；（4）世界主義。[33]古典自然法雖然強調自然法在空間上的絕對性，但同時也堅持分權主義和國家主權論。復興自然法的世界主義是指自然法是全人類的法；人類的理性可以發現自然法，並必須根據自然法行動；只有根據自然法行動，人類才能使自己與人的本質的和必然的目的相一致。[34]聯合國及各類世界人權機構就是在這樣的思想背景下成立的。在今天，自然法，以及由自然法演繹而來的自然正義，依然舉世風靡，爲世界各民族人民所景仰，爲世界各國政府所尊崇，並成爲他們共同的行動綱領。

　　實證法的效力從來不是僅僅來源於法律實證主義者所謂的經驗事實。《德國民法典》作爲一般抽象的私法，其體系原則上不是取向於社會生活秩序，而是主觀權利的概念性表現形式：請求權、物權與人格權。而在實務上，20世紀的德國，最重要的方法是法院適用實質等價原則——這是始自Aristotle的社會倫理、由經院哲學發揚而成爲理性法的古老傳統。但實

---

[33] 呂世倫主編，《現代西方法學流派》（上卷），中國大百科全書出版社，2001年版，第8-10頁。

[34] Jacques Maritain, *Man and the State*, The University of Chicago Press, 1951, pp. 85-89.

證主義蔑視這個傳統，認為雙務契約中給付的內容具有可比價值是不重要的。實質等價原則產生實質契約正義，其中包含Aristotle基礎。藉由《德國民法典》第826條、第249條的規定，對要求公正進行商業競爭給予法律支持，賦予債權人對抗第三人侵害之權利保障，[35]將倫理要求法律化。這無疑是說主觀權利是私法、當然也是實證法的基礎、來源和組成部分。這也同時否定了法律實證主義者的社會事實命題和來源命題。

3. 衡平使制定法與自然法相一致

當制定法與自然法不一致時，其解決之道便是衡平。衡平是在古希臘既已存在的一種法律方法。在那時，當人們不能斷定某項法律存在與否、一項與之直接衝突的法律是否能與之共存，以及裁決方案（psephismate）與制定法之間出現不確定關係時，一種修正一般法律的個案衡平方法出現了。Psephismate正是在此意義上被使用的。Aristotle說，「衡平（epieikeia）的概念並不總是與正義不同的，衡平就是事實上的公正，但這種公正不依制定法產生，它是對法律正義的矯正。」[36]有制定法的存在，便有衡平法的存在。前者是nomoi，後者是psephismate。古希臘的衡平思想對古羅馬的理論與實踐產生了更為廣泛的影響。在羅馬，衡平包括公正、合理、以及一種與嚴格意義上的法（ius）並存的價值。古希臘的衡平理念是意義相對於字面涵義具有優先性，意圖或意思具有超越語詞的重要性。中世紀早期的衡平不是像希臘、羅馬那樣，將衡平視為矯正法律僵硬性的標準，而是承認國家可以超越法律，通過作出基於更普遍的公正和衡平的判決改變實證法，使其符合更高的正義。[37]這種基於衡平的判決是一種救濟，用當時的法律意識彌補嚴格法與實質正義之間的內在不和諧。[38]而在中世紀中期，衡平也是用來矯正嚴格法的不公正，衡平是為了

---

35 Franz Wieacke, *A History of Private Law in Europe*, 2003, pp. 376, 412-413.

36 Aristotle, 1137a,1137b, *The Complete Works of Aristotle*, The Revised Oxford Translation, Edited by Jonthan Barnes, Vol. II, Princeton University Press, 1984, pp. 1794-1795. 這一節中的「公道」也譯為「衡平」，或即是「衡平」。

37 Kelly, *A Short History of Western Legal Theory*, Oxford University Press, 1992, pp. 52, 109.

38 Guido Fassò, *Storia della filosofia del diritto*, 3 vols. (Bologna, 1966-70), i. 219; here cited from Kelly, *A Short History of Western Legal Theory*, Oxford University Press, 1992, p. 110.

實現正義而對嚴格法所作的矯正。Aquinas說，「法律是否有效，取決於它的正義性。如果一種制定法與自然法相矛盾，就不是合法的，就不應該適用該制定法。」[39]衡平法在英國的出現是17到18世紀，其標誌是大法官法庭的興起，並伴隨著商人法的產生和被接納。在英國的衡平法中，大法官將普通法規範置於理性的檢驗之下。在這一時期，法官在訴訟中運用推理的判斷方法以符合公平和善良的要求。在普通法中，衡平法嚴格堅守誠信原則。[40]衡平法強調良好的道德，堅持正義，堅守理性。在運用衡平方法的大法官看來，法律即道德。

衡平的方法在伊斯蘭法中同樣存在。卡迪（qadi）作為審判法官在個人評價和處置案件上具有實質性權力，他們的職能是依據伊斯蘭法處理爭議，可以依據正義、公正與良心進行判決，以彌補法律的空白。在這個過程中，卡迪表現出高度的正直與公正。這種發現法律的審判也被稱為「遵循先例」，是數個世紀以來伊斯蘭法中的支配性思想。[41]

由此可見，衡平是古希臘、古羅馬、伊斯蘭世界的卡迪和英國大法官發展出來的司法制度。衡平意味著對不含自然法的實證法的矯正；衡平將positive law與自然法連結起來；衡平是實證法進化的重要力量。進而，我們可以得出這樣的認識，衡平法之於positive law而言，是實證法的組成部分。但按照法律實證主義的立場，衡平法被排除在實證法之外，因為衡平法不是立法機關產生的法律。所以，法律實證主義者以方法論否定或取代了本體論。

衡平的方法出自於這樣的認識論：「人類能夠先驗地直感下列各種事項，在社會生活中有各種客觀價值存在；各種價值組成先天的價值秩序，以先天的價值秩序設定法律秩序的必要和可能。故法律價值秩序非依人類理性所能設定，而在邏輯上，係以先天的價值秩序為其唯一存立基礎。」[42]這個先天的價值秩序就是自然秩序；自然秩序蘊涵著自然正義；

---

39 《阿奎那政治著作選》，馬清槐譯，商務印書館，1963年版，第116、124頁。

40 Roscoe Pound, *Jurisprudence*, Volume 1, West Publishing Co., 1959, pp. 407-414.

41 H. Patrick Glenn, *Legal Traditions of the World*, Third Edition, Oxford University Press, 2007, pp. 177-179, 193.

42 Coing，《法哲學》，林榮遠譯，華夏出版社，2003年版，第15頁。

自然正義是宇宙整體的自然法。從自然正義中可以演繹出萬物和諧生長的
平等原則，而平等原則又可以演繹出人類社會的自然法，即人性尊嚴，它
是社會生活中各種客觀價值的來源和依據。

4. 實證法是「內在終極」與「外在終極」的彙集之處

　　實證法的「內在終極」是指主觀權利，「外在終極」是指自然法。
主觀權利具有「應然」的特性。它是一個思維的源頭方式，是個人意志
的關聯物。主觀權利是依附於人性的權利。所有構成主觀權利的、爲其
固有的，都是主觀的。[43]就「內在終極」而言，只有終極到人的意識，才
能算是終極。而之所以說自然法是「外在終極」，是因爲自然法作爲最大
的「整體」，表現了一切事物本質的正義。自然法即是事物的本質，即自
然正義，其效力涵蓋了包括人類在內的萬事萬物，因而它是人自身以外的
「外在終極」。個人的主觀權利向外延伸，即構成了與他人的關係，由此
產生了規範這種關係的法律，即實證法。

　　法律實證主義者公開拒絕承認這個「外在終極」，也迴避「內在終
極」。法律實證主義的法律觀認爲，（1）只有實證法才是法律；只能從
實證法本身理解法律，更準確地說，只從立法者的意思來理解實證法。[44]
當所有慣常的法律的來源都由立法者提供時，制定法絕對地就是法律的來
源。[45]唯一眞實的法律形式就是立法；（2）按照立法者的意圖對法律注
釋，法律解釋的原則限制爲語法的—邏輯的解釋；（3）法律經頒布才具
有效力。法官或公民對超越法典的或法典以外的價值都無權審視；（4）
基於全然理性的基本假定創立了一整套規範體系，將法律的效力納入規範
網路中，[46]用物理的科學方法論追求客觀性。法律實證主義者硬是將法律
體系解釋爲是在一個封閉的體系內「機械式」循環的體系。

　　但是，法律實證主義者在處理「內在終極」與「外在終極」的關係上

---

43 Villey，「權利的起源」，引自Jacques Ghestin 和Gilles Goubeaux，《法國民法總論》，陳鵬
　等譯，法律出版社，2004年版，第129頁。

44 《法國民法總論》，第172頁。

45 Kaufmann and Hassemer (Hrsg.), *Einführung in Rechtsphilosophie und Rechtstheorie der
　Gegenwart*, 3 Auflage, G. F. Müller Juristischer Verleg, Heidelberg: Karlsruhe, 1981, S. 23.

46 Kelly, *A Short History of Western Legal Theory*, Oxford University Press, 1992, pp. 312-313.

不自覺地表現出欲拒還迎。「主權者命令」是不確定法律概念，「內在終極」與「外在終極」在這個概念中時而結合在一起，時而又不能結合在一起；此時可能結合在一起，彼時又可能未結合在一起。「基本規範」是通過完全否定「內在終極」而承認「外在終極」的，只是Kelsen將「外在終極」虛擬化了。「承認規則」倒是將「內在終極」與「外在終極」連結起來了，但Hart本人及其後來的研究者都拒絕承認這一點。

由此可知，實證法與法律實證主義是互為衝突的，它們是一種矛盾關係。在本體論範疇，法律實證主義的法律概念大於法律實證主義所界定的實證法。在方法論範疇，法律實證主義的法律概念小於實證法（它僅研究立法機關制定的法律）。所以，Olivercrona說，就像我們所看到的那樣，根本不存在法律實證主義所使用的術語的意義上的「實證法」， 也沒有以先於法律自身存在的權威機構的意志表現出來的法律規則。我們所能見到的僅僅是幾個世紀以來緩慢發展變化的法律規則的整體。對這些法律規則冠以「實證法」的名稱是沒有任何意義的，用形容詞「實證的」來標記法律完全是多餘的。[47]本文認為，如果我們將positive law的譯名確定為「實在法」，可能可以避免實證法與法律實證主義的矛盾，因為「實在」的概念是本體論範疇的概念，本體既是客觀實在，也是主觀實在。自然法就是一種客觀實在，而主觀權利就是一種主觀實在。「實在」也可以同時指稱法律的先驗範疇和經驗事實，因為它們都是客觀存在。也就是說，一個表述為「實在法」的規範，可以明白無誤地給人們提供這樣的資訊：這個規範是自然法價值與社會經驗事實的統一體。

綜上，法律實證主義的分離命題完全不能成立。

三

法律實證主義的第二個命題是「社會事實命題」。這個命題的基本內容是：法律是一種社會事實，即法律是可供觀察的社會經驗事實。因此，唯有實證的，也就是立法、行政和司法機構實際上已制定或作成的法律才

---

[47] Cited from Michael Martin, *Legal Realism*, New York: Peter Lang, 1997, p. 136.

是有效存在的法律。什麼是社會事實？Durkheim認爲，一切行爲方式，不論它是固定的還是不固定的，凡是能從外部給予個人以約束的，換言之，在一個既有社會各處普遍存在並具有其固有存在的，不管其在個人身上的表現如何，都叫社會事實。[48]社會事實由存在於個人之身外，但又具有使個人不能不服從的強制力量的行爲方式、思維方式和感覺方式構成。社會事實就像看得見、摸得著的事物一樣，存在於個人的主觀想像之外，具有外在性、拘束性、客觀實在的性質。一方面，人類自覺地按照逐代創造的習俗去進行日復一日的社會生活；另一方面，這種以表面上個別獨有的日常生活方式、思維方式的重複所產生的沉澱或結晶，複製或重塑社會的習俗。[49]由此我們可以推論出：第一，社會事實具有客觀性。從邏輯上說，社會事實是外部世界之「事物」，與人的內部世界產生的「觀念」處於對立地位。第二，社會事實是一種可感知的客觀現象；社會事實的約束力因之產生。第三，社會事實具有整體性；社會事實之所以具有約束作用，在於集體表象會引發社會的制裁力量。

　　如前所述，法律實證主義者也將法律視爲社會事實，只是不同的法律實證主義者對法律的社會事實特徵有不同的解讀，例如，Austin認爲法律是一種外在的強制制裁及服從習慣的事實；Hart認爲法律是社會成員從內在面向接受其拘束的社會事實；Coleman認爲法律是行爲與態度相互依存聚合所形成的社會成規事實，而所謂「成規」是指社會成員反復運用承認規則作爲鑑別有效法律規則的標準以至成爲慣例。[50]法律實證主義者所理解的社會事實具有內在與外在的矛盾衝突。一方面，人們在法律面前是被動的，表現爲法律作爲一種社會事實的權威內化爲個人的習性，從而成爲一種社會允許的行爲方式，進而，這種社會事實權威可以從外部迫使其社會成員服從，而不管他們個人的習慣是怎樣的。另一方面，法律體系中承

48　Emile Durkheim, *The Rules of Sociological Method*, Edited with Introduction by Steven Lukes, Translated by W. D. Malls, The Macmilan Press Ltd., 1982, p. 59.

49　Durkeim, Ibid., pp. 51-59.

50　Jules Coleman, *Incorporationism, Conventionality, and Practical Difference Thesis*, in Jules Coleman ed., *Hart's Postscript: Essays on the Postscript to The Concept of Law*, Oxford University Press, 2001, pp. 114-120.

認規則的存在決定了法律的社會事實權威產生於超越社會的個人主觀面向。承認規則是帶有濃厚社會成規特性的基礎規則，是法律共同體成員以及他們之間的一種社會成規，其存在特徵表現在社會成員反復運用承認規則作為法律有效性標準的慣例行為上。[51]如此，法律共同體的成員又可以運用承認規則確定法律是否具有效力。

　　從社會學的社會事實的特性中我們可以看出，社會事實的客觀性雖然與人的觀念處在對立的地位，但並不是不包含觀念和應然的實然。制定法作為客觀存在的社會事實，本身就是包含著觀念和應然的實然。所謂立法者的意志實際上是將獨立於自身、又是可經驗到的價值體現在制定法中。制定法的有效性含有來自自然法的效力。當包含自然法的制定法產生後，複成為獨立於立法者意識之外的客觀的社會事實。如果可以將法律作為一種社會事實，那麼它就是這樣的社會事實。分離命題已經否定了法律實證主義在社會事實命題中的本體論地位。進一步看，法律實證主義者所謂法律是可供觀察的經驗事實，實際上是將法律作為一種「自在之物」作用於人的感官所引起的感覺表象，即社會現象。在此際，法律實證主義者「將人與他的經驗當作是一回事」。[52]在此際，法律作為一種社會現象，並不是法律實證主義者所認為的那樣，是不包涵道德價值、沒有自然法內容的「社會事實」。在現象的深層之處，有本體存在，即自然法內容的存在。在其中，正是人的理性才能將自然法與實證法連結起來。在社會事實命題中，法律實證主義者尚未認識到，「如果不知道社會中的人原本是什麼，就不可能說明人類的法律應該是什麼」。[53]僅將法律作為一種沒有道德價值和自然法內容的社會現象，並沒有回答法律是什麼的問題，甚至根本不是探討法律是什麼的本體問題。而從本體論上看，不探討法律是什麼的問題，也不會有法律實證主義者自我界定的法律實證主義。

　　綜上，現象與本體是相對的範疇，二者互為表裡。法律作為社會現象

---

51 Ibid.

52 Richard P. Francis, *The Human Person in American Pragmatism, in The Question of Humanism: Challenges and Possibilities*, edited by David Goicoechea, John Luik, and Tim Madigan, Prometheus Books, 1991, p. 239.

53 Franz Wieacke, *A History of Private Law in Europe*, 2003, p. 451.

的背後有獨立存在於我們意識之外的客體，即本體。這個客體可以是自然法。也就是說，如果將法律（實證法）視爲一種社會現象，其背後的客觀存在便是自然法。主體（人）、現象（實證法）、本體（自然法）是不可分割的整體。因此，法律作爲整體性存在的社會事實並不是法律實證主義者的社會事實命題中的社會事實，後者是無法融貫證立的矛盾體，而前者則給我們提供了如下不同層次但互爲關聯的知識、理論與思想：

第一，法律之所以會對社會成員產生約束作用在於它是集體良知、集體道德的一種客觀評價指標。法律是社會良知的客觀形式。法律的拘束力小部分來自於立法、行政與司法，大部分來自於社會成員共享共信的價值信念。如此，實證法才能產生社會實效。例如，Durkheim認爲，如果沒有一套先在的制度化的道德協議（實際上就是契約法）的存在，特定的契約就不可能長期存在，也就是說，要靠契約法定義契約義務的性質，訴諸一個超然於當事人的權威機構來保證契約得以履行。在此意義上，法律是最明顯、也是最連貫的社會事實的典例。[54] 在這裡，「小部分」與「大部分」的關係不是形式與實質的關係。法律實證主義者認爲，只要法律來自於合法建立的權威機構，法律就當然地具有效力。這種效力也被稱爲法律的形式效力，以區別於法律的實質效力。但本文認爲，法律的形式效力必須與實質效力相一致，才能構成效力。否則，就無所謂形式效力與實質效力之區分，因爲沒有實質效力的法律有可能是惡法。

第二，法律作爲社會事實體現爲法律與社會生活的功能性關係結構。法律應呈現爲社會條件的關係結構。有什麼樣的社會條件，就有什麼樣的關係結構。如果社會現像是不良的，那一定是關係結構出了問題，因而也是法律失範的表現。社會條件的關係結構就是一種有價值偏好的關係網絡整體，任何與此形態有關聯的事物都會依其所起作用被安排在一個適當的邏輯關係位置上。[55]每一社會中的法律類型與該社會結構形式完全結合。法律的進化與社會的進化相推移。社會連帶關係是一種理念類型。道德與

---

54 John R. Sutton, *Law/Society: Origin, Interaction, and Change*, Thousand Oaks, London and New Delhi: pine Forget press, 2001, pp. 32-35.
55 蔡錦昌，《塗爾幹社會學方法論正義》，唐山出版社，2005年版，第187頁。

宗教是實現社會連帶性最關鍵性的方法。作爲社會事實的「是然」（is）
被道德規範的「應然」（ought to be）所取代。[56]法律以確定的基準點爲
參考座標規範社會關係結構，從而產生社會公正，使社會成員各得其所，
各安其是。這個基準點就是自然正義，以及由自然正義演繹而來的人性尊
嚴。

　　第三，法律作爲社會事實，體現爲無限與有限的辨證關係。法律作爲
一種特殊的社會現象，而社會現象具有無限性的特點，因爲社會生活是
無限的，社會成員各自所持有的價值也是多元和無限的。因此，社會事
實也具有無限的特點。這個立場從根本上否定了法律實證主義者的社會
事實命題。社會學中的社會事實的這個特點超越了法律實證主義者的「社
會事實」的實證性。與此同時，法律的存在依賴於集體的評價，而集體相
對於社會生活的無限性是有限的，因爲集體是流動的，構成集體的個人的
認識能力也是有限的。人類對社會事實的有限認知，並不能證明社會事實
就是實證的。因此，法律實證主義者認爲法律是可供經驗觀察的社會事實
只是將法律視爲一種可以經驗到的社會現象，而不是社會學意義上的社會
現象。社會學意義上的社會現象不只是一種表象，它還包括表象背後的理
念。因此，法律的社會控制不是通過強制，而是通過同意、承認與共識。
由此也可以看出，那種認爲「法律作爲一種社會現象只能用因果關係來說
明」[57]的觀點是不正確的。因果關係是一種線性關係，而社會現象是面與
面的關係，即形式面與實質面的關係，形式面是社會表象，實質面是社會
理念，它們與法律理念是相同的。因爲如上所述，法律是社會關係結構的
反映，社會關係結構是社會條件的反映。因此法律實證主義者的社會事實
命題是一個不完整的命題，它無助於證立法律實證主義的本體論範疇，只
是被法律實證主義者用作研究方法的方法論範疇。因而合乎邏輯的結果
是，法律實證主義只是方法論範疇。在法律實證主義者看來，作爲方法的
法律實證主義也可以從社會事實中經驗地推論出法律並加以適用，而不管

---

56 Alan Hunt, *Emile Durkheim: Towards a Sociology of Law*, in P. Beirne and R. Quinney, *Marxism and Law*, New York: John Wiley & Sons, pp. 33-38.

57 Franz Wieacke, *A History of Private Law in Europe*, 2003, p. 447.

這種「法律」是否符合社會成員內在的價值觀念和價值取向；也不管這種「法律」是否符合先驗和客觀存在的自然法的外在標準和要求。

四

法律實證主義者認為，法律是人類的創造行為的產物，由某個權威機關或組織的個別觀點轉換成對所有社會成員都有約束力的觀點，即立法行為轉換成公眾接受行為，從而產生法律效力，故法律效力的來源是一種行為或一系列行為。這意味著：1.當一個規則的存在及內容充分且必要地滿足一定的社會條件時，該規則就是一個法律規則；2.法律的來源是一系列事實，比如立法行為、法官的權威性裁決、相關的解釋性資料等等）。基於這些事實，法律才產生效力，法律的內容才得以證立；3.法律的來源是明確的。法官適用法律是基於某種來源。法官在的適用法律時只需要法律技術和法律能力，而不需要道德智慧；4.法律的來源是確定的，因為法律為社會成員提供了確定的標準；這些標準無須論證即對社會成員產生約束力。[58]

在來源命題中，法律實證主義者將法律來源的社會性誤讀為事實行為。

法律所規範的對象即人的行為，其來源是作為自然人主體的人，因此其行為就有兩個要素構成：主觀意向和客觀意向的社會關係。行為人在其行為上附加了主觀意向，在主觀意向上考慮到了他人的行為，並在其行為過程中受到約束，該行為就是「社會的」、就具有社會性。[59]可見，社會性綜合了人的主觀價值和法律的客觀價值；而法律實證主義者「來源命題」中的事實行為排除了人的主觀價值。進而，社會關係也包括主體之間在主觀上的某種關係，這種關係潛在地存在於行為關係之中。法律雖然只規範行為關係，但法律本身則蘊涵著主體的主觀關係。「人在本質上具有社會性意味著人的存在類型是社會存在。社會存在處於現實之中。因此，

58　Raz, *Legal Positivism and the Sources of law, in The Authority of Law: Essays on Law Morality*, 2th edition, Oxford University Press, 2009, pp. 40, 47- 52.

59　Max Weber，《經濟與社會》，林榮遠譯，商務印書館，1997年版，第16、40頁。

需要與現實持續地結合，並對社會生活進行觀察，爲的是能夠判斷和說明社會存在的本質。」[60]

於此，我們便可得知，實證法具有實在性與社會性。如果忽視法律來源的社會性，那麼，實證法就是一個與自然法相對的概念與範疇。這就是法律實證主義者的法律概念。在這裡，法律實證主義的錯誤也是注重方法而忽略本體。在法律實證主義者看來，實證法的實在性是通過方法獲得的。法律現實主義認爲，法學對法律的研究只有轉化爲對法律背後的現實的研究才具有實際意義。法律現實主義認爲法律屬於「是」的範疇，將法律簡約爲一種純粹的社會心理事實，一種能夠按照因果律進行分析的行爲事實。[61]法律現實主義的方法論是經驗實證主義。經驗的法律實證主義將法律不是理解爲內心世界的事實（即心理學事實），就是看成是外部世界的事實（即社會學的事實）。這種心理學的事實觀點認爲，法律作爲一種社會現象，是心理的反映。[62]經驗的法律實證主義來源於經驗實證主義而不是邏輯實證主義。後者產生邏輯的法律實證主義，如Kelsen的純粹法學。邏輯實證主義是規範主義的方法論。規範主義認爲，法律科學的任務在於通過分析和說明法律概念、結構和內容來獲得具有自然科學知識那般確實的法律知識。其方法論是將研究範圍侷限於實證法領域，將倫理道德、社會事實都排除在法學之外。規範主義認爲，法律作爲規範屬於「應當」範疇，[63]其客觀內涵是指導人們應當如何行爲。規範主義的「應當」是規範「應當」，而不是「應然」應當。在這裡，僅研究實證法是否就導致法律實證主義，即規範主義是否就導致法律實證主義呢？由上述分析可知，從將實證法作爲研究對象的法律實證主義的法律概念中只能導出法學方法，而導不出分離命題。社會性產生實證法的本質內容，是法律概念的

60 Heinrich Rommen, *Die Ewige Wiederkehr Des Naturrechts*, Verlag Jakob Hegner G. M. B. H., Leipzig Gesamtherstellung von Josef Kösel, Graphische Anstalt, Kempten, 1936, S. 194.

61 Anna Pintore, *Law As Fact? MacCormic's Institutional Theory of Law: Between Legal Positivism And Sociological Jurisprudence*, International Journal for the Semiotics of Law W/12 [1991], p. 236.

62 呂世倫主編，《現代西方法學流派》（上卷），中國大百科全書出版社，2001年版，第403頁。

63 Anna Pintore, *Law As Fact? MacCormic's Institutional Theory of Law: Between Legal Positivism And Sociological Jurisprudence*, International Journal for the Semiotics of Law W/12 [1991], p. 236.

本體論範疇。如果將自然性作爲人之本質性存在的深層內核，那麼，社會性就是人之本質性存在的次深層內核。自然性是社會性的基礎；社會性是自然性的延展。自然性和社會性是個人的本質性存在的基本屬性。自然性和社會性之於人的意義就是自然法和實證法之於人的意義。前者的範圍也等同於後者的範圍。在此際，人的自然性和社會性不可分離。因而，實證法與自然法也是不可分離的。本質性存在成爲實踐理性的應然。實踐理性蘊涵著經驗成分，「理性並不完全拋開經驗而單從形式的先天原理中導出形而上學」。[64]理性借助經驗實現先驗範疇，將作爲形而上學的本質性存在揭示出來。也就是說，「本質存在通過人的意志的自由活動成爲構思的目標和標準。通過人的思維活動，從社會狀況、從現實中歸納和抽象出認識到的社會存在的本質，找到首要的社會理念和原則。」[65]自然法意味著本質存在的終極統一。這就是社會性（Socialitas），被稱爲社會的自然，法律因此被稱爲lex naturalis或ius naturalis，法律就是被自然的創造者所禁止或允許的東西。在Pufendorf那裡，理性自然的社會性是唯一的自然法來源。人的本性，人作爲一種理性、自由的和社會的存在物的理念，就是社會倫理和自然法的原則。既存的現實和其中的核心理念作爲人的認識的尺度和理論理性的目標，現在似乎成了實踐理性的一個有待實現的任務。具體的實現是從所要實現的目的或目標、從理念那裡得到證立。」[66]正義正是通過人的理性的、自由的、社會的自然之本質性存在而獲得其實體性內容。實證法的主體性正是在此過程中實現的。主體性與社會性的關係是，在現代社會，自我決定、自我意識和個體主義都是最社會性的事物，也是最社會性的心理行爲。在客觀世界中，「社會的」就是心理的，或者說，「社會的」必寄身於「心理的」，因爲社會是一個個有肉體與心靈的人構成，所以，社會的心理行爲就是社會現象。[67]

---

[64] Kant, *Critique of Pure Reason*, Translated by Norman Kemp Smith, Macmillan And Co., Limited, 1929, pp. 1, XXVI, XVI.

[65] Heinrich Rommen, *Die Ewige Wiederkehr Des Naturrechts*, Verlag Jakob Hegner G. M. B. H., Leipzig Gesamtherstellung von Josef Kösel, Graphische Anstalt, Kempten, 1936, S. 195.

[66] Ibid., S. 73, 195.

[67] 蔡錦昌，《塗爾幹社會學方法論正義》，唐山出版社，2005年版，第181-182頁。

　　法律實證主義者從倫理道德與實證主義哲學的衝突中來否定自然法的效力，正是因爲法律實證主義者將社會學作爲一種方法來處理實證法與自然法的關係。但是，自然法體現在人的自然性與社會性之中，因而也是體現在實證法與人的自然性和社會性的關係之中的，而不是體現在實證法與社會學的關係之中。如果將人的社會性排除在社會學的研究範圍之外，那麼，社會學對法律實證主義而言，只能作爲法學方法、解決法學方法問題，而無法解決法律的本體問題。

　　法律實證主義的來源命題認爲，法律的來源是明確的，即法律來源於一個有效力的法律體系。在這裡，法律實證主義強調的是：法律的來源是立法者的意志。而立法者的意志，我們也可以將其解釋爲基於民主的全民意志。在這裡，法律體系是一個不確定法律概念，而國民意志也不是實證的。如前所述，就「內在終極」而言，兩者的來源都是主觀權利。主觀權利雖然是客觀法認可的意志力量，但意志的自主空間是主觀權利的構成要素。主觀權利是保留給權利人的領域，主體任何合法行事的可能性都是主觀權利的範圍。[68]個人的主觀權利來源於自然權利；自然權利首先是自然的主觀權利。自然權利經由主觀權利衍生出各種實證法上的權利。主觀權利是一個法律體系中權利體系的來源。因此，是主觀權利產生權利體系，是權利體系產生法律體系。這是實證法體系產生、形成、發展和修改的一般規律。正如Cicero所說：「法的本質通過人的本質來推導。」[69]

　　實際上，主觀權利在實證法體系中的體現在19世紀已是事實。「從19世紀法國和義大利兩國的私法來看，我們可以看到幾乎沒有一行字不是出於主觀權利，也沒有一行字懷疑這種權利的存在。」[70]主觀權利的哲學基礎是Descartes的「我思，我在。」這是法律體系之於人的內在終極依據，是內在的價值源泉。不能忽視的是，實證法體系的來源不只是人的內在價值。實證法還有外在價值，這就是自然法。自然法包含自然觀念、自然秩序、自然法則、自然正義、自然道德、自然倫理、自然權利等豐富內容。

---

68 Jacques Ghestin和Gilles Goubeaux著，《法國民法總論》，第133-134頁。
69 Cicero, *Laws*, I, 17.
70 Duguit，《憲法論》，錢克新譯，商務印書館，1969年版，第17頁。

自然正義存在於自然秩序之中，它是萬物的自然法。從自然正義中演繹出萬物和諧生存的平等原則。平等原則所包涵的形式平等和實質平等統一於人性尊嚴之中；人性尊嚴是人類的自然法。所以，自然法是人類外在的終極價值，它是衡量人類自身內在價值是否正當的標準。而連結這兩個價值的東西就是理性。Cicero曾將理性直接等同於自然法。後人Suarez用lex naturalis闡釋法律，因爲它是源出於自然正義的法律。事實上，Vasquez將自然法視爲指示性法律的學說與Suarez證明lex naturalis是法律的特性的意圖密切關聯。[71]這說明在那時，ius就可與lex在同一意義上使用，也就是說，lex中有自然法。理性之所以能夠將自然法與實證法連結起來，蓋在於理性包涵道德內涵。「一切道德的概念皆完全先驗地在理性之中有其依據與根源。道德概念不能因著抽象從任何經驗的、因而亦只是偶然的知識中而被得到；正是它們的根源的這種純粹性，才使它們堪充爲我們的最高的實踐原則。」[72]理性被視爲是人的意志能力，而法律的屬性之一就是法律是一種實踐性規則。自然法、道德皆可通過實踐理性在法律（lex）中獲得。職是之故，「理性法學確信能夠從某些先驗的最高原理中純演繹地推導出一切具體的法律規範，而無須考慮經驗現實和時空情況。」[73]這種單純演繹獲得的法律與經驗實際和時空情況結合起來，便構成不缺少基本公理又各具個性的各種法律體系。

五

如果說作爲本體論範疇的法律實證主義是以「事實與價值」二分的哲學理論爲依據，那麼以語言分析哲學爲理論背景的法律實證主義則是不折不扣的方法論範疇。不止於此，法律實證主義的方法論也否定了它的本體論，即它的社會事實命題否定了分離命題。由於法律實證主義者認爲法律是一種社會事實，因而也否定了法律的主體性，而這又是通過認識

---

[71] Heinrich A. Rommen, *The Natural Law: A Study in Legal and Social History and Philosophy*, Translated by Thomas R. Hanley, liberty Fund Inc. 1998, p. 63.

[72] 牟宗三譯，《Kant的道德哲學》，西北大學出版社，2008年版，第34頁。

[73] A. Kaufmann and W. Hassemer (Hrsg.), Einführung in Rechtsphilosophie und Rechtstheorie der Gegenwart, 6., unveränderte Auflage, G. F. Müller Juristischer Verleg, Heidelberg, 1994, S. 66.

論來完成的。在法律實證主義者看來，只有社會事實才是存在；社會事實等同於法律的存在。而法律的存在又不是存在的法律，因為存在的法律是事實存在與當為存在的結合。社會事實決定著、也侷限著法律實證主義者的認識；對社會事實的認識是已有的知識成果決定的。認識不再是主體的功能，其認識的功能只是像實證主義哲學的基本要求那樣，「使認識的科學方法發揮更大的精確性」。[74]而法律實證主義者的法律觀，正如在上文中分析的那樣，對於人類社會及法律的目的和起源的認識缺乏客觀依據和客觀基準，僅將作為表象的社會事實作為客觀依據，所以以經驗實證主義為其方法論的一般法學輕易地被新Kant主義所取代。[75]在哲學領域，最先反對法律實證主義的也是新Kant主義。後者認為實證主義的錯誤是由現實存在推論當為存在，根據一個確定的發展方向的認識證明它的目標是正當的，反之則是不正當的。[76]法律實證主義者從現實存在中推導出的「當為存在」，只是實然當為，即法律規定的要求。而具有價值的應然當為被法律實證主義者所分離，而這也是通過方法論完成的，卻在理論上無法證立，在實務中無法操作。因為在實證法中既有現實存在，也有應然的當為存在。法律與正當，即lex與ius是一回事。當實證法中的倫理道德價值成為法律實證主義者的研究對象時，法律實證主義者還如何秉持分離命題。在分離命題的前提下，社會事實命題的問題是，「事實」具有雙重矛盾的屬性。一方面，它是與價值相對的抽象概念，另一方面，它又是來源於現實社會的經驗事實。在邏輯上，法律實證主義者只能擇其一。如果選擇前者，則社會事實命題本身不能成立；如果選擇後者，則分離命題不能成立。

　　法律實證主義作為方法論的另一種表達就是法學實證主義。法學實證主義，作為一種實證科學的法學，意謂專門從體系、概念與學說原則中推論出法律規則以及如何適用這樣的規則，超越法律的價值或目的，無論是宗教的、社會的或是科學的東西，均被否認有創造與改變法律的資

74　Coing, *Grundzüge der Rechtsphilosophie*, Fürfte Auffage, Walter de Gruyter, Berlin, 1993, S. 61.
75　洪遜欣：《法理學》，三民書局，1985年版，第101頁
76　Gustav Radbruch, *Rechtsphiolophie*, Herausgegeben von Erik Wolf, 6 Aufl, 1963, S. 97.

格。[77]按照Franz Wieacker的這一解釋，法學實證主義只是一種獲得法律的方法。Goebel的法學實證主義也有如下特點：要羅馬式地訓練概念性的清晰度；要構造嚴格的體系；要對純粹的法律要素進行邏輯分析和建構；要把歷史的東西從教義的東西中、特別是把國家法的和政治的東西從私法中合乎邏輯地分離出來。簡言之，即把建構的法學方法運用到國家法中去，相應地排除政治的、哲學的和歷史的觀點；對教條式的基本概念進行更具體、更清晰、更準確地定義，創立一個科學體系。在這個體系中，各個構成物體現為一致的基本思想而得到發展。[78]因此，「學說匯纂」為以法學實證主義方法獲得法律提供了素材，其本身並不是法學實證主義，研究者可以從「學說匯纂」的內容獲得這種認識。「學說匯纂」在古羅馬是法律的一部分（Justinianus羅馬法），但它也是法學理論的彙編。後人認為這是法學實證主義，但在羅馬時代，法學又被定義為「關於神與人的事物的知識，區分正義與非正義的科學」，[79]即不把法學限定在對實證法的解釋上。「學說匯纂」是古典法學的特點。如果將「學說匯纂」作為法學實證主義，那麼古典法學也屬於法學實證主義，這樣就會顯得十分荒謬，因為很顯然，古典法學的方法與法律實證主義的方法是完全不同的。在Goebel之後，Laband也相信在制定法之外存在著實際有效的法律秩序，他認為，要想創立一個完全不處於更高法律概念之下的新法律制度，是不太可能的。[80]在此，將法典法與對法典的形式主義解釋作為法律實證主義的特徵是不準確的。法典法是法學實證主義的成果。在這個成果中，不只是法律的形式，還有法律的豐富內容，包括道德倫理內容，即Laband所謂的「更高的法律概念」。這個「更高的法律概念」當然也存在於法學實證主義體系之中。因此，Goebel的法學實證主義只是Laband法律實證主義的方法論

---

[77] Franz Wieacker, *A History of Private Law in Europe: With Particular Reference to Germany*, Translated by Tony Weir, Oxford: Clarendon Press, 2003, p. 341.

[78] Michelle Stolleis, *Geschichte des öffentlichen Rechts in Deutschland*, Zweiter Band, *Staatsrechtslehre und Verwaltungswissenschaft 1800-1919*, Verlag C. H. Beck München, 1992, S. 332-333.

[79] *The Institutes of Justinian*, Translation Into English, with an index by J. B. Moyle, D.C.L., Oxford at The Clarendon Press, 1913, p. 3.

[80] Michelle Stolleis, *Geschichte des öffentlichen Rechts in Deutschland*, Zweiter Band, *Staatsrechtslehre und Verwaltungswissenschaft 1800-1919*, 1992, S. 344.

而已。而又因爲Laband並不否認更高法與制定法的一致性，故他的法律實證主義只是一種方法論。從Goebel到Laband，不是完成了從法學實證主義到法律實證主義的轉變，[81]而只是從一種方法到另一種方法的轉變。前者是從法學中獲得法律，後者是從更高的法律概念中獲得法律。正因爲如此，作爲方法的法學實證主義本身並不產生倫理道德價值，而要取決於法學成果的內容。法學實證主義的命題是：法學創造法律。

在法律實證主義成長爲方法論的道路上，分析法學的方法、社會學實證主義的理論、制度法學等都起著推波助瀾的作用。

分析法學是法律實證主義作爲方法的又一表述。關於這個議題，我已在〈法律的概念──古典爭議的終結〉一文中作過深度分析，在此不再展開論述。

社會學實證主義原理作爲法學的方法被法律實證主義者利用得最爲徹底。社會學實證主義將觀察對象還原爲五官所能感知的社會事實。它只看到社會中各種社會力的結合，而忽視可以穿透和引導這些社會力的其他因素。社會學實證主義因爲其將各種社會問題還原爲各種社會力的問題而最終成爲社會自然主義。[82]要言之，將社會事實比作自然事實，尤其是生物學上的事實。法律實證主義者所謂的「經驗事實」只是社會學實證主義所謂「五官感知的事實」的委婉表達。社會學實證主義的因果法則在法律實證主義者那裡轉換成了這樣的方法：法律的來源只能從可經驗到的社會事實中歸納和抽象。社會事實是法律的唯一「因」；通過實證方法獲得的法律則是這個「因」的「果」。當獲得法律後，法律的因果現象的原因要素也只能通過對實證法的概念、術語作文義解釋才能獲得。所以，作爲語義學的法律實證主義也是一種法學方法。根據此種理論，可能存在的關於法律諸問題的恰當爭議是那些關於此種歷史事實存在與否的爭議。不可能存

---

81 Stolleis認爲，從Geber到Laband完成了從法學實證主義到科學指導的法律實證主義的性質的轉變。（Michelle Stolleis, *Geschichte des öffentlichen Rechts in Deutschland*, Zweiter Band, *Staatsrechtslehre und Verwaltungswissenschaft 1800-1919*, 1992, S. 343.）

82 Georges Gurvitch, *Sociology of Law*, London: Kegan Paul, Trench, Trubner & Co., Ltd., 1947, pp. 12-13.

在任何理論爭議或關於什麼構成了法律之「根據」的爭議。[83]

在Comte之後，社會學已向多元方向發展，超越了實證主義領域。而法律實證主義者卻依然將社會學實證主義作爲秉持法律與道德之分離命題的方法論。Durkheim認爲，道德是特定時代的社會狀態。社會的本性蘊涵著道德；道德只是在時空約束下相對生成發展的社會學上的事實而已。[84]我們從中可以推知：第一，道德的相對性不是體現在道德與法律的關係上，而是體現在不同時空條件下。不同時空有不同的道德觀和道德內容，它們不僅體現在制定法中，也體現在習俗、習慣、慣例、衡平法等不成文法中。於是，Positive law包含成文的制定法和不成文法。所以，在道德社會學這裡，Positive law就不是通過方法論而獲得的，而是從本體論範疇中得到的法律。因此，道德社會學就不是社會學實證主義，因而也不產生作爲方法論的法律實證主義，而會產生作爲本體論的法律實證主義。故道德社會學是作爲本體論的法律實證主義的理論基礎，但被法律實證主義者所忽視。第二，道德社會學的事實不是與價值對立的事實，而是與道德價值同一的事實形態。它是先驗的實際存在，也是人類可經驗的實踐原則。理性是先驗存在與實踐原則的結合領域。在法律實證主義的「社會事實」中，不是不存在這些內容，而是法律實證主義者故意掩飾了這些內容。不可能存在兩個不同的「社會事實」概念。因爲道德社會學與法律實證主義的研究對象都是人的行爲。第三，從社會學的視角分析，道德是一種社會狀態。社會狀態是一種結構狀態。法律就是社會結構的反映。道德與法律同時存在於社會結構中，並在社會結構中結合。習慣法即是這種結合的產物。道德與法律在社會結構中並不是自然生成的，社會成員可以通過立法改變社會結構，而社會結構中的道德也隨著社會成員的道德觀念的變化而發生變化。「每個法律秩序都構成一個特定的社會應然秩序。這說明存在一種社會存在的法律形態。其所以能夠存在，就是因爲它是作爲根

83 H. L. A. Hart, *The Concept of Law*, 2nd edition, Oxford University Press, 1994, p. 245.

84 Emile Durkheim, *Sociology and Philosophy*, trans. By D. F. Pocock, Cohen & West Ltd., 1953, pp. 35-38; *Durkheim and the Law*, Edited by Steven Lukes and Andrew Scull, Oxford: Martin Robertson, 1983, pp. 3-5.

植於本質存在、根植於社會存在的自然中的應然和規範。」[85]社會學的多元化發展為我們運用多元的社會學理論研究法律提供了方法論和本體論依據。在本文討論的範圍內，也就是說，社會學理論和方法不只是實證主義的，它包括超越實證主義的更為豐富的理論，比如，Dilthey和Weber的理解社會學理論；[86]Habermas的主體間性社會學理論等等，[87]都為法律體系的建構和法學研究提供了新的社會學理論和方法。

　　制度法學的方法仍然是分析方法，但其分析的對象擴大了，導致對法律概念的內涵的界定發生了變化。制度法學的法律概念除了實證法以外，還有具有規範性的思想客體。所謂思想客體，即是如合同、婚姻、條約、國際機構等。而所謂「規範性」，是指法律是一個規範體系，包括法律規範實踐資料或資訊、目標陳述、價值準則和選擇標準。[88]這種新穎的表述無異是說，一個法律規範是一種客觀存在的思想，是作為思想的規範，或者說是具有客觀效力的思想。它看似稍微涉及到與事實相對的價值準則，但這是什麼價值準則。我們可以將其理解為法律實證主義的「價值準則」，也可以將其理解為自然法的「價值準則」。制度法學將法律分為兩部分：思想客體（法律規範是作為一種思維結構的理想上的存在）和現實客體（法律規範是作為一種社會現象的實際上的存在）。[89]據此，我們可以理解前者是自然法，後者是實證法。但Weinberger認為前者是可能的規範，也就是說，在未成為實證法之前還不是法律，也即哲學意義上的法律不是法律。這一否定命題實際上就是說，自然法可能成為實證法，或有時可成為實證法，有的可成為實證法。這種不確定性與現實主義法學的思想來源如出一轍。由此可知，制度法學並未超越法律實證主義。將法律實

85　Heinrich A. Rommen, *The Natural Law: A Study in Legal and Social History and Philosophy*, Translated by Thomas R. Hanley, liberty Fund Inc. 1998, p. 165.

86　Wilhelm Dilthey, *Introduction to the Human Science: Selected Works*, vol.1, 1989; Max Weber, *Economy and Society* (vol.1), pp. 3-13.

87　Habermas, *The Theory of Communicative Action*, 2 vols. Vol. 1; 1981. Translated by Thomas McCarthy, Boston: Beacon Press,1981,

88　Neil MacCormick and Ota Weinberger, *An institutional theory of law: New Approaches to Legal Positivism*, D. Reidel publishing Company, 1986, pp. 5, 11, 17-18.

89　Ibid., pp. 31-47.

證主義的確定性變爲不確定性，不是超越而是變異。制度法學也未超越自然法，因爲自然法學派根本上認爲自然法是法律，而不是可能的法律。因而，制度法學也基本上否定了自然法理論。

在MacCormick和Weinberger這裡，分析法學的方法雖認爲法律具有一種獨立於任何價值預設的性質，卻在分析的對象中嵌入了價值。規範的本體是既有思想也有現實的東西。法律本體中有兩種內容：思想─客體關係（即規範─邏輯關係）和法律秩序與法律現實的關係。作爲制度事實的規則不是法律的全部。[90]那麼，實證法還包括其他內容，例如自然法。這樣，自然法就不是如制度法學所認爲的那樣，只是一種可能的規範。制度法學一方面認爲「法律是一種特殊的社會事實，即制度性事實」，另一方面又認爲只有當作爲制度性事實的法律被理解爲規範性精神構成物、而且同時被認爲是社會現實的組成部分時，它們才能得到承認。[91]如此，法律又超越了制度性事實的範圍；不僅是自然法，而且作爲「精神構成物」的人類的正義觀念也是法律的組成部分。

Weinberger也認爲，法律是一種特殊的社會事實。從他的進一步分析可知，他的「社會事實」與法律實證主義者的「社會事實」雖有所不同，但並無本質差異。氏認爲，法律作爲一種制度事實，其結構可以用「規範─邏輯」的術語來說明，其建立在目的論與價值導向的基礎之上，包括應當是這樣的內容，而所謂「應當是這樣」的內容，也就是法律的有效事實和由規範和制度確定的事實。這種認識只是將法律實證主義有意迴避的法律中存在的內容揭示出來，這個內容本來就存在於法律實證主義者的法律概念中。制度法學的矛盾之處在於：第一，「應該是這樣」的法律在「規範─邏輯」的方法中，只能產生規範應當，而不是「應然應當」；第二，制度法學的正義理論是將正義作爲一種制度事實，只不過這種制度包涵著價值（形式價值與相對價值），其主觀性是實踐理性的理性思維結構，但這種結構要受制度的約束，以制度爲基礎。[92]正義概念在制度法學中是一

90　Ibid., pp. 31-47.
91　Ibid., p. 113.
92　Ibid., pp. 145-146.

個不完整概念；第三，制度法學用實證主義的方法論述本來就不是實證的道德與正義，因而無法獲得像自然法學派的道德觀與正義論那樣的融貫性證立。

所以，制度法學對於法律概念的建構，雖不同於Austin的「主權者命令」理論、Hart的「次級規則」理論和Kelsen的「純粹規範體系」理論，但它並未建構及證立一種新的法律概念理論。

在今天，法律實證主義的理論研究還在繼續，但法律實證主義的法律觀在法律體系和法律實務中的地位又如何呢？舉例來說，英國既是法律實證主義的發源地，也是若干年來法律實證主義理論的傳承國，Bentham、Mill、Austin、Hart、Raz、MacCormick都是舉世聞名的法律實證主義者。但是，我們同時也知道，英國人並不缺少基本權利與自由，這是因為英國人並不否認來自於自然法的自然權利或天賦權利。如果英國政府按照英國法律實證主義者的理論建立自己的法律體系，並作為司法實踐的理論依據，那麼，像1640年、1688年那樣的革命會時有發生。歷史事實是，自1215年的《自由大憲章》以來，英國通過不成文法和判例法賦予了人民一系列基本權利和自由。而在世界範圍內，導源於自然法的「人性尊嚴」條款，以及由「人性尊嚴」條款演繹而來的基本權體系在《世界人權宣言》、各國憲法文本和憲政實務中的確立和運行、聯合國和世界人權機構對人權問題的直接管轄權，都宣告了自然權利的普世性和至上性，都是對法律實證主義的徹底否定。這樣的壯舉是始於上世紀四〇年代後期。而在此時的法學理論界，曾經追隨法律實證主義的法學家，比如Radbruch，也紛紛轉向推崇自然法理論，留下了著名的「Radbruch公式」。

2011年12月20日

國家圖書館出版品預行編目資料

法律的概念——「古典爭議」的終結／戚淵
著. ——初版. ——臺北市：五南，2018.01
　　面；　公分
　ISBN 978-957-11-9537-7（平裝）
　1.法理學
580.1　　　　　　　　　106024376

4U06

法律的概念——
「古典爭議」的終結

作　　者 — 戚淵（497）

發 行 人 — 楊榮川

總 經 理 — 楊士清

副總編輯 — 劉靜芬

責任編輯 — 高丞嫻、李孝怡

封面設計 — 姚孝慈

出 版 者 — 五南圖書出版股份有限公司

地　　址：106台北市大安區和平東路二段339號4樓

電　　話：(02)2705-5066　　傳　　真：(02)2706-6100

網　　址：http://www.wunan.com.tw

電子郵件：wunan@wunan.com.tw

劃撥帳號：01068953

戶　　名：五南圖書出版股份有限公司

法律顧問　林勝安律師事務所　林勝安律師

出版日期　2018年 1 月初版一刷

定　　價　新臺幣320元

※版權所有‧欲利用本書內容，必須徵求本公司同意※